アジア・太平洋のロシア

冷戦後国際秩序の模索と多国間主義

加藤美保子 ❖ 著

北海道大学出版会

北海道大学は，学術的価値が高く，かつ，独創的な著作物の刊行を促進し，学術研究成果の社会への還元及び学術の国際交流の推進に資するため，ここに「北海道大学刊行助成」による著作物を刊行することとした。
2009年9月

目　次

序　章　ポスト冷戦とロシア外交 …………………………………………1

第一節　課題設定と研究目的　1

第二節　研究動向の整理　5
  （1）国際関係論とロシア外交研究　5
  （2）本研究の視点と方法　11

第三節　アジア・太平洋地域の地理的範囲について　13
  （1）対外政策における「アジア・太平洋」地域　14
  （2）「東アジア」の位置づけ　17

第四節　本書の構成　19

第一章　エリツィン-コズィレフ体制下の外交の再検討 ………27
　　　　――ヨーロッパ安全保障の文脈から――

第一節　コズィレフ期の外交を論じる意義　27

第二節　対外政策形成システム　30

第三節　コズィレフ外相の対外政策構想　32

第四節　ヨーロッパにおける国際制度を通じた多極の限界　41
  （1）ロシアにとってのCSCEの意義　41
  （2）ソ連崩壊後の安全保障環境の変化と国際制度――NATO, CFE条約を事例に　43
  （3）チェチェン紛争と国際制度――CSCEを事例に　45

第五節　エリツィン-コズィレフによる国際制度の利用の評価　49
  （1）国際関係論における多国間主義　49

（2）ペレストロイカ以降の多国間主義の系譜　51

　小　　括　53

第二章　初期エリツィン政権におけるアジア・太平洋政策
　　　　の形成過程 ··· 61

　第一節　アジア・太平洋政策を論じる視点　61
　第二節　ソ連のアジア・太平洋政策の変化　64
　　（1）ソ連の対外政策における「アジア・太平洋地域」の浮上　64
　　（2）ゴルバチョフのアジア・太平洋政策──「安全保障」と「経済協力」
　　　　の分離　65
　第三節　アジア・太平洋におけるロシア　70
　　（1）ソ連の参入に対する地域諸国の反応　70
　　（2）ロシアの対外政策における「アジア・太平洋地域」　72
　第四節　北朝鮮問題がアジア・太平洋政策に与えたインパクト
　　　　　76
　　（1）韓国接近政策の負の成果　76
　　（2）モスクワによる多国間協議の提唱と挫折　79
　第五節　アジア・太平洋地域主義へのロシアの参入　81
　　（1）アジアにおける出発点としての東南アジア　81
　　（2）ロシアとASEAN──関係の制度化　83
　第六節　アジア・太平洋地域における困難と可能性　86

第三章　「多極世界」における大国ロシアの追求(1996年1月
　　　　〜1999年12月) ··· 95

　第一節　多極世界というレトリックについて　95
　第二節　新しいロシアの国益と対外戦略──プリマコフの場合
　　　　　99
　第三節　ヨーロッパ・大西洋政策における勢力均衡　102
　　（1）対立の焦点──コソヴォ紛争　102
　　（2）対立のなかの対話──CFE条約の適合化　106

　　　　　　　　　　　　　　　　　　　　　　　目　次　iii

　第四節　アジア・太平洋政策における「大国ロシア」の追求
　　　　　　108
　　（1）NATO拡大とアジア・太平洋政策　108
　　（2）多極世界の追求——中国, 東南アジア　110
　第五節　対中外交の文脈における「多極世界」の解釈　114
　第六節　四大国間の一時的協調　117
　　（1）アジア・太平洋地域主義とロシア　117
　　（2）APEC加盟が残した地政学的課題　119

第四章　プーチン政権以降のアジア・太平洋政策(2000年
　　　　〜2012年) …………………………………………………129
　第一節　バンドワゴンと均衡政策　129
　第二節　ロシアと台頭中国——連携から自立へ　132
　第三節　「多ベクトル外交」の萌芽——可能性と困難　139
　　（1）エネルギー供給国としてのロシア　139
　　（2）重層的な地域制度の活用　140
　第四節　ロシア極東開発とアジア・太平洋地域主義——APEC
　　　　　を事例に　142
　　（1）ロシア極東開発における連邦政府のジレンマ　142
　　（2）ヨーロッパ中心主義の克服——地域統合とロシア　142
　　（3）APEC参加に関する連邦政府の取り組み　146
　　（4）APECにおけるロシアの活動　149
　　（5）2012年のウラジオストクAPECサミット——問題点と展望　152
　小　　括　155

第五章　米中ロ大国間関係の変化とアジア・太平洋政策の
　　　　刷新 ……………………………………………………………165
　第一節　第二次プーチン政権の外交的課題　165
　第二節　国内外の研究動向　167

第三節　2000年〜2012年の米中ロ関係の戦略変化　171
　　（1）「戦略的三角形」論　171
　　（2）21世紀の米中ロ関係の質的変化　172
　　（3）二国間関係　173
　第四節　地域へのインプリケーション　176
　　（1）北東アジア　176
　　（2）東南アジア　179
　小　　括　183

結　語　ポスト冷戦期のロシア外交における多国間主義の
　　　　役割 …………………………………………………………189
　　（1）冷戦終結後の国際秩序とロシア　189
　　（2）ロシア外交におけるアジア・太平洋地域　193
　　（3）ロシア外交における勢力均衡と多国間主義　194
　　（4）多極志向と多国間主義の展望　195

　主要参考文献一覧　199
　初 出 一 覧　215
　あ と が き　217
　事 項 索 引　221
　人 名 索 引　224

図表目次

図1　ツィガンコフによるロシア外交志向の系譜　6
図2　BRICs諸国のGDP成長率　16
図3　ロシア極東地域　121
図4　中ロ貿易の推移(1996年～2012年)　133
図5　中国とロシアのGDPの推移(1992年～2013年)　134

表1　ロシアと北東アジア諸国の貿易総額の推移　77
表2　ロシアとASEAN諸国の貿易総額の推移　77
表3　ロシアの貿易全体におけるアジア諸国の割合　77
表4　ロシア外縁部の戦力保有上限数の推移　107
表5　ロシア(国家)の戦力保有上限数の推移　107
表6　地域別に見るロシアの外国貿易　120
表7　ロシアからの武器輸出(2000年～2013年)　136-137
表8　ロシアの主要な武器輸出先(2011年～2013年)　180

略語一覧

ABM	Anti-Ballistic Missile	弾道弾迎撃ミサイル
ARF	ASEAN Regional Forum	ASEAN地域フォーラム
ASEAN	Association of South-East Asian Nations	東南アジア諸国連合
ASEM	Asia-Europe Meeting	アジア欧州会議
APEC	Asia-Pacific Economic Cooperation	アジア・太平洋経済協力会議
CFE条約	Treaty on Conventional Armed Force in Europe	欧州通常戦力条約
CIS	Commonwealth of Independent States	独立国家共同体
CSBMs	Confidence and Security-Building Measures	信頼および安全保障醸成措置
CSCE	Conference on Security and Cooperation in Europe	欧州安全保障協力会議(1995年にOSCEに改組)
CU	Custom Union	関税同盟
EAEC	East Asian Economic Caucus	東アジア経済協議体
EurAsEC	Eurasian Economic Community	ユーラシア経済共同体
EU	European Union	欧州連合
GATT	General Agreement on Tariffs and Trade	関税および貿易に関する一般協定
GDP	Gross Domestic Product	国内総生産
IAEA	International Atomic Energy Agency	国際原子力機関
ICBM	Intercontinental Ballistic Missile	大陸間弾道弾
IMF	International Monetary Fund	国際通貨基金
KEDO	Korean Peninsula Energy Development Organization	朝鮮半島エネルギー開発機構
KFOR	Kosovo Force	コソヴォ治安維持部隊
LNG	Liquefied Natural Gas	液化天然ガス
NAC	North Atlantic Council	北大西洋理事会
NATO	North Atlantic Treaty Organization	北大西洋条約機構
NIES	Newly Industrialized Economies	新興工業経済地域
NMD	National Missile Defense	(米)本土ミサイル防衛
NPT	Treaty on the Non-Proliferation of Nuclear Weapons	核兵器不拡散条約
OECD	Organization for Economic Cooperation and Development	経済協力開発機構
OPEC	Organization of the Petroleum Exporting Countries	石油輸出国機構

OSCE	Organization for Security and Cooperation in Europe	
		欧州安全保障協力機構(1995年にCSCEから改組)
PBEC	Pacific Basin Economic Council	太平洋経済委員会
PECC	Pacific Economic Cooperation Conference	太平洋経済協力会議
PJC	The NATO-Russia Permanent Joint Council	
		NATO-ロシア常設共同評議会
PMC	Post Ministerial Conferences	(ASEAN)拡大外相会議
SCO	Shanghai Cooperation Organisation	上海協力機構
SIPRI	Stockholm International Peace Research Institute	
		ストックホルム国際平和研究所
START	Strategic Arms Reduction Treaty	戦略兵器削減条約
TAC	Treaty of Amity and Cooperation in Southeast Asia	
		東南アジア友好協力条約
TMD	Theater Missile Defense	戦域ミサイル防衛
ZOPFAN	Zone of Peace, Freedom and Neutrality	(東南アジア)平和自由中立地帯

凡　例

（1） 本文中での，ロシア語からラテン文字への翻字は，アメリカ議会図書館(LC)方式に従った。
（2） Таможенная статистика внешней торговли Российской Федерации (『ロシア連邦貿易通関統計』) は，1994年版から2003年版(2004年発行)まではГосударственный таможенный комитет Российской Федерации (ロシア連邦国家関税委員会)が発行者であるが，2004年の改組後の名称であるФедеральная таможенная служба (連邦関税局)で統一した。

序　章　ポスト冷戦とロシア外交

第一節　課題設定と研究目的

　第二次世界大戦後から米ソ冷戦終結まで，ソ連は国際政治における二極対立構造の一方の陣営を率いた。承継国家であるロシア連邦は，内政，外交，軍事，経済，社会，文化のすべての領域で冷戦終結とソ連崩壊による軌道修正を迫られた。初代大統領となったボリス・エリツィン(Boris Nikolaevich El'tsin)は，新生ロシアを経済的落ち込みと対外的孤立から脱出させようとしつつも，その課題を乗り越えることができなかった。彼が指名した後継者であるウラジーミル・プーチン大統領(Vladimir Vladimirovich Putin)は，「強いロシア」の復活を掲げて国益重視の路線をとる一方で，世界的にも地域的にもロシアを国際制度(international institutions)に統合させることを推進してきた。このような路線が軌道に乗るにつれ，とくに第二期プーチン政権以降(2004年5月～2008年5月)，大国の地位やそれに見合った発言権を求める主張が強まっていった。そのようなプーチン政権下の対外行動について，リチャード・サクワ(Richard Sakwa)は，冷戦終結とソ連崩壊によって国際政治の周辺(periphery)の地位に後退することを余儀なくされたロシアを，再び中心(core)へ回帰させることを求める努力であると分析している[1]。

　冷戦終結後の世界において，新生ロシアは自らの国際的地位の低下を食い止めるために，唯一残された「超大国」アメリカの主導による国際システムと，アジアにおける中国やインドなど新興国の台頭に対処するという二重の

課題に直面してきた。本書は，ロシアが大国としての地位を維持するために，冷戦終結後の国際秩序をどのように構想し，関わろうとしてきたのかについて，グローバル・レベルでの構想を説明しつつ，とくにアジア・太平洋地域の文脈で検討することを目的とする。分析の直接の対象となるのは，エリツィン政権で対外政策の転換をもたらしたアンドレイ・コズィレフ外相（Andrei Vladimirovich Kozyrev, 1991年12月～1996年1月）と，エウゲニー・プリマコフ外相（Evgenii Maksimovich Primakov, 1996年1月～1998年9月），そしてこの課題に一定の方向性を示したロシア連邦大統領のプーチン（第一次：2000年5月～2008年5月＝第一期 2000年～2004年，第二期 2004年～2008年，および第二次：2012年5月～）とドミトリー・メドヴェージェフ（Dmitrii Anatol'evich Medvedev, 2008年5月～2012年5月）のアジア・太平洋政策である。冷戦の開始と終結の時期については，国際関係史上，様々な議論が交わされてきた。グローバルなレベルで分析されることもあれば，地域レベルで議論されることもある。また国際秩序の観点から考える場合と，軍事的側面から検討する場合でもその描かれ方は違うだろう。本書は，国際システムにおけるロシアの地位の維持，回復，強化において多国間主義（multilateralism）が果たしている役割に光を当てる試みである。そのような理由から制度面を重視し，ワルシャワ条約機構と北大西洋条約機構（NATO）が米ソ二極対立構造を安全保障面で制度化していたと捉え，前者が廃止，解散された1991年3月からソ連が崩壊する同年12月にかけてをグローバルな米ソ二極対立構造に終止符が打たれた時期と解する。

　伝統的にロシア外交研究においては，アメリカ，NATO，独立国家共同体（CIS）構成国との関係が多く取り扱われる一方で，中国以外のアジア・太平洋諸国との関係は事例として検討されることが稀である。これは，首都モスクワを置くウラル山脈以西のヨーロッパ・ロシアが政治経済の中心であるため，国際関係論においてロシアは伝統的にヨーロッパ・大西洋地域のアクターとして位置づけられてきたこと，そして冷戦終結後のアジア・太平洋諸国との関係に，欧米との関係で見られたようなダイナミックな変動が生じなかったことと関係する。しかし，関係が静的であることが，すなわち希薄さ

を意味するわけではない。ロシアは西と東で個別に積み重ねてきた関係の蓄積と問題を有しているのであり，その西方外交と東方外交は，勢力均衡の原理で関連しているというより，それぞれ独自の力学を有しているのではないだろうか。本書では，ロシアの対ヨーロッパ・大西洋政策と対アジア・太平洋政策を対置させること，そして各地域での国際制度に対する外交エリートの理解と接近に注目することを通じて，エリツィン，プーチン，メドヴェージェフという3人の大統領の時代のロシア連邦の外交形成に通底する理念とその変容を分析することを第一の目的とする。第二の目的は，これまで個別のエリア毎に分析されてきた政策としての「アジア・太平洋」を，二極対立構造を克服するための，新しい「ロシア外交」形成プロセスと，地域秩序の再編プロセスの双方向の力学として考察することである。この作業を通じて，米ソ対立を経た新しい状況下で単なる勢力均衡とみなされがちなロシアの対アジア外交論の文脈を超えて，ロシアとアジア・太平洋諸国の関係の斬新なメカニズムを描き出せるのではないかと考える。

　日本においても，冷戦終結後のロシア外交に焦点を当てた研究は少なくない。ロシアの対米，対ヨーロッパ政策に関しては，伊東孝之[2]，松井弘明[3]，末澤恵美[4]，小泉直美[5]，戸崎洋史[6]らによる研究が，ロシアの政治，経済，軍事安全保障にとって欧米との関係が死活的重要性を帯びていることを明らかにしてきた。これに対して，いわゆるアジア・太平洋地域に着目した研究として，木村汎[7]，斎藤元秀[8]，小澤治子[9]，中野潤三[10]，岩下明裕[11]，横手慎二[12]などの著作がある。木村によって精力的に発表されてきた一連の研究は，主として日ロ間の領土交渉の動静に関心が集中しており，ロシアから北方領土を取り戻せるかどうかという問題意識からロシア外交を論じようとする傾向が強い。また斎藤，小澤らは東アジア，あるいはアジア・太平洋といった地域を意識して課題設定を行っているものの，中国，朝鮮半島，日本という国別の政策分析の手法から抜け出せていない。中野，岩下らによる業績はそれぞれ朝鮮半島，中国および中央アジア地域に対して精緻な実証分析を行っている一方で，ロシアの対アジア・太平洋外交を理解するうえで不可欠な東南アジア，オセアニア，アジア・太平洋地域主義への視線や，サブ

リージョン政策の総体としてのアジア・太平洋政策の力学という視点を欠いている。ロシア外交史を専門とする横手による現代ロシア外交研究は，東アジア地域秩序におけるロシアと，そこにおける二国間関係の分析をバランスよく行っており，二国間関係に視点を絞った時に見落とされがちな地域的脈絡を照射することに成功している。しかしながら，主として分析の視点がロシアを含めた極東情勢に置かれ，国際秩序におけるロシアの位置づけへの関心が低い点が指摘できる。

　以上の先行研究から見えてくる重要な問題点は，ロシアの対欧米外交研究と対アジア・太平洋外交研究が十分なバランスをもって分析されていない点にある。ロシアの対欧米外交の分析は，モスクワにとって外交上のプライオリティが高いものであり，戦略研究として自己完結に陥りやすい。他方でロシアのアジア・太平洋外交の研究は，ロシアにとって死活的な欧米諸国との関係を補強するもの，場合によってはヨーロッパ・大西洋地域における不成功を挽回するための補完物として位置づけられがちであり，それ自体の独自の意味や役割が過小評価される傾向にある。上記の研究者たちの議論も濃淡の差はあれ，この弱点から逃れられていない。このような問題意識に立ち，本書ではこれまでの日本の研究蓄積を十分に踏まえたうえで，従来あまり析出されてこなかったロシア連邦の外交像を描き出すことも目標としている。これが本研究の第三の，しかしある意味で決定的な重要性を持つ目的である。

　ロシア人は世界における自国の地位の上下に必要以上に敏感である。1990年代を通じてロシア人が悩まされてきた問題は，国際政治におけるロシアの地位の周辺化である。これはロシアが隣接する様々な地域においても当てはまる。とくに，ロシアは国境を接する隣国や自ら構成員であると考える地域のなかで，「大国」としての地位を占めることを国家の目標とさえしている観がある。これは国民感情にとっても大きな意味を有している。換言すれば，ロシアの対外政策を国内情勢や二国間関係の文脈のみで分析するだけでは不十分であり，やや広域のエリア設定を通じてロシアの国際的地位を分析する視点が不可欠となる。この意味で，ロシアが目指す国際秩序のなかで，東ア

ジアを越えたアジア・太平洋地域においてどのような役割を果たすのかという展望を論じることは，日本にとっての隣国ロシアの実像をより説得的に捉えるためにも有意義であろう。

第二節　研究動向の整理

(1) 国際関係論とロシア外交研究

　本論に入る前に，冷戦終結後のロシア外交を論じる際のアプローチについて，先行研究を批判的に検証しつつ，本書の視座を説明しておきたい。
　冷戦終結後のロシア外交の潮流を国際関係論の系譜と関連づけて分析する手法は，欧米のロシア外交研究者およびモスクワの国際政治学者らによって試みられてきた[13]。アンドレイ・ツィガンコフ(Andrei Pavlovich Tsygankov)は，ロシアと世界の関わりを，ヨーロッパで主権国家体系を成立させたウェストファリア条約以降の歴史的連続性と非連続性を手がかりに整理している(図1参照)。それによると，ロシアの対外政策は多様な国際的要因へのレスポンスとして形成されてきたが，ロシアの思考と対外的行動には持続的なパターンが見られる。これは，ロシアが陸国境に囲まれた国家であるため，外的環境に対する予見性が低く不安定であり，歴史を通じて同様の安全保障上の脅威に遭遇してきたという要因が関連している。例えば，隣接する領土における騒乱，対外勢力による侵略の脅威，あるいは国内的一体性の維持の困難などがそうである。ツィガンコフによると，このような脅威に対処し続けてきたロシアの外交志向は，国益に対する考え方によって西欧主義(westernist)，国家主義(statist)，文明主義(civilizationist)の三つのパターンに分類される[14]。
　この分類は，発展の方向性を指標にすることによって，西側との距離の置き方を明確にしている。第一に，西欧文明を世界で最も先進的な文明とみなし，ロシアをそれに近づけることを重視するのが西欧主義者である。これに対し，国際的地位が衰退する場合には国内勢力を結集し，紛争への関与を回

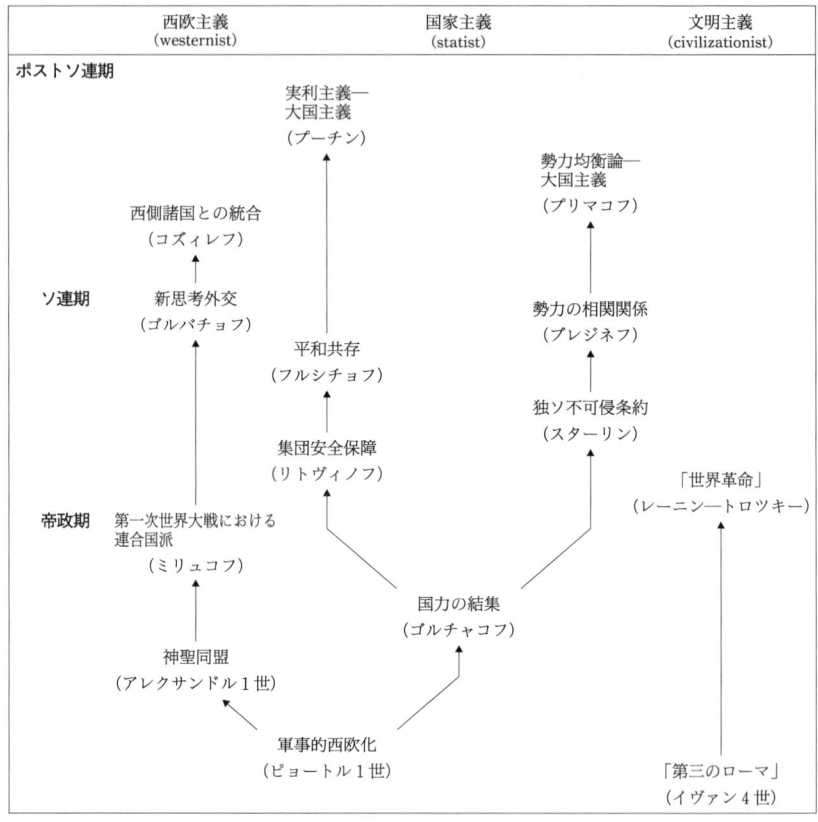

図1　ツィガンコフによるロシア外交志向の系譜

出典：Andrei P. Tsygankov, *Russia's Foreign Policy: Change and Continuity in National Identity* (Lanham: Rowman & Littlefield Publishers, Inc., 2006), p. 9, "Table 1.1. Russia's Foreign Policy: Change and Continuity."

避することでコストを減らし，勢力均衡を可能な限り維持する努力をするのが，第二の国家主義者である。国力の総動員には国家の役割と社会的・政治的秩序が重視される。国家主義者のルーツとしては，帝政期のアレクサンドル・ゴルチャコフ外相（Aleksandr Mikhailovich Gorchakov，1856年〜1882年）によるクリミア戦争敗北後の努力に言及されている[15]。この種の路線をとる指導者は西側に対して必ずしも敵対的ではなく，西欧勢力との連携

と，均衡政策の双方のパターンが見られる。第三に，国家主義者と違い，ロシアに固有の価値やロシア文化の優越性を掲げて西欧の価値体系に挑戦しようとするのが文明主義者である[16]。このように，歴史的連続性からポスト冷戦期の指導者たちの外交志向を見るアプローチは，コズィレフ＝「大西洋主義」，プリマコフ＝「ユーラシア主義」の構図を離れ，発展の資源を何に求めているかという視点を提示している。その一方で，このアプローチは1994年以降のコズィレフ，プリマコフ，プーチンが共通してロシアにとって好ましい国際秩序として「多極」を選好していたことを説明する指標を提示していない。

　ツィガンコフは，これら三つのロシア外交志向に表象される変化と連続性を見分ける場合に，国際関係論の伝統的な学派であるリアリズムとリベラリズムの手法にはそれぞれ長所と欠陥があると指摘している。リアリズム学派は，現存する国際システムにおけるパワーの維持と強化が国益であると定義し，これがロシアの対外行動の原動力になっていると考える。このような立場に基づいてロシアの対外行動を分析する場合，現状維持への一貫したコミットメントと対外的膨張主義の側面に光が当てられがちになる。この学派の議論では，ソ連の指導者たちは革命のイデオロギーを採用し，全体主義システムの下で行動する一方で，対外的に優先してきたのは伝統的なロシアの国益の擁護，つまり安全保障の強化と国家の存続であった[17]。また，国家の対外行動を規定するのは国際システムの構造レベルにおけるパワーの相対的配置であるという立場をとるネオリアリズム学派は，1980年代後半から1990年代初頭にロシアの指導者たちが西側との和解を模索したのは，冷戦でのソ連陣営の敗北によって生じたアメリカを中心とする単極システムへの反応であると捉える。つまり，1990年代後半以降の旧ソ連地域におけるロシアの覇権主義と，欧米諸国との非対決的バランス政策は，相対的なロシアのパワーの低下を考慮したうえでの合理的な戦略だと解釈される[18]。この立場は，エリツィンからプーチンに至るまで，ロシアの指導者がヨーロッパでもアジアでもアメリカとの決定的な対決を避けながら，勢力均衡政策を維持してきたことを説明できる。しかし，対外政策における変化をパワー変動の

可能性として捉えるため，変化に対する観察力に限界がある。つまりゼロ・サム的性格の変化には敏感であるが，経済的要因や固有の理念・文化，あるいは地域的要因を軽視するために西側との協調に見られるようなポジティヴ・サム的な変化の起源を説明することには適していない。

　これに対して，国家は単一で一枚岩的なアクターではないという立場に立つリベラル学派は，リアリズムへの挑戦として，経済的グローバル化，民主化，あるいはトランスナショナルな関係が国家間の協調を促進し，大規模な紛争を減少させる可能性を主張する。クリントン政権で国務副長官を務めたストローブ・タルボット(Strobe Talbott)や，米ロ関係を分析したジェームズ・ゴールドガイア(James M. Goldgeier)およびマイケル・マクフォール(Michael McFaul)などのリベラリストたちは，「改革派」と目されたエリツィン政権下の下院選挙(1993年12月)で，民族主義勢力やロシア連邦共産党が台頭した要因を，体制転換による経済的困難に求め，一時的な現象であると考えていた[19]。しかしその後，ロシアの内政・外交を主導したのは，プリマコフやプーチンという旧ソ連の治安機関出身者であり，政権に対する保守勢力の反発を緩和することができる者たちであった。このことから，リベラル学派は，ロシアの政治における保守勢力の台頭の背景を十分に分析できないという批判を受けた[20]。

　リアリズム，リベラリズムそれぞれの限界を克服するアプローチとして，ツィガンコフは，様々な変化が生じている社会状況に注目する必要性を主張する[21]。このように，国際システムを社会的・文化的現象として扱うアプローチは，社会構成主義(social constructivism)と呼ばれる。このアプローチは，第一に構造は物質的なパワーというよりも共有された観念によって決定されること，第二に，合目的的なアクターのアイデンティティや利益は，自然に備わっているものではなく，諸アクターに共有された観念によって構成されるということを前提としている[22]。つまり，社会構成主義は社会的に構成された国家アイデンティティと国家行動の関連性を重視するアプローチであると言える。

　ツィガンコフはこのアプローチを専らロシアと欧米諸国との関係にのみ適

用しているが，北東アジア情勢の分析にこのアプローチを用いたのが，ギルバート・ロズマン(Gilbert Rozman)による『北東アジアの発育不全の地域主義』である[23]。ロズマンは，1989年から2003年までの北東アジアにおけるアメリカ，ロシア，日本，中国，韓国それぞれの地域主義に対する認識と，二国間関係(日中，日ロ，中ロ)の政治認識を分析し，この地域が地域主義の空白地帯になっている要因として，台湾問題，北朝鮮問題や国境問題などの安全保障問題に関して国家間の合意が形成されていないこと，また世界における地域の役割について共通のアイデンティティが発育不良であることなどを指摘している。ロズマンの分析は地域協力の失敗要因を提示することによって，国家行動に歴史的記憶や価値観など認識に関わる要因が影響を与えていることを示唆している。その一方で，モスクワの対外政策において中国，日本，韓国，北朝鮮との間の関係がどのようなメカニズムで相互に関連し，どこに重心が置かれているのか，またアイデンティティ，経済，安全保障のうち，どのファクターがモスクワの対外政策決定に影響力を与えているのかについて具体的な説明を用意できないという限界を抱えている。

　本書は，冷戦終結後の国際秩序観に関しては，コズィレフ，プリマコフ，プーチンらの間に，ロシアの国際的地位の低下を最小限にするという共通の課題があったことを考慮し，3人の外交構想と実際の外交を分析することによって，外交理念の連続性と，それを実現するための手段の非連続性を明らかにしていく。第一章および第二章で詳述するとおり，現実の国際政治では，ヨーロッパ・大西洋地域においても，アジア・太平洋地域においても，ロシアは冷戦期のブロック対立の潜在的可能性に悩まされ続けた。隣接する地域との間に分断線が形成されることを回避し，いかに協調関係を築くかという課題に対し，3人の指導者たちはそれぞれ異なる意図を持って国際制度の活用を選択肢としてきた。

　国際政治における主体間の協力や国際秩序の安定における国際レジームの役割を主張したのは，ネオリベラリズム学派を代表するロバート・コヘイン(Robert Keohane)である。1960年代以降，国際組織，国際金融機関，あるいは多国籍企業などの活動が活発化し，国境を越えて人，モノ，カネ，情報

が相互に依存し合う状態が生まれた。コヘインとジョセフ・ナイ(Joseph Nye)は「複合的相互依存」という概念でこれを説明し，パワーの配置で国際システムを捉える見方に代わって，多角的なチャネルが社会を連結しており，そこでは非国家アクターの役割が増大していることを指摘した[24]。1960年代には，米ソ関係においても共通の利益に基づいた協力への気運が高まり始めた。軍事分野では，キューバ・ミサイル危機で核戦争の危機に直面したことから，核戦争を抑止するために戦略核を制限するための交渉が開始された。また1960年代末までにイギリス，中国，フランスが核保有国となった一方で，日本や西ヨーロッパ諸国では経済復興が進み，固定的であった米ソ二極体制が弛緩し始めたのである。経済分野では，ブレトン・ウッズ体制から変動相場制への移行がアメリカの経済力の低下を象徴していた。またヨーロッパでは石炭，鉄鋼という資源の共同管理構想から出発した地域制度(現在の欧州連合(EU))が形成され，アジアでは地域安全保障共同体を志向する東南アジア諸国連合(ASEAN)が発足していた。以下では，このような地域的な国際制度に対するロシア側の認識の変化と実際のアプローチを分析し，ヨーロッパ・大西洋地域とアジア・太平洋地域のケースを対置させることによって，勢力均衡論を超えたロシア外交の協調的側面に光を当てたい。そうすることによって，ロシアのアジア・太平洋外交を対欧米外交の補完物としてではなく，地域における協調関係の創出という個別の文脈で捉え直すことができるのではないかと考える。

　冷戦終結後のロシア外交を分析する手法として，国際制度の役割を重視するアプローチをとった研究には，エラナ・ウィルソン・ロウ(Elana Wilson Rowe)とスティナ・トルイェセン(Stina Torjesen)編による『ロシア外交における多国間主義の側面』がある[25]。同書は，ソ連崩壊後，ロシアが主にヨーロッパと旧ソ連圏で多国間アプローチを放棄せずに，国連，NATO，G8，EU，欧州安全保障協力機構(OSCE)，CIS，上海協力機構(SCO)などを手段として活用してきた要因を検討している。このなかでアンドレイ・ザゴルスキー(Andrei Zagorski)はロシアの多国間主義の三つの要素を指摘している[26]。第一に，国連安保理やG8を通じて集団的リーダーシップを発揮

し，それを制度化することである。第二に，ロシアの多国間主義は協力よりも手段としての多国間主義であるため，協調することに意義を見出せない場合には単独行動をとるなど対外行動に二重性をもたらす。第三に，隣接する地域の制度に関与することによって，近隣諸国や外部勢力によってロシアの行動が制約されることを防ぐことができる。同書はアジアの多国間主義に関してはロシア，インド，中国のパートナーシップへの言及にとどまっているため，本書で1980年代後半から胎動し始めていたアジア・太平洋地域におけるロシアの多国間アプローチ(アジア・太平洋経済協力会議(APEC)，ASEAN，北朝鮮の核問題に関する六カ国協議)を検討することによって，地域比較の視点を充実させることができるだろう。

(2) 本研究の視点と方法

　ネオリアリズムの観点に立つと，冷戦終結後の世界において，コズィレフ，プリマコフ，プーチンはアメリカの覇権と台頭する中国，インドなどの新しい力の中心のなかで地位を維持するという共通の目標を持っていたと仮定することができる。その一方で，ツィガンコフのロシア外交志向の分類に従うと，3人の指導者たちが対外政策を実現する場合の資源や手段，連携しようとする国家にはかなりの違いが見受けられる。コズィレフとプリマコフ，プリマコフとプーチンの戦略の違いがどのような背景で形成されたのかという点については，それぞれの指導者の下での国際環境の変化への対処と，多国間アプローチの特徴と限界を通じて検討したい。本書では，指導者たちの外交構想や，ある事象に対する彼らの認識を知るための手がかりとして，大統領府および外務省の公式ウェブサイトや定期刊行物を通じて公表された演説，インタビュー，論文を資料として用いる。また，外交活動に関わる大統領令，法令，外交官による論文，そして実際の外交日程やその内容を知るための資料としては主に，『外交通報(diplomaticheskii vestnik)』[27]を参照した。

　ソ連崩壊前後，敵と味方を明確に区別し，ブロックを形成してその外からの脅威に対処するアプローチに代わり，グローバル・地域レベルで重層的に形成された国際制度を利用して多様化した脅威，国境を越えた(所在が不明

確な)脅威に対処しようとする多国間アプローチへのロシアの指導者たちの期待が高まった。しかし1994年末には，ロシアが欧州安全保障協力会議（CSCE，1995年からOSCE）の規範を無視してチェチェン侵攻に踏み切る一方，NATOは軍事ブロックに反対するロシアの立場を無視して1999年と2004年の2度にわたって東欧，バルト諸国へ拡大し続けた。またアジア・太平洋地域においては，1990年代後半の地域経済統合の動きのなかでロシアもAPEC加盟を果たすが，これを活用する具体的な戦略を持っていなかったために，ロシア極東とAPEC加盟国との経済協力の拡大に結びつける政策を策定することができなかった。このように1990年代を通じて，ロシアの多国間外交が問題の解決，ロシアのプレゼンスの向上という点で機能していたとは言い難い。G8サミットやNATO-ロシア理事会，SCO，APECにおける首脳外交が活発化し，具体的な多国間アプローチの意義が可視化されるようになったのは，2000年以降のことである。

　2008年7月12日付で第三代大統領メドヴェージェフによって承認された「ロシア連邦の対外政策概念」はロシアの対外行動の趣旨，原則および基本的方針に対する政府の見解を示した法的文書である[28]。プーチンから政権を引き継いだのが2008年5月であったことを考慮すると，この文書は8年間のプーチン外交に多くを負ったものであり，前政権の成果と課題を総括したうえでメドヴェージェフ政権が国際分野で目指す方向を打ち出したものだと考えてよいだろう。この文書で示された基本的目標には，第一に国家の安全保障，国家主権と領土保全および世界共同体における堅固で権威ある地位を維持・強化することが挙げられている。これと並んで，「国際問題の解決において集団主義の原則，国連憲章の規定を始めとする国際法の支配に基づき，そして国際連合の中心的・調整的役割の下での国家間の対等なパートナー関係に基づいて，公正で民主的な世界秩序を確立する目的で全世界的プロセスに影響を及ぼすこと」が目標に掲げられていることに注目したい。この「対外政策概念」によると，今日の国際的な挑戦や脅威は，国境を越える性質のものであり，伝統的な地域単位の軍事・政治同盟ではもはやこれらに対抗していくことはできない。国際問題の解決に対するブロック的アプローチに代

わるのは,「共通の課題の集団的模索を目的とした多国間構造への柔軟な形態での参加に立脚したネットワーク外交」である。国際政治において「世界秩序の民主化」,「国際問題の集団的解決」を求めることは,裏を返せば重要な国際問題に対するロシアの影響力の低下,ロシアの意思が反映されず,ときにその安全を脅かす決定が他国によってなされることへの抗議を意味している。

以上から,本書では多国間外交の効率性そのものではなく,エリツィン政権下で多国間外交が機能しなかった要因,そしてそれにもかかわらずこのアプローチがプーチン政権およびメドヴェージェフ政権に引き継がれている背景を,対欧米外交と対アジア・太平洋政策の双方で明らかにし,とくに後者の地域戦略における多国間主義の意義について考察する。

第三節　アジア・太平洋地域の地理的範囲について

本書で考察の対象とするアジア・太平洋地域は,第二次世界大戦後に主権国家として独立した国が多くを占めており,現在も国際政治の主体としての「地域」を形成しようとする動き(「地域主義」の模索)の途上にある。国際社会において,ある目的に基づいて相対的に自立した集合体を形成しようという志向を持つ「地域主義」は,誰がイニシアティヴをとるのか,どの分野の協力を進めるのかによって構成国が異なる。1950年代以降にアジアで形成されてきた集合体の名称は,「太平洋」,「アジア・太平洋」,「東南アジア」,「東アジア」など多様な地域概念を冠してきたが,一つの地域概念によって包摂される地理的範囲は,国際情勢の変化等を反映し,時間とともに変化してきた。例えば,1967年に発足したASEANは当初,インドネシア,マレーシア,フィリピン,シンガポール,タイの5カ国で結成されたものであったが,その後ブルネイ(1984年)が含まれ,冷戦の終結を経てベトナム(1995年),ミャンマー,ラオス(1997年),カンボジア(1999年)へと拡大していった。そもそも,「東南アジア」という概念自体が域外勢力によって付与されたものであり,有意味な政治的単位として最初に用いられたのは,

1943年にインド総督がインド軍総司令部から分離した東南アジア軍司令部 (South-East Asia Command)を創設した時だと言われている[29]。その管轄地域にはセイロンと英領インドの東北国境地帯が含まれていた一方、オランダ領東インドやフィリピンは除外されていた。このように、アジアの地域概念は、地域諸国による地域認識と欧米の戦略対象としての地域認識が複雑に関連し合って形成されてきたものである。同様に、ロシアがアジア・太平洋政策に含める諸国にはロシアの戦略的意図が反映されており、一般的にアジア・太平洋地域という概念で括られる諸国[30]とは必ずしも一致しない。本論に入る前に、「アジア・太平洋地域」という言葉がロシア外交の文脈でどのように用いられているのかについて確認しておきたい。

（１）対外政策における「アジア・太平洋」地域

　ロシア外務省によるアジア諸国の管轄は、2014年5月現在、①第一アジア局(中国、北朝鮮、モンゴル、韓国)、②第二アジア局(アフガニスタン、バングラデシュ、インド、イラン、モルディヴ共和国、ネパール、パキスタン、スリランカ)、③第三アジア局(オーストラリア、ブルネイ、ベトナム、インドネシア、カンボジア、ラオス、マレーシア、ミャンマー、ニュージーランド、オセアニア、シンガポール、タイ、フィリピン、日本)、④アジア・太平洋協力局(アジア・太平洋地域における多国間協力の諸問題を管轄)に分かれており、これら四つの局は担当の外務次官イーゴリ・モルグロフ(Igor' Vladimirovich Morgulov)によって統括される[31]。ロシアの対外政策において、広義のアジアとは上記の諸国を指している。これらの諸国は、ロシア外務省が発行する公式文書において「アジア・太平洋諸国」、「南アジアおよび西アジア」などの地域に区別されてきたが、その分類の仕方もロシア連邦発足後の約四半世紀で変化してきた。ここでは本書の対象とするアジア・太平洋地域という区分に反映される政府の意図と地理的範囲に注目してみたい。

　エリツィン政権下で初めて策定された「ロシア連邦の対外政策概念」(1993年4月23日付大統領令により承認)において、アジア・太平洋地域に含まれ

ていたのはアメリカ，中国，日本，朝鮮半島，ASEAN 諸国（ブルネイ，インドネシア，フィリピン，マレーシア，シンガポール，タイ），モンゴルおよびベトナムであった。同文書によると，地域システムにおいてロシアは自立した役割を担うべきであり，そのためにはアメリカ，中国，日本という主要国との関係において均衡と安定を確保しなければならないと考えられていた。また，朝鮮半島に関しては，隣接する地域に緊張の火種があることは望ましくないとし，北朝鮮と韓国の統合がロシアの国益に適うとしている。1990 年代初頭の地域認識からは，ソ連崩壊による国際的地位の低下を最小限にするため，とくにアメリカ，中国，日本が対峙し，停戦状態にある南北朝鮮を含む北東アジアで勢力均衡を維持したいという意図を読み取ることができる。

　その後，プーチン政権発足後に改定された「ロシア連邦の対外政策概念」(2000 年 6 月 28 日付大統領令により承認) ではアジア・太平洋地域の意義はシベリア・極東地域の経済的発展の文脈において強調され，地域における主要な統合メカニズムとして APEC，ASEAN (10 カ国)，上海ファイヴ (ロシア，中国，カザフスタン，クルグズスタン，タジキスタン) への積極的な参加が目標とされた。また重要な二国間関係として，中国とインドが挙げられ，とくに世界政治における中国との共同行動は，地域政治と世界政治の双方の安定の基盤であると位置づけられている。2008 年に就任したメドヴェージェフ大統領によって改定された「ロシア連邦の対外政策概念」(2008 年 7 月 12 日付大統領令により承認) では，基本的に 2000 年版の認識が継承されている。違いとしては，多ベクトル外交の文脈でアジア・太平洋地域の重要性が指摘されている。ここでは，地域協力の目的が多様化され，経済だけでなくテロ対策や文明間の対話も含まれるようになった。そして上記三つの多国間制度に加え，中国，インドとの関係は二国間だけでなく，3 カ国ベースの政治経済協力の発展においても重視されている。これらの後に，日本との領土問題に関して相互に受け入れ可能な方策を模索すること，北朝鮮の核開発問題への取り組みが挙げられている。

　以上からは，第一アジア局と第三アジア局に含まれる諸国に，アメリカ，

インドを加えた地理的範囲が政策レベルで「アジア・太平洋」と認識されていることが分かる。また，1990 年代初頭と 2000 年以降を比べると，モスクワのアジア・太平洋政策の土台となる大国間関係がアメリカ，ロシア，中国，日本の四角形から，ロシア，中国，インドの三角形に移行している。これは 1990 年代を通じてアジア・太平洋地域における米ロ関係，日ロ関係に進展がなかったのに対し，2000 年代に入るとブラジル，ロシア，インド，中国の高い経済成長率が世界経済において注目されるようになり（図 2 参照），とくにロシアの武器供給市場であり，かつ地政学的に重要な位置を占めるインド，中国との関係に期待が向けられるようになったのだと考えられる。ただし，この変化はアメリカがアジア・太平洋地域のアクターでなくなったことを意味しない。むしろ，太平洋を挟んでアジアに投影されるアメリカのプレゼンスの相対化を意識したロシアの戦略であるという意味で，「アジア・太平洋」はアメリカの存在を前提とした地域認識だと言える。地理的にユーラシア大陸の中心から太平洋側にある諸国との相関関係を高め，さらにこれを

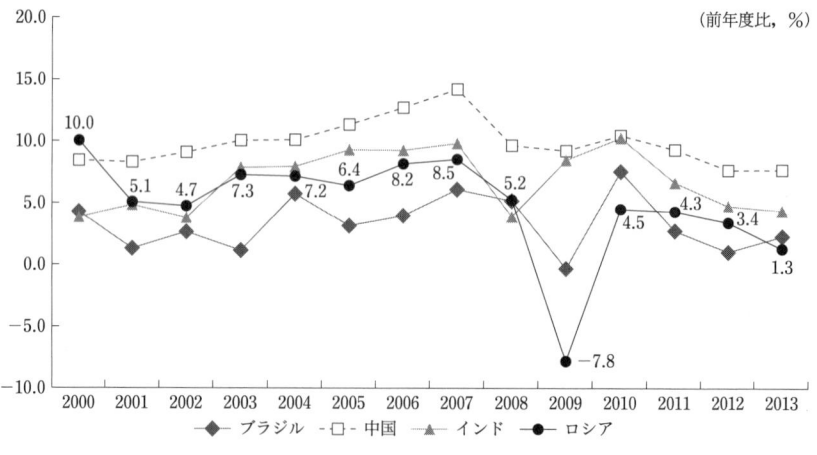

図 2　BRICs 諸国の GDP 成長率

注：2013 年の中国の数値のみ IMF による推定値。
出典：International Monetary Fund, World Economic Outlook Database, April 2014, http://www.imf.org/external/pubs/ft/weo/2014/01/weodata/index.aspx (2014 年 5 月 13 日閲覧).

中央アジア，太平洋岸，東南アジアを基盤とする多国間制度における首脳外交，閣僚級・実務級の信頼醸成によって補完していくというモスクワの地域戦略の目的は何なのかという点については，本論のなかで論じていきたい。

（2）「東アジア」の位置づけ

ロシア外交エリートの認識分析を行ったタイ外務省のパラドーン・ラングシマポーン（Paradorn Rangsimaporn）は，ロシアは大国の地位を主張する機会を見込んで，1996年頃から地域としての「東アジア」に注目し始めたと述べている[32]。この背景として，ヨーロッパや「近い外国」など伝統的にロシア政府が高い関心を払ってきた地域へのロシアの影響力が低下するにつれ，ロシア外交エリートらによる「東アジア」への関心が増大したことが指摘されている[33]。ASEAN＋3（日本，中国，韓国），東アジア共同体などアジア諸国を主体とした地域主義の発展過程がロシアの地域認識に与えた影響を重視する彼の議論において，「東アジア」とは中国，韓国，北朝鮮，日本から成る北東アジアと，ASEAN10カ国から成る東南アジアという二つのサブリージョンが構成する地域である[34]。

しかし「東アジア」の範囲は，ロシア外交においてもアジア地域主義においても可変的である。バリー・ブザン（Barry Buzan）によると，冷戦終結後，北東アジアと東南アジアは「東アジア地域安全保障複合体」へと融合した[35]。その要因は第一に，東南アジアからのソ連とアメリカの軍事的撤退にあった。これによって中国の自立性が高まり，東南アジア諸国との政治・安全保障関係が増大した。第二に，1980年代からの日本を中心とする経済発展と経済的相互依存の進展が挙げられる。第三に，ASEAN地域フォーラム（ARF）の設立と発展によって地域としての一体性が内外に認識されるようになった。ブザンの考察は，安全保障ファクターを重視していることが特徴的である。その他の要因として，1997年のアジア通貨危機の際，既存の制度（国際通貨基金（IMF），APEC）が効果的に機能しなかったことから，ASEAN＋3の地域金融協力（通貨スワップ協定の拡大）が進展してきたことを忘れてはならない。ASEANと日中韓の間では，二国間の自由貿易協定，経済連携協定

という枠組みが地域統合の基盤を形成しつつある。「東アジアサミット」はこの ASEAN＋3 の外相会議のなかで，2004 年 7 月に中国によって提案された[36]。ASEAN＋3 を「東アジア」の核とするならば，ロシアは安全保障協力では東南アジア諸国（主にマレーシア）によって地域協力に関与する地位を得たが，経済統合の観点からは域外に位置づけられる。

　ロシアの文脈から見ると，ロシア帝国は領土のヨーロッパ部からウラル山脈を越えて東進してきたことから，その地域認識においてユーラシア大陸の東端に位置する中国，朝鮮半島，そして日本を含む地域は伝統的に「極東（dal'nii vostok）」と呼ばれてきた。ロシア科学アカデミー会員のウラジーミル・ミャスニコフ（Vladimir Stepanovich Miasnikov）の議論のなかでは「極東」と「東アジア」は区別されず，伝統的に中国語で「三大両小」と表現される国際システムを形成してきた地域を指す。つまりロシア，中国，日本の三大国と，モンゴル，朝鮮半島から成る地域である[37]。ロシアがこの地域のアクターになってからはまだ 4 世紀しか経っておらず，その「声」は最も小さい。ミャスニコフはロシア連邦がこの地域との新しい協力関係を構築する際に留意すべきは，歴史的に蓄積されてきた相互の侮辱と不満であると述べている。ロシア人はモンゴルの襲来を経験したし，また朝鮮半島では中国と日本が影響力の行使をめぐってしのぎを削ってきた。20 世紀に入るとロシア帝国／ソ連も朝鮮半島およびモンゴルでの権益を日本と争ってきた。このような歴史的視点から，ミャスニコフは日本を西側諸国の一員とみなして協力の可能性に期待していた大西洋主義者たちの論調と一線を画し，新生ロシア発足直後でさえ，ロシアにとって最も信頼関係を構築するのが難しいパートナーとして日本を位置づけていた。

　このように，ロシアとの関係を論じる際，「東アジア」という言葉は狭義にはロシア，モンゴル，中国，朝鮮半島，日本を含む地域を指し，広義にはそこに ASEAN 10 カ国を含むが，アメリカとオセアニアを周辺化した概念である。一方で「アジア・太平洋地域」という呼称は，アメリカの役割の大きさを意識した呼称だということが指摘されている[38]。これはソ連崩壊後も大統領，外相，政府高官の発言において公式に用いられてきた呼称であり，

本書はロシア政府の視点からアジア・太平洋政策を論じるものであるため，主として「アジア・太平洋地域」という呼称を用いる。

第四節　本書の構成

　以上のような問題意識に基づき，本書は国際制度との関わりの観点から，冷戦終結後のロシア外交の形成と変容および連続性について検証する。それと同時に，ロシア外交全体における対アジア・太平洋外交の位相を明らかにするために，欧米諸国との関係にも踏み込みながら分析を進めたい。1990年代初頭のヨーロッパにおける国際制度を通じた対話の努力と限界は，2013年末からのウクライナ危機で露呈した，ロシアと欧米の間に横たわる冷戦の遺産の問題につながっている。

　第一章は，これまで英語圏においても日本国内においても本格的に論じられることがなかったコズィレフ外相の外交構想の全体像を明らかにし，プリマコフ以降の外交路線に対して持つ意義を再検討することを課題としている。具体的には，冷戦終結後のNATO東方拡大がロシアの国際秩序観にもたらした影響を中心に論じる。エリツィン大統領とコズィレフ外相が冷戦後秩序の機軸と想定していた，ロシアとヨーロッパ・大西洋地域の共通の安全保障空間の創出が挫折したのはなぜか，それによってコズィレフの対外政策はどのように変化したのか，そして維持された部分は何であるのか。この論点を検証するうえで最も重要な争点は，言うまでもなく，NATOの東方拡大である。そのほかに，ロシアと欧米の関係に影響を与えた欧州通常戦力条約（CFE条約），チェチェン紛争をめぐるCSCEとの対立も事例として扱う。初期のエリツィンとコズィレフによる外交は，ヨーロッパ・大西洋地域における多国間外交の失敗により，プリマコフ以後の外交の端緒となる，一種のプラグマティックな均衡政策へ傾斜していった。にもかかわらず，初期のロシア外交の国際制度を中心としたアプローチは，力点を変えながらもプリマコフからプーチンへとつながる一連の対外政策の下敷きとして継承される枠組みを提示していた。第二章から第四章において分析の対象となるアジア・

太平洋政策においては，多国間外交をいかに展開していくかが重要な要素となる。モスクワの対外政策形成者らによる多国間主義の発想の起源を提示するために，第一章では専らヨーロッパ・大西洋地域の事例を扱う。

時代設定は前後するが，第二章では米ソ，中ソの対立を超えて，アジア・太平洋地域諸国との経済協力の拡大を目指したゴルバチョフ外交を，新生ロシアの対アジア・太平洋外交のプロトタイプと捉え，その特徴およびこれがソ連崩壊後のロシアの立場に与えた影響を考察する。なお本章では，エリツィン-コズィレフ体制下で積極的なアジア・太平洋政策を打ち出せなかった背景について，指導部が「大西洋主義」へ傾倒したこととする一般的な理解とは一線を画し，1989年5月の中ソ関係正常化，1990年9月の韓ソ国交樹立によって，事実上，冷戦体制が終焉を迎えた結果，ロシアが北朝鮮に対する影響力を失っていく過程として整理する。また，北朝鮮の核開発問題への対処をきっかけに，北東アジアでの影響力の喪失が決定的になったことから，ロシアはアジア・太平洋という広域的な地域設定のなかで，多国間制度を通じてアジア・太平洋国家としての地位を確保し，「地域大国」として自らを演出しようとする努力を始める。ロシアにとって地域協力への窓口となったASEANの域外包括型協力に，ロシアの外交指導者たちが活路を見出そうとする経緯を分析する。

第三章はある意味で，先行研究で最も多く取り上げられてきたプリマコフの対アジア外交を扱う。ヨーロッパ・大西洋地域だけでなく，アジア・太平洋地域での影響力の後退に対処するために，プリマコフ外相はいかなる勢力均衡政策をとったのか。国内政治における保守化という圧力の下，欧米との対等な関係を構築しながらも，旧ソ連の外交的資源をできる限り回復させる。これが1996年当時のプリマコフの対外政策の課題であったとすれば，彼がロシア外交の原則として提唱した「多極世界の形成」というレトリックはいかなる意味を持ち，実際にどのような効力を発揮したのだろうか。このような競争的なニュアンスを帯びたレトリックの多用にもかかわらず，現実のプリマコフ外交では，NATOの東方拡大で対立が先鋭化していたアメリカとの関係において，対立一辺倒ではなくCFE条約の適合化などで相互に受け

入れ可能な案を模索する対話が続けられていたことを指摘する。また，軍事問題に関してアメリカの単独主義へ反対することで一致していた中国との関係においても，決して協調一辺倒ではなく，同時に台頭する中国との国力の差を懸念していたことを確認する。ロシアの専門家の間ではアジア・太平洋諸国との関係多角化の必要性が共有されつつあったが，具体的な政策が形成されるのはプーチン政権の発足を待たなければならなかった。

　第四章では，第一次プーチン政権の対欧米外交におけるパターンがアジア・太平洋政策にどこまで適用されるのかについて考察する。エリツィン政権からプーチン政権にかけて，対米外交の実態は，協調と対立の間を振り子のように動いてきた。第一次政権下で，プーチンは「新冷戦」としばしば表現されるような，決定的な対米対立に踏み込むことを覚悟していたとは考え難い。その理由としては，アメリカに対する均衡路線(balancing)とバンドワゴン路線(bandwagoning，覇権国や台頭勢力に対して，迎合あるいは連携することによって，利益を得ようとする国家行動)の間の揺らぎの動機となっている主な要因が，大国としてのアイデンティティであることが挙げられる。2000年代に入り，アジア・太平洋地域において中国とロシアの国力の格差が拡大していくなかで，対米均衡の主要な手段であった中国との関係はどのように変化していくのか。アジア・太平洋政策においても大国としてのアイデンティティは重要な構成要素となるのだろうか。国際政治において自立した大国の地位を追求するロシアは，いかなる特徴を持った「極」であるのか。これらの点を明らかにするために，第一期プーチン政権における中ロ関係の安定と齟齬，そして第二期プーチン政権下で重視された経済・外交関係の多角化とエネルギー輸出政策について論じる。そして最後に，この路線の一環として打ち出された，ロシア極東地域開発(内政)とウラジオストクAPECサミットの開催(外交)のリンクという方針がメドヴェージェフ政権でどのように具体化されていったのかという点について，APECの利用を主な事例として論じる。

　第五章では，メドヴェージェフ政権の4年間で鮮明になったロシアを取り巻く国際安全保障環境の変化が，第二次プーチン政権のアジア・太平洋政策

にもたらす影響について検討する。アジア・太平洋政策における「多角化」路線の継続という観点から，本書ではメドヴェージェフ期に関する独立した章を設けず，第四章と第五章のなかで言及している。しかし一方で，この時期にアメリカ，ヨーロッパ諸国，旧ソ連諸国との関係では質的な変化を経験していることから，ここでその点について若干の説明を付したい。

　2008年5月から4年間続いたメドヴェージェフ政権は，首相に就任したプーチン前大統領の政治的影響力が継続したことから「タンデム体制」と形容された。着任当初，メドヴェージェフ大統領は2008年2月にプーチンが発表した「2020年までの国家発展戦略」を忠実に実行に移していくことを課題としていたようであった。しかし，2008年8月に勃発したグルジア紛争と，その直後に発生した世界的な金融危機への対処に直面したことから，前政権が提示した路線の軌道修正を迫られることとなった。つまり，前者でロシアはソ連崩壊後初めて国外での軍事行動に踏み切り，さらに南オセチアとアブハジアを国家承認して旧ソ連圏での国境変更を認めたのである。これによって，アメリカを始めとする西側諸国との関係はロシア連邦発足後最悪のレベルにまで冷え込んだ。後者の影響で経済成長率の急落(図2参照)に見舞われたメドヴェージェフ政権は，資源依存型の経済構造から脱却するために近代化とイノベーションの本格化に取り組んでいった。また，対外的には2008年11月に，バンクーバーからウラジオストクまでの空間を包含する「欧州安全保障条約」の草案を作成し，ヨーロッパ・大西洋地域に冷戦の遺産を克服するための軍事・政治的安全保障共通空間をつくることを関係各国の首脳に提案している[39]。この提案はヨーロッパ各国からほぼ反応が見られなかったが，メドヴェージェフが安全保障面でロシアの影響力を行使し得る多国間対話の必要性を認識していたという点で特筆したい。ブッシュ政権期に悪化していた対米関係については，バラク・オバマ米大統領(Barack Obama)との間で「リセット」して新戦略兵器削減条約(新START)の合意・署名を実現するなど，メドヴェージェフ政権下ではアメリカ，ヨーロッパ諸国との対立状態の改善に一定の努力が払われたと言える。

　第五章では，このような国際安全保障環境の変化を踏まえて，とくに中国

の軍事・経済的台頭に伴う米中・中ロ関係の質的変化という観点から第二次プーチン政権におけるアジア・太平洋政策の刷新について論じる。特筆すべき点として，北極海の海氷の融解が進んでいることから，2013年2月に改定・公表された「ロシア連邦の対外政策概念」では，旧ソ連圏，欧米に次ぐ新たな外交正面として「北極圏」が加えられ，アジア・太平洋地域はそれに次ぐ位置づけとなったことが挙げられる。これらの要因が，この地域における大国間関係(米中ロ)と地域諸国との二国間関係にどのような影響を及ぼすのか。本章では，アジア・太平洋地域における多国間制度(APEC)の場を利用して極東地域開発への国家投資を本格化させた後のロシアが，アジア・太平洋方面で直面している課題と地域諸国との関係をどのように展望しているのかについて分析することを目指している。

　結語では，ポスト冷戦期のロシアの国際秩序観と，そこにおけるアジア・太平洋諸国の位置づけについて整理し，冷戦終結後のロシア外交における安全保障上のジレンマと多国間主義の意義を明らかにする。

1) Richard Sakwa, " 'New Cold War' or Twenty Years' Crisis?: Russia and International Politics," *International Affairs* 84, no. 2 (2008), p. 247.
2) 伊東孝之「ロシア外交のスペクトラム——自己認識と世界認識のあいだで」伊東孝之，林忠行編『ポスト冷戦時代のロシア外交』有信堂高文社，1999年，3-68頁。
3) 松井弘明編『9.11事件以後のロシア外交の新展開』日本国際問題研究所，2003年。
4) 末澤恵美「ロシア=EU関係の発展と現状」日本国際問題研究所『ロシアの外交——ロシア=欧州=米国関係の視点から』2002年，42-51頁。
5) 小泉直美「プーチン外交」『ロシア研究』第32号，2001年，57-74頁。
6) 戸崎洋史「米ロ軍備管理——単極構造下での変質と国際秩序」『国際安全保障』第35巻第4号，2008年，17-34頁。
7) 木村汎『日露国境交渉史——領土問題にいかに取り組むか』中央公論社，1993年。木村汎『遠い隣国——ロシアと日本』世界思想社，2002年。
8) 斎藤元秀『ロシアの外交政策』勁草書房，2004年。
9) 小澤治子『ロシアの対外政策とアジア太平洋——脱イデオロギーの検証』有信堂高文社，2000年。
10) 中野潤三「ロシア極東を巡る国際関係」『ロシア研究』第24号，1997年，78-93頁。中野潤三「ロシアの国益と北朝鮮の核問題・体制変革」岩下明裕編『ロシア外交の現在I』北海道大学スラブ研究センター，2004年，54-61頁。

11) 岩下明裕『中・ロ国境4000キロ』角川書店，2003年。岩下明裕『北方領土問題——4でも0でも，2でもなく』中央公論新社，2005年。
12) 横手慎二「ロシアと東アジア」横手慎二編『現代東アジアと日本5 東アジアのロシア』慶應義塾大学出版会，2004年，11-33頁。横手慎二「ロシア外交政策の基調と展開」『国際問題』第580号，2009年，16-25頁。横手慎二「ロシアと東アジアの地域秩序」小此木政夫，文正仁編『東アジア地域秩序と共同体構想』慶応義塾大学出版会，2009年，149-181頁。
13) 代表的な研究には次のものがある。Andrei P. Tsygankov, *Russia's Foreign Policy: Change and Continuity in National Identity* (Lanham: Rowman & Littlefield Publishers, Inc., 2006); Andrei P. Tsygankov and Pavel A. Tsygankov, "New Direction in Russian International Studies: Pluralization, Westernization, and Isolationism," *Communist and Post-Communist Studies* 37, Issue 1 (2004), pp. 1-17; Alexander A. Sergunin, "Discussion of International Relations in Post-Communism Russia," *Communist and Post-Communist Studies* 37, Issue 1 (2004), pp. 19-35; Tatyana A. Shakleyina and Aleksei D. Vogaturov, "The Russian Realist School of International Relations," *Communist and Post-Communist Studies* 37, Issue 1 (2004), pp. 37-51; Pavel A. Tsygankov and Andrei P. Tsygankov, "Dilemmas and Promises of Russian Liberalism," *Communist and Post-Communist Studies* 37, Issue 1 (2004), pp. 53-70; Ted Hopf, ed., *Understandings of Russian Foreign Policy* (Pennsylvania: The Pennsylvania State University Press, 1999). また，国際関係論との対置はされていないが，ロシア外交の潮流を整理した日本語の文献として，以下がある。松井弘明「ロシア外交の理念と展開——9.11テロ事件以降を中心として」松井弘明編『9.11事件以後のロシア外交の新展開』日本国際問題研究所，2003年，1-26頁。
14) Tsygankov, *Russia's Foreign Policy*, p. 4.
15) ツィガンコフは国家主義がロシアで最も影響力を有する潮流だと指摘している。Ibid., pp. 5-7. また，プリマコフの後任のイーゴリ・イワノフ外相(Igor' Sergeevich Ivanov)は，国際プロセスの現実主義的評価，国益を基盤とすること，最も困難な条件下で国益の擁護を成し遂げることがゴルチャコフ外交の原則であり，今日のロシアにとっても重要性を持ち続けていると述べている。さらに，「ロシア連邦の対外政策概念」の策定にもゴルチャコフの外交思想が影響を与えたとしている。Иванов И. С. Новая Российская дипломатия: Десять лет внешней политики страны. М., 2001. С. 35.
16) Tsygankov, *Russia's Foreign Policy*, pp. 7-8.
17) この立場から論じた代表的な研究として，以下を挙げる。Robert H. Donaldson and Joseph L. Nogee, *The Foreign Policy of Russia Changing System, Enduring Interests*, Third Edition (N.Y.: M. E. Sharpe, 2005), pp. 72-74.
18) 例えば，アレン・リンチはコズィレフからプリマコフへの外相の交代を親西側路線から反西側路線への転換だとする見解に対し，1993年以降のコズィレフと，1996年

から外相を務めたプリマコフの対外政策はどちらも「完全な西側への抵抗」と「惨めな独立」という「二つの罠」を回避するという点で共通していたと述べている。Allen C. Lynch, "The Realism of Russia's Foreign Policy," *Europe-Asia Studies* 53, no. 1 (2001), p. 24.
19) Strobe Talbott, *The Russia Hand: A Memoir of Presidential Diplomacy* (N.Y.: Random House, 2002), pp. 407-409; James Goldgeier and Michael McFaul, *Power and Purpose* (Washington, D.C.: The Brookings Institution Press, 2003), p. 133.
20) Tsygankov, *Russia's Foreign Policy*, pp. 11-13.
21) ". . . If we are to understand diversity of national foreign policies, we ought to first understand what "national" is." Tsygankov, *Russia's Foreign Policy*, p. 14.
22) Alexander Wendt, *Social Theory of International Politics* (Cambridge: Cambridge University Press, 1999), p. 1.
23) Gilbert Rozman, *Northeast Asia's Stunted Regionalism: Bilateral Distrust in the Shadow of Globalization* (N.Y.: Cambridge University Press, 2004).
24) Robert Keohane and Joseph Nye, *Power and Interdependence World Politics in Transition* (Boston: Little, Brown, 1977).
25) Elana Wilson Rowe and Stina Torjesen, eds., *The Multilateral Dimension in Russian Foreign Policy* (London: Routledge, 2009).
26) Andrei Zagorski, "Multilateralism in Russian Foreign Policy Approaches," in Elana Wilson Rowe and Stina Torjesen, eds., *The Multilateral Dimension in Russian Foreign Policy* (London: Routledge, 2009), pp. 56-57.
27) ロシア外務省が発行する月刊誌『外交通報』は，2004年第12号をもって廃刊となり，2005年からは基本的に外務省のウェブサイト上で情報が公開されるようになった。
28) Концепция внешней политики Российской Федерации. Утверждена Президентом Российской Федерации Д. А. Медведевым 12 июля 2008 г．http://www.mid.ru/brp_4.nsf/0/357798BF3C69E1EAC3257487004AB10C（2014年5月20日閲覧）．
29) ベネディクト・アンダーソン（糟谷啓介，高地薫ほか訳）『比較の亡霊——ナショナリズム・東南アジア・世界』作品社，2005年，4-12頁．
30) 例えば，「アジア・太平洋」の名を冠する政府間組織，APECに含まれるのは，オーストラリア，ブルネイ，カナダ，チリ，中国，香港，インドネシア，日本，韓国，マレーシア，メキシコ，ニュージーランド，パプアニューギニア，ペルー，フィリピン，ロシア，シンガポール，台湾，タイ，アメリカ，ベトナムなどの太平洋岸に位置する21カ国・地域である．
31) 外務次官一覧および外務省組織図は，ロシア外務省の公式ウェブサイトを参考にした．http://www.mid.ru/bdomp/sitemap.nsf/kartaflat/01.03.01（2014年5月15日閲覧）．
32) Paradorn Rangsimaporn, *Russia as an Aspiring Great Power in East Asia:*

Perceptions and Policies from Yeltsin to Putin (Basingstoke: Palgrave Macmillan, 2009), p. 152.
33) Ibid., p. 153.
34) Ibid., p. 6.
35) Barry Buzan, "Security Architecture in Asia: the Interplay of Regional and Global Levels," *The Pacific Review* 16, no. 2 (2003), pp. 152-162.
36) 2002年1月に小泉純一郎首相が「東アジア・コミュニティ」を提唱したのをきっかけに，東アジア共同体形成への注目が高まり，中国・日本・ASEANの間の主導権争いに発展した。2004年11月のASEAN＋3首脳会議で，翌年にマレーシアで「東アジアサミット」を開催することが決定された。
37) *Мясников В. С.* Россия в новом концерте государств Восточной Азии // Проблемы дальнего востока. 1992. № 5. С. 3-18.
38) Gilbert Rozman, Kazuhiko Togo and Joseph P. Ferguson, eds., *Russian Strategic Thought toward Asia* (N.Y.: Palgrave Macmillan, 2006), p. 7.
39) *Президент России*. Проект Договора о европейской безопасности. 29. 11. 2009. http://kremlin.ru/news/6152（2014年5月25日閲覧）．

第一章　エリツィン-コズィレフ体制下の外交の再検討
――ヨーロッパ安全保障の文脈から――

第一節　コズィレフ期の外交を論じる意義

　本章および第二章の目的は，エリツィン大統領-コズィレフ外相体制で主導された初期ロシア外交(1991年12月～1996年1月)を，冷戦終結後の地域安全保障体制の観点から再検討することである。コズィレフ外相がこだわり続けた西側先進国との制度的統合路線は，アメリカに対するロシアの政治・経済的依存度を高め，軍事安全保障分野でのロシアの国益を脅かす国際環境を招いたことから，政権内での支持基盤(最終的にはエリツィンの後ろ盾)を失っていくことになった。この外交路線をめぐる問題の焦点となったのは，ヨーロッパ・大西洋地域ではチェコ，ハンガリー，ポーランドへの第一次NATO東方拡大であり，アジア・太平洋地域では「米朝枠組み合意」で対米傾斜を決定的にした北朝鮮による核開発問題であった。本章は，地政学や国益を重視する勢力から強い批判を浴びても4年以上にわたって外務大臣の地位にとどまり続けたコズィレフの対外政策構想が，その後のロシア外交に持つ意義を再検討することを目的とする。そのため，NATO東方拡大をきっかけとして起こった，冷戦終結後のヨーロッパの安全保障体制の在り方をめぐる政権内の議論の紛糾に注目し，とくに論争の焦点となったCFE条約の修正やチェチェン問題をめぐる欧米諸国とロシアの矛盾，それらがコズィレフの対外政策構想に与えた影響に焦点を絞って論じる。この時期の大

統領とロシア最高会議の対立は，ロシアを自由主義路線にとどめておくことを利益とするアメリカおよび先進資本主義諸国との関係にも影響を及ぼすものであった。しかし，本書は国家と国際制度の相互作用の分析を目的としているため，国内政治過程の分析よりも国際交渉に議論の重心を置く。

ゴルバチョフによって主導された新思考外交の担い手の一人であったアンドレイ・コズィレフは，1951年3月27日にベルギーで生まれ，1974年にモスクワ国際関係大学を卒業すると同時にソ連外務省に入省した職業外交官である[1]。英語，ポルトガル語，スペイン語に堪能である。ソ連外務省では国際機関局に勤務し，同局局長(1989年就任)を務めていた1990年10月に，エリツィンによってロシア共和国外務大臣に任命されている。ソ連崩壊後は1996年1月にエリツィンによって解任されるまでロシア連邦初代外務大臣を務めた。コズィレフは社会主義と決別しながらも，ペレストロイカは軍事力や強制・弾圧のシステムを拒否する志向をつくり出したとして評価していた。そして民主主義，個人の尊厳，人権，自由市場を受け入れることを宣言し，ペレストロイカとともに関係が進展した西側先進国をロシアの「自然な同盟者」と位置づけた[2]。このように西側先進国の価値や規範に追随するコズィレフの路線は，ロシア連邦発足直後から政治問題担当の大統領顧問セルゲイ・スタンケビッチ(Sergei Borisovich Stankevich)のように「ユーラシア」や「東」でのロシアの歴史的使命を主張する者，あるいはウラジーミル・ルキン(Vladimir Petrovich Lukin, ロシア最高会議国際問題および対外経済関係委員会議長，1992年3月から駐米ロシア大使)のように「もう一つのヨーロッパ」として発展している「アジア・太平洋地域」との関係にも力を入れるべきだとする者など，対外政策形成に影響力を持つ外交エリートからの批判にさらされてきた。さらに1993年後半にNATOの東方拡大路線が明確にされると，対外情報庁，軍関係者からの批判も増し，結果として対外政策決定過程におけるコズィレフの影響力を弱める要因となった。

このように早くから欧米以外の地域の重要性が指摘されていたにもかかわらず，ロシアのアジア・太平洋政策に事実上の進展が見られるようになったのは，中ロ間で「戦略的パートナーシップ」が宣言され，「軍事信頼醸成措

置に関する協定」が調印された 1996 年 4 月以降である．アジア・太平洋政策に関する先行研究では，エリツィンが対外政策の修正を呼びかけた 1992 年 10 月以降も，CIS 政策と違ってこの地域の優先順位が高くなることはなく，後のプリマコフ外相の主導でアジア政策が強化され，中国の影響を受けて「多極世界秩序」の概念が取り入れられたのだと考えられてきた[3]。またアジアのロシア研究者の間では，第一次 NATO 東方拡大による西側との関係の行き詰まりや，そのために生じたロシアの国際的孤立が，ロシアを中国との関係強化や「東アジア」の多国間制度への積極的な参加に向かわせたという説明がなされてきた[4]。しかし，これらの先行研究においては，1994 年頃からコズィレフが言及していた，来るべき「多極世界秩序」論には触れられておらず，後にプリマコフ，プーチンによって支持された「多極（mnogopoliarnost')」の概念や実現方法との比較もされていない。またヨーロッパ・大西洋方面での失敗がアジア・太平洋地域で挽回できるのかどうかという議論もなされてこなかった。

　CIS 政策に関しては，エリツィンが 1995 年 9 月 14 日付で「CIS 諸国との関係におけるロシアの戦略路線」と題する大統領令を発し，CIS 統合の方針を打ち出した[5]。これ以降の CIS 統合路線の解釈については，コズィレフの「大西洋主義」に対する国内の批判をかわすものだという見解が根強い一方で[6]，プリマコフによる 1996 年以降の積極的な CIS 政策は，すでにエリツィン-コズィレフが進めていた旧ソ連諸国との関係強化路線を踏襲したものにすぎないという見方も存在する[7]。このように，1994 年以降のコズィレフの対外政策についての評価が大きく分かれるのは，コズィレフの名前がすでに「大西洋主義」の代名詞として独り歩きし，議会における批判の矢面に立たされてしまった一方で，この時期のヨーロッパ政策も CIS 政策も一貫していたわけではなく，当初の西側重視路線の見直しが行われ，その後の「全方位外交」につながる要素がすでに発現していたからではないだろうか。

　プリマコフ以降のアジア・太平洋政策をロシアの文脈で理解するために必要なのは，第一に，コズィレフの対外政策構想を再検討し，親欧米路線が限界を迎えた要因を具体的に考察することである。そして第二に，ロシアの

「アジア・太平洋政策」独自の課題，阻害要因，可能性について検討し，「ヨーロッパ・大西洋外交」と連動する度合いを検討しなければならない。第一章で扱うのは前者である。以下では最初にコズィレフの発言や著作を検証することによってその外交構想の変化を検討する。その後，ロシアと欧米諸国との対立点が何だったのかについて論じる。その際，モスクワの対外政策形成者たちの間で最も議論が先鋭化したNATOの東方拡大問題や，ソ連崩壊後の民族紛争の勃発を機に露呈した冷戦期の安全保障制度の限界に着目する。そして最後に，プリマコフ，プーチンの「多極」政策と比較するために，コズィレフ期の国際制度の利用の性格を，国際関係論における多国間主義とソ連／ロシア外交における多国間主義の双方の文脈に位置づけることを試みる。第一期エリツィン政権は1996年8月までであるが，ここではコズィレフ外相の対外政策構想を中心に論じるため，対象とする時期は1991年12月から1996年1月までとする。

第二節　対外政策形成システム

1993年12月に制定・施行されたロシア連邦憲法は，「ロシア連邦憲法および連邦法にしたがって国家の内外政策の基本方向を定めるのはロシア連邦大統領である」(第80条)，「ロシア連邦大統領は，ロシア連邦の対外政策を指導し，ロシア連邦の条約の交渉を行い，これに署名し，批准書に署名し，大統領にあてた外交代表の信任状および召喚状を受理する」(第86条)と定め，対外政策の最高決定権が大統領にあることを保障している[8]。また，大統領と政府との関係については「ロシア連邦首相は大統領令に基づいて連邦政府の活動の基本方向を定めなければならない」(第113条)と規定されており，ロシアの対外政策において大統領が省庁を超えた権限を持つことも法的に保障されている。実際に，大統領が対外政策を決定するまでの過程はある程度制度化されている。しかし，歴代の大統領によって，あるいは時期や交渉の対象となる国・地域，問題の領域(軍事か経済かなど)によって政策形成過程(decision-making)で重要な役割を果たすプレーヤー(国家機関，あるいは

その代表である個人）は異なる。

　1991年12月から1999年12月まで8年間続いたエリツィン政権では、アメリカ、ヨーロッパ、旧ソ連構成諸国、アジア・太平洋、南アジア、中東という多様な外交正面を持つロシア連邦の対外政策の立案と交渉を、コズィレフ、プリマコフ、イーゴリ・イワノフ(Igor' Sergeevich Ivanov)の3人の外務大臣が担ってきた。ソ連時代、外務省は政策決定において治安機関（国家保安委員会、国防省）やソ連共産党中央委員会よりも下位に置かれていたとされる[9]。しかし、1991年8月に失敗したクーデターの影響で軍事・治安機関が混乱し、ロシア連邦では1992年5月まで国防省が置かれなかった。また党中央委員会も廃止されたことから、対外政策の形成において外務省が果たす役割の比重が増してもおかしくなかった。ところが実際には、西側との関係も変化し、国境の変化によって新たに関係構築すべき「近い外国」が生まれたにもかかわらず、ロシア外務省には機構を拡大する予算も資源もなかった。また、以下で述べるように、NATO東方拡大のような重要な案件で外相と対外情報庁長官の発言に食い違いが見られたことから、対外政策における省庁間の調整において外務省が主導的役割を果たしていたとも言い難い。しかし、親欧米路線に対する批判が次第に強まっていったにもかかわらず、エリツィンは1996年1月までコズィレフを解任しなかった。対外政策の策定における主導権や、国益とすべきものについての決定権をエリツィン自身が掌握し続けるためには、世界観を共有する人物を外相に据える必要があった。ソ連外務省を辞職して、エリツィンがロシア共和国大統領に選出された時から彼の政府を支えてきたコズィレフはまさにそのような人物であった[10]。最終的に外相交代に踏み切った時でさえ、エリツィンはコズィレフの手腕と忠誠を評価していたと言われる[11]。その理由としては、コズィレフが国内政治や世論に敏感であり、状況の変化に応じて柔軟な対応をする側面を持っていたことが考えられる[12]。この点を考慮して、次節では第一期エリツィン政権（1991年12月〜1996年8月）のほぼ全期間にわたって外務大臣を務めたコズィレフの対外政策構想が、最高会議からの批判やNATO拡大の動きを受けてどのように変化していったのかを検討する。

第三節　コズィレフ外相の対外政策構想

　ソ連崩壊直後から 1992 年末まで，ロシアが国際システムにおいて占めるべき地位，世界において果たすべき役割に関する外交エリートの立場は揺れ動いた。ロシアの対東アジア政策の専門家による第一期エリツィン政権の外交研究の多くは，親欧米路線が主流であり，非欧米諸国との関係の軽視が顕著であった 1992 年から，下院選挙でロシア連邦共産党と極右政党のロシア自由民主党が台頭する 1993 年 12 月までの期間に注目するものである。それらは，ゲンナジー・ブルブリス(Gennadii Eduardovich Burbulis, 1992 年 11 月 26 日まで大統領直属国務長官)が構想し，ロシア外務省でコズィレフを中心に支持された親欧米路線「大西洋主義」と，ユーラシアの内陸に位置し，国土の大部分を非西欧諸国と接しているロシアの地理的現実から，戦略的に提携先を再考すべきだとする「ユーラシア主義」との対立という観点から東方外交の見直しに至る過程を論じてきた[13]。

　ロシアが親欧米路線の推進に行き詰まった要因について考察する際に注目すべきことは，コズィレフ以前と以後の決定的な違い，つまりロシアがヨーロッパ安全保障体制の外に位置づけられることが決定的になったという点である。CSCE が，潜在的に敵対する可能性のある国と協力して望まない戦争を回避することが東西両陣営の利益になるという「共通の安全保障」の思想に基づいている一方，NATO は外部の敵から構成国への攻撃に集団で対処する機能を備えた同盟である。前者は脅威を内部に取り込むのに対し，後者は敵と味方の境界を明確に分ける発想に立っている。以下では，コズィレフが西側の国際制度とロシアの関わり方をどのように解釈していたのかという点に注目して，コズィレフの著作を検討したい。

　バルト三国とグルジアを除く旧ソ連の 11 カ国が「CIS 創設議定書」と「アルマアタ宣言」に調印(1991 年 12 月 21 日)した 2 日後の記者会見で，コズィレフはグルジアで起きた紛争の解決に対するロシア外務省の立場を問われ，次のように答えている。CIS の成立は，第一に中央からの解放とこれら

の諸国の存在が承認されたことを意味している。第二に、「近い外国」つまり、旧ソ連構成諸国との関係において、国際法および一般に認められた国際的メカニズムに基づいて多くの問題が解決される可能性を開いた。グルジア情勢に関しては、ロシアだけでなく諸外国の政府や専門家も、人権や少数民族の権利の擁護の点でグルジア指導部に疑問を持っているが、これらはあくまでグルジアの内政問題なので直接介入することは恐らくないだろうと述べ、CIS においてロシアが宗主国的な役割を果たすのには否定的な立場を表明した[14]。そして NATO に関する質問に対しては、ロシア指導部は NATO を侵略的な軍事ブロックとはみなしておらず、ヨーロッパと世界全体を安定させるメカニズムの一つだと考えており、ゆえにこのメカニズムと協力し、それに参加すること（подключить）が我々の望みであると答えた[15]。ロシアの NATO 加盟さえあり得るかのようなコズィレフ外相の言葉は、もはや NATO はロシアに対抗することを目標としていないと彼が認識していたことを裏づけている。

　このほか、国連安保理常任理事国の地位の継承や IMF への加盟に見られるように、コズィレフはアメリカを中心として形成される国際制度のなかにロシアを組み込むことを最大の目標とし、先進国である西側諸国を無条件に同盟者と位置づけていた。ロシア外交の目的について述べた 1992 年初頭の論文「新しい世界において変容するロシア」では、ロシア人の利益を最大限に守り、ロシアの歴史的蓄積を荒廃させないことや、第三世界への支援などが挙げられており、コズィレフが決して旧ソ連空間の問題に無関心ではなかったことが窺える[16]。しかし、現実に共通の経済空間の創設や CIS の統合強化に向けた措置がとられるようになったのは 1993 年 9 月以降であった。確かに、CIS の統合の度合いや在外ロシア人に対する政策の制度化、あるいは CIS 空間における紛争の解決という観点から判断すると、ソ連崩壊直後から 1993 年末までのロシアの対 CIS 政策は消極的に映る。これは、独自性を強めるアゼルバイジャン、ウクライナ、グルジア、トルクメニスタン、モルドヴァなど、場合によってはロシア自身を脅威とみなす諸国との関係構築、とくに安全保障面での協力に慎重な姿勢で臨む必要があったためでもある[17]。

しかし，このようなコズィレフの対外政策に対してルスラン・ハズブラートフ議長(Ruslan Imranovich Khasbulatov)を中心とする最高会議やエリツィンの政治顧問の間から批判が相次いだため，エリツィンは1992年10月に外務省で行われた会議において対外政策路線の修正を求めた。とくに「近い外国」との関係についてのコンセプトを早急に策定する必要性を指摘した[18]。

こうして1992年秋までに，大統領の主導によってロシアの対外関係の基本方針は，国益の擁護を重視しつつ西側とも対決しない姿勢をとるという「実利的なナショナリズム」[19]に修正された。コズィレフ外相もNATOの英文雑誌に掲載された論文のなかで，NATO加盟国は自然な友人であり将来的な同盟者だと前置きしたうえで，NATOがパックス・アメリカーナとして閉鎖的な集団になることには反対であり，またロシアとNATOの協力はヨーロッパの分割を克服するためにあるべきだと主張している。さらに旧ソ連の地理的範囲はロシアにとって死活的利益の領域だとも述べている[20]。これらは，必ずしも欧米諸国がロシアとの協力に積極的ではないという現実に直面した結果，当初の期待が消え，ソ連という脅威がなくなった現実をNATOにも反映するべきではないのかという不満に変わっていった結果であろう[21]。

1993年は年始にモスクワの銀行間通貨取引所でルーブルが大暴落(1ドル＝568ルーブル，1月26日)したことを皮切りに，年末にかけて社会不安，政治的混乱に拍車がかかっていった。とりわけ，新憲法の基本条項に関する国民投票の実施を目指すエリツィン大統領と，それに反対するハズブラートフ最高会議議長の対立が先鋭化した。同年4月25日に行われた国民投票で信任されたエリツィン(58.7％が信任に賛成)は，国家機関と政治家を巻き込んだ権力闘争に終止符を打つため，人民代議員大会と最高会議を廃止して二院制の議会であるロシア連邦議会を新設し，12月に連邦議会選挙を行うことを国民向けに発表した。9月末に行われたこの発表に対して，最高会議は臨時会期でエリツィン大統領の権限を停止し，アレクサンドル・ルツコイ副大統領(Aleksandr Vladimirovich Rutskoi)を「大統領代行」に就任させ，全面対立の構えを見せた。エリツィンは10月4日に反大統領派が立て籠も

る最高会議ビルの武力制圧に踏み切り，混乱に終止符を打つことに成功した。ビル・クリントン米大統領（William J. Clinton）はエリツィンが最高会議の廃止を発表すると，すぐにエリツィンと電話会談を行って 12 月に行われる連邦議会選挙が自由選挙であり，民主的なものになるという確約を取ったうえでエリツィンを全面的に支持するという声明を発表した[22]。さらにクリントン政権は，ロシアの改革派への支持を示す好機だと考え，ストローブ・タルボット国務次官補を中心に連邦議会への働きかけを行い，結果として 25 億ドルの支援パッケージの提供を承認させた[23]。最高会議ビルに押しかけた議会支持派の市民と治安部隊の衝突が激化した 10 月 3 日の午後 4 時，エリツィンはモスクワ市に非常事態宣言を発した。この 2 時間後に，クリントン大統領は再度「アメリカはエリツィン大統領および自由と公正な選挙をもたらそうとするプロセスを支持する」ことをホワイトハウスで表明した[24]。このように，最高会議を中心とする保守勢力との闘いにおいてエリツィンがクリントンと緊密に連絡を取り合っていた事実は，エリツィンが国内の混乱を武力をもって収拾する過程で，対外的な正当性の担保と資金をクリントン政権に依存していたことを示している。当然の帰結として，これはアメリカが主導する NATO の拡大の動きに対するロシアの姿勢にも影響を及ぼした。

　ロシアの姿勢について論じる前に，1993 年に「NATO を拡大するかどうか」の議論が本格的になった背景を振り返ってみたい。冷戦終結直後を振り返ると，NATO は機構の軍事的な意義よりも政治的要素を強化することを表明していた[25]。ミハイル・ゴルバチョフ（Mikhail Sergeevich Gorbachev）とジョージ・ブッシュ（George Herbert Walker Bush）によって 1989 年 12 月に冷戦終結が宣言された後，1990 年 7 月にロンドンで行われた NATO 首脳会議で，ソ連を脅威とみなす体制からの転換を表明した。具体的には，この「ロンドン宣言」は脅威が不可測な将来に備えるために，軍事同盟としての機能を維持するうえで不可欠な根幹部分（bottom-line）を確保しつつ，統合軍事機構や指揮・命令システム，戦略配備や戦略といった戦略環境に応じて変更を要する上部構造（superstructure）の変革を通じて，NATO を全ヨーロッパの安全保障機構に発展させることを宣言したもので

ある[26]。また，同宣言ではワルシャワ条約機構加盟国に対し，もはや敵同士ではないことを表明し，脅威あるいは領土保全や政治的独立に対する武力行使を慎み，国連憲章やCSCEの最終文書(Final Act)の目的および原則に矛盾する行為を控える意思を確認する共同宣言を提案していた[27]。また，当時のアメリカのブッシュ政権はNATOの拡大は東ドイツまでであるとソ連側に確約していた[28]。

このような方針転換にもかかわらず，クリントン政権が旧ワルシャワ条約機構構成国へ拡大することを決めた要因は何だったのだろうか。ロンドン宣言はロシアとの協調の道を模索する内容であったのに対し，ソ連支配から解放された旧ワルシャワ条約機構構成国は，発展の方向性を経済的にはEUに加盟し，軍事面での安全保障をNATOに頼る方へと傾いていった。具体的には，1993年4月にポーランドのレフ・ワレサ大統領(Lech Wałęsa)，チェコのヴァーツラフ・ハヴェル大統領(Václav Havel)，ハンガリーのゲンツ・アールパード大統領(Göncz Árpád)らがホロコースト博物館のオープニングのためにワシントンを訪問した際，クリントン大統領に直接NATOへの加盟を訴えていた[29]。しかし実際にこれらの諸国がNATOに加盟することは，ロシアの民族主義的な世論を助長し，欧米との関係を緊張させることにつながる恐れを孕んでいた。アメリカにとって好ましい全ヨーロッパ統合の在り方とは，旧東欧諸国をヨーロッパの主要な機構に参加させ，同時にロシアに関しては，国内的に改革路線を継続させつつ，対外政策・国防政策の面では欧米諸国との協力のトラックに乗せることであった[30]。問題は，どのようにこの二つの路線を両立させるかである。この意味で1993年4月から10月にかけてのモスクワの政争で改革派のエリツィンを支持したことは，長期的に見てヨーロッパにおけるクリントン政権の利益に適うものであった。

エリツィンとクリントンの相互依存関係は，エリツィンによるポーランドのNATO加盟容認と，NATO側による漸次的拡大措置としての「平和のためのパートナーシップ」導入という形で現れた。1993年8月25日にポーランドにおける首脳会談で出された共同宣言では，ワレサ大統領がNATO

加盟の意思をエリツィン大統領に伝え，理解を得られたと書かれている。同宣言によると，主権国家であるポーランドによるこのような決定は全ヨーロッパ統合に向けたものであり，ロシアの国益を含めいかなる国の利益とも矛盾しない[31]。翌月の 20 日に行われたコズィレフ外相とハンガリー首相との会談でも，ユーゴ危機の観点から，NATO は中東欧地域に安全保障ゾーンを拡大すべきだという見解がハンガリー側から出された。これに対してコズィレフは，東欧諸国の NATO 加盟は主権問題だとしたうえで，ロシアに向けられたものではないにしても，ロシア抜きに進められるという点で，NATO の拡大はヨーロッパのプロセスを「過熱」させるかもしれない，と軽率な拡大の動きを牽制する姿勢をとった[32]。また NATO は民族紛争を解決する機構として適当ではないとし，ユーゴの問題は CSCE や国連の場で扱われるべきだとの見解を示した。

　上記のエリツィン，コズィレフの発言からは，改革派としての「国家主権の擁護」とロシアの安全保障上の「国益」の境をめぐる苦悩が垣間見られる。最高会議の廃止直後の 10 月 22 日にモスクワを訪問したウォーレン・クリストファー米国務長官（Warren Christopher）は，東欧諸国だけでなくロシアも「平和のためのパートナー」となり，共同演習などを行えると述べた。この「平和のためのパートナーシップ」は NATO の拡大を先送りにしたものであり，将来の拡大を視野に入れつつ，ロシアの参加を促す形でポーランド，チェコ，ハンガリーとの緩い軍事協力を進めていくための枠組みとして NATO の非公式国防相会議で提案されたものである。これは 1994 年 1 月に NATO 加盟国間の最高意思決定機関である北大西洋理事会（NAC）で採択されている。「平和のためのパートナーシップ」という布石を打つことによってこの問題はクリントン政権にとって「拡大するかどうか」から「いつ，どのように拡大するか」という問題に変わった。

　米ロ双方とも譲歩できるラインを模索するように見えた NATO 拡大問題であったが，1993 年 11 月 25 日には対外情報庁長官であったプリマコフがロシア外務省のプレス・センターで「NATO 拡大の展望とロシアの国益」と題した報告を行い，中東欧諸国への拡大に伴う問題と懸念を表明した[33]。

『独立新聞』によると，対外情報庁による同報告は，国防省と参謀本部の支持を得たものである一方，外務省による評価は曖昧であるという[34]。『独立新聞』に一部公開された報告書によると，ロシアの軍事安全保障上の利益にとってNATO拡大が問題となるのは次のような理由による。第一に，冷戦終結後の国際システムにおけるNATOの機能についての展望が不明瞭な状態で拡大を進めれば，大陸の分割を克服する機会を減らし，ブロック政治へ回帰する可能性がある。そのような状況でNATOの責任範囲（area of responsibility）がロシアの国境に直接近づくことはロシアにとって脅威となる。もし軍事同盟の機能を変えるプロセスを優先するか，もしくはNATOの政治機能の拡大と地理的責任範囲の拡大を並行的に行うことのどちらかを保証するなら，中東欧への進出に伴うロシアの懸念の多くは取り除かれるか緩和される[35]。第二に，NATOの責任範囲が中東欧や中央アジアへ拡大され，新たな地政学的状況が形成される見込みとなれば，ロシアは防衛概念全体を根本的に見直さなければならず，軍事面のみならず国家全体に影響を及ぼすことになる[36]。軍事政策の変更は国家予算の負担を増やすだけでなく，軍の再編・再配置に要する期間は防衛能力の低下をもたらす。第三に，NATO構成国の変更は，必然的にこの同盟が関与している多国間条約・協定，とくにCFE条約の土台を揺るがすことになる[37]。このプリマコフの報告によって，ポスト冷戦期の軍事安全保障分野の国益の擁護を主張する軍事当局者と，対米協調路線の維持を重視して曖昧な態度をとる外務省の齟齬が表面化することとなった。

　NATO拡大以外にも，1993年10月に行われた国内での武力行使は，エリツィン政権に対米関係以外の「副作用」をもたらした。12月に行われた連邦議会選挙で，ウラジーミル・ジリノフスキー（Vladimir Vol'fovich Zhirinovskii）を党首とするロシア自由民主党は比例区で最も得票率が高い結果となり，下院で64議席を獲得したのである[38]。ジリノフスキーは対外的には，ロシア連邦の外に住むロシア人の保護を訴え，またウクライナ，バルト諸国，カザフスタン，トルクメニスタン，フィンランドなどでロシアが失った領土の回復を主張するなど，極端に帝国主義的な言動をとっていた[39]。

ロシア自由民主党の台頭は，エリツィンの改革路線に対する国内の抵抗の現れであった。

このような状況を反映して，1994年1月号の『歴史の諸問題』誌においてコズィレフは，対外関係の多様化への展望について論じている。このなかで彼は，1990年10月にロシア共和国外相に就任して以降の対外政策を振り返り，国益に関する議論は就任当時すでに行われていたこと，ロシア指導部は国際舞台におけるロシアの自立した登場を第一の方針として採用したこと，大国として復活するための死活的な利益は第一に旧ソ連諸国との友好関係を発展させることであり，第二にユーラシアとアメリカの文明的な国民の共同体において相応しい位置を占めることであると述べている。論述の大部分はCIS諸国との関係に充てられ，旧ソ連空間で起こっている紛争においてロシアが積極的に調停に関わっていく方針を大統領がとっていることに言及している。またそのような調停者としてのロシアの役割は，国連憲章に規定される目的および原則に沿って行われると述べている。一方，ヨーロッパとの関係については，CSCEの強化の主唱者の一人として，北大西洋空間における紛争予防，少数民族の権利，人権の擁護の手段としてのCSCEの役割の重要性を強調した。そしてヨーロッパにおける重要な方針として，新しい地域枠組み(バレンツ会議，バルト海諸国会議，黒海経済協力など)への参加を促進していくことだと述べた。一方で，このようにヨーロッパ諸国と新しい関係を築くことは「欧米への傾斜」ではないとし，中国，インド，ASEAN諸国への関心についても言及し，多方面外交(全方位外交と同義)への転換を主張している[40]。

1994年1月10日付でNACにおいて「平和のためのパートナーシップ」[41]が採択されると，ロシア指導部はこれを東方拡大の代替案とみなして好意的に受け止めていた。この直後にモスクワで行われた米ロ首脳会談の後に出された「モスクワ宣言」には，両首脳が「平和のためのパートナーシップ」をヨーロッパにおける新たな安全保障構造の重要な要素であるという見解で一致したこと，さらにクリントンに対してエリツィンが同パートナーシップに積極的に参加し，パートナーとして広範な協力の道を開く内容の協

定を結ぶ意思があると伝えたことが盛り込まれた[42]。このような政府の姿勢とは対照的に，ヴラジスラヴ・チェルノフ(Vladislav Chernov)，アンドラニク・ミグラニャン(Andranik Migranian)などの現実主義に立つ世論形成者らは，NATOの課題はロシアの軍事・政治的位置を弱め，その対外政策・軍事政策を西側のコントロール下に置くことだとみなし，「平和のためのパートナーシップ」への参加に対して否定的な見解を発表していた[43]。これは同じく現実主義の立場をとるウラジーミル・ルキンが国際問題委員長を務める下院と政府の間の争点となっていった[44]。このような状況を受けて，1994年5月に外務省が発行する月刊誌『国際生活』に発表した論文のなかで，コズィレフは再び西側とのパートナーシップの意義を主張している[45]。それによると，結果としてロシアと西側のパートナーシップがこじれ，機能しなくなっているのは，アメリカおよび西側の民主主義国家との同盟という選択が間違っていたからではなく，戦略というものをロシアが未だに持っていないからであると述べている[46]。コズィレフは西側との「対等な」パートナーシップや協調を重視する理由として，第一にロシアは大国となることが運命づけられていることを挙げている。対等でないパートナーシップは相手国に従うことを意味するが，逆に西側と疎遠になることは，過激なナショナリズム[47]を国内で拡大させるだけであると彼は考えていた。機械的に西側の経験を取り入れることには批判的であるが，西側重視であることに変化はない。しかしコズィレフは21世紀の国際秩序に関しては，アメリカの一極でも過去の二極でもなく，多極世界へ向かうと述べている[48]。その理由として，ロシアは核を含む軍事力，新しい技術，天然資源，戦略地政学的な観点から世界大国の地位にとどまること，しかしその一方でより自立した意見を持った米ロ以外の影響力の中心があることを挙げている。さらに，現代の国際問題は多国間ベースで解決すべき性格のものであることも指摘された。

　コズィレフはまた，共通の価値を共有する民主主義国家の「戦略的」パートナーシップを基盤とする多極的な国際社会は，影響力の中心をめぐる競争のコストを抑えると考えていた[49]。1993年12月に行われた下院選挙の結果や対外環境を反映して，欧米に対するコズィレフの対応は少しずつ現実的に

なっていった。NATO にとって都合のよい「平和のためのパートナーシップ」を留保する一方で，やはり大国となるための手段を「西側との協調」に見出す基調を変えなかったコズィレフの路線は結果として，国民の間から「大西洋主義者」としてのイメージを拭い去ることができなかった。こうしてエリツィンは大統領選を半年後に控えた 1996 年 1 月に，対外情報庁長官 (1991 年 12 月〜1996 年 1 月) であったプリマコフを後任にする決断をせざるを得なくなったと考えられる。

第四節　ヨーロッパにおける国際制度を通じた多極の限界

(1) ロシアにとっての CSCE の意義

　ソ連崩壊直後，ロシアの NATO 入りの可能性にさえ言及していたコズィレフの対外政策路線は，次第に現状追認的なものに修正されていった。1993 年後半から 1994 年初頭にかけて，NATO はロシアを取り残して旧ソ連同盟国であるポーランド，チェコ，ハンガリーを加盟させる道を模索し始めた。これと前後して，コズィレフは NATO の拡大路線に留保をつけ，CIS 圏でのロシアの利益を主張するようになっていった。1993 年 8 月から 9 月にかけてのエリツィン，コズィレフの発言は NATO への加盟を旧同盟国の主権問題だと認めている。このような承認を与えてしまった以上，ロシアは事実上，上記 3 国の NATO 加盟を止めることはできなくなる。つまり，どのようにロシアにとって有利な方向へ加盟のプロセスを導くかということが実質的な問題となってくる。これについては第三章で論じることにする。当時，NATO および東欧諸国が NATO 拡大の根拠の一つとしていたユーゴスラヴィア民族紛争のような問題に関して，ロシアは (意思形成過程にロシアを含めた) 多国間ベースで問題を解決すべきだとし，ヨーロッパの安全保障環境を安定させる機能としての NATO の役割の拡大に敏感に反対している。また，「平和のためのパートナーシップ」はロシアを NATO に接近させようとする提案であったが，それによって NATO 中心主義を促進するべきで

はないとし，ブロックを形成しない統一されたヨーロッパは，民主主義的な原則を採用するCSCEによって実現されるべきであるという立場をとった。こうして，コズィレフはCSCEの効率性を高め，ヨーロッパ・大西洋地域における安全保障環境を安定した民主主義的なものにするための中心的役割を果たすべきだと主張する立場をとるようになった。

このようにロシア指導部がNATOではなくCSCEをヨーロッパの安全保障機構として重視するようになった理由は，第一にCSCEはヨーロッパ，北アメリカ，旧ソ連諸国の大部分を含む56カ国で構成され，意思形成はコンセンサスが基本とされることが挙げられる。ここで軍事問題を含めたヨーロッパの安全保障問題を扱うことによって，ロシア不在の場で重要な問題が決定されることを回避し，またロシアに不利な決定がなされる時には拒否することができる。第二に，CSCEは軍事同盟ではないことが挙げられる。軍事同盟であるNATOの東方拡大は，冷戦におけるロシアと旧ソ連諸国の敗北感を刺激することになる。軍事力で相対的に劣るロシアにとっては，CSCEの平和維持活動，モニタリング，紛争予防機能を高めていくことが，ヨーロッパの安全保障におけるロシアの役割を強化していくうえで，限られた選択肢のなかの最も有効な手段であった。

東西冷戦構造のなかで生まれたCSCEは，敵と協力して望まない戦争を回避するための枠組みをつくる「共通の安全保障」に分類される安全保障システムであり，1975年8月の「ヘルシンキ宣言」によって設置された会議である[50]。同宣言にはアメリカ，カナダ，ソ連を含むヨーロッパの35カ国の首脳が調印した。CSCEの試みの画期的な点は，従来主権事項とみなされてきた人権問題や民主化問題を共通の安全保障の課題に位置づけ，国際協議の対象とする「包括的安全保障(comprehensive security / всеобъемлющая система международной безопасности)」の理念を実践しようとしたことである。このほかにヘルシンキ宣言では協議分野に「経済，科学技術，環境の分野での協力」が含まれ，これらの促進がヨーロッパの平和と安全の強化に寄与すると考えられた[51]。

前節で触れたように，国連憲章やCSCEの最終文書を国家間関係の原則

とみなすことは，冷戦終結直後の段階ではNATO構成国間にも共有されていたはずであった。しかし結局のところ1990年代末までに，国連のように強制措置を持たないことや，加盟国が多すぎてコンセンサスが形成されにくいことなどから，ヨーロッパの地域安全保障機構としてのOSCEの役割は疑問視されるようになった。このように，ヨーロッパでロシアを含む安全保障分野の国際制度が限定的な役割しか果たし得ないのはなぜなのだろうか。この要因を探るために，エリツィン-コズィレフ期に規範の遵守をめぐる対立が先鋭化したCFE条約とCSCEの事例を取り上げ，どのような場合にロシアと加盟国間のコンセンサスを形成することが困難となるのかを検証する。

（２）ソ連崩壊後の安全保障環境の変化と国際制度
　　──NATO，CFE条約を事例に

　ソ連崩壊後のコーカサス地域の不安定化とNATOの東方拡大の影響から，ロシア国内では1993年後半以降，軍関係者の間で兵力削減に対する見直しの声が高まっていた[52]。CFE条約の見直しは，ヨーロッパの安全保障構造，つまり軍事バランスの変更に関わる重要な問題である。

　NATOと旧ワルシャワ条約機構の間では，1990年11月に通常戦力の削減に関する条約（CFE条約）が結ばれ，1992年11月に正式発効していた。この条約はヨーロッパ部の北部および南部に駐留するすべてのソ連兵力に適用されることを想定して作成されたものである。しかし1991年3月にワルシャワ条約機構が消滅してヨーロッパの戦略環境が大きく変化し，また同年12月のソ連崩壊によってソ連構成共和国が独立国家となったため，CFE条約で定められたソ連の割当は，ロシア，グルジア，アゼルバイジャン，アルメニア，モルドヴァ，ウクライナの6カ国で再配分することになった。結果として，ロシア連邦全体の保有上限は，戦車6400輌，装甲戦闘車輌1万1480輌，火砲6415門となり，このうち1995年以降，ロシアの外縁部であるレニングラード軍管区と北コーカサス軍管区の常備部隊に許される保有数は戦車700輌，装甲戦闘車輌580輌，火砲1280門にすぎなかった[53]。これら二つの軍管区はヨーロッパ・ロシアの国境地帯を含むだけでなく，北コー

カサス軍管区はチェチェン共和国を管轄しており，ロシアの安全保障にとって極めて重要な軍管区であった。チェチェン共和国の独立問題，ナゴルノ・カラバフ紛争，イングーシ・オセチア紛争，アブハジアおよび南オセチアのグルジアからの独立問題などコーカサス地域における民族紛争が多発する状況に直面し，ソ連崩壊後の情勢を反映していないCFE条約は見直されるべきだという意見がロシア国内で強まっていた[54]。エリツィン大統領も，CFE条約締約国に向けた書簡でCFE条約を修正し，北コーカサスにおけるロシアの兵力削減を回避する必要性について説明したが，これに対してはクルディスタンの問題を抱えるトルコ指導部がロシア軍のプレゼンスに反対を表明してきた[55]。

　1994年3月にモスクワで行われた会談で，ロシアのミハイル・コレスニコフ参謀総長(Mikhail Petrovich Kolesnikov)は，アメリカのウィリアム・ペリー国防長官(William J. Perry)に対して，南部国境地域に駐留する軍事力のレベルを上げる効果を持つようにCFE条約を「明確化」することを求めているが，これに対し，『ニューヨーク・タイムズ』は1994年4月3日に批判的な論調の記事を掲載した[56]。同記事はグルジア，アルメニア，アゼルバイジャンなどロシアの南で起こった民族紛争を考慮し，ロシア軍部の主張に一定の理解を示したうえで，CFE条約の上限を緩めることは旧ソ連諸国やトルコの懸念を生じさせるだけでなく，これに追随して長い交渉の末に締結された条約の変更を求める国の登場を招くかもしれないという見方を示した。これに加え，1994年初頭にアメリカで起こったロシアのスパイ事件や，積極化するロシアの対外政策，またNATOとの協力に対してロシアから二律背反のシグナルが送られてくるなどの理由から，モスクワとのパートナーシップにワシントンが疑問を持ち始めたことにも触れた。この記事が掲載された1週間後の4月10日，国連安保理の決議を受けたNATOはボスニアに対し，初の域外武力行使となる空爆に踏み切った。エリツィン大統領は2月24日に行った大統領教書演説のなかで，ロシア抜きでのNATO拡大には反対するという原則に立ったうえで，大ヨーロッパのすべての国に開かれた全欧パートナーシップへの道として「平和のためのパートナーシップ」へ

の支持を表明していたが[57]，この空爆後，ボスニアへの空爆と「平和のためのパートナーシップ」の間にリンケージをつけることは差し当たりしないが，ロシアは「平和のためのパートナーシップ」への調印を急がないという態度に変化した[58]。

このように，1993年末に成立していた米ロ指導部間の相互理解は，1994年4月までに互いへの不信に変化していた。この要因は第一に，冷戦期に立案され，ソ連崩壊後の軍事安全保障に対応していないCFE条約の修正をめぐって，ロシアの軍部を中心とする勢力が異論を唱え始めたことが挙げられる。そして第二に，NATOが拡大構想だけでなく，域外での武力行使を行い，本格的に同盟の再定義を始めたことが挙げられる。CFE条約とNATOのどちらの問題においても，アメリカ指導部の政策はモスクワの意思を反映するものではなかった。このようにロシアを取り巻く国際環境が不利になっていくなかで，「平和のためのパートナーシップ」をめぐる国内の論争は留保の方向に収斂し，またCFE条約問題では修正を求める声が強まっていったと考えられる。

さらにロシア国内の情勢から見ると，1994年の秋から年末に向けてチェチェンでの内戦が激化していくなかで，ロシア軍にとってCFE条約の規定はますます受け入れ難いものとなっていった。チェチェン紛争のさなかの1995年11月に，ロシアは条約の完了期限を目前にして履行が不可能であることを表明することになった。他の締約国は，ロシアがCFE条約第19条に基づき条約を離脱することを恐れ，CFE条約再検討会議を設置してロシアが条約違反を犯すことを回避する措置をとった[59]。この点の詳細については第三章で言及する。このようにヨーロッパ・ロシアを取り巻くソ連崩壊後の安全保障環境の変化，とくにロシア南部地域の紛争の安定化・防衛のために，最初は軍関係者が，そして最終的にはロシア指導部が国際条約であるCFE条約の規範の見直しを求めたことをここでは特筆したい。

（3）チェチェン紛争と国際制度――CSCEを事例に

上記では国際的要因に注目してNATO，CFE条約に対するロシアの姿勢

の変化を論じてきた。次に，ロシアが内政問題とするチェチェン共和国における内戦を事例に，国際制度の有効性の問題を考えたい。

ここでは，複雑かつ論争的なチェチェン紛争の経緯の解説は最小限にとどめ，ロシア軍によるチェチェン介入決定に論点を絞りたい。チェチェン，イングーシ両民族は第二次世界大戦末期にナチス・ドイツの侵略者に協力したという理由で中央アジアやシベリアへ強制移住させられた経験を持つ。1944年に，チェチェン=イングーシ自治共和国は廃止され，フルシチョフ期に自治を回復し，1957年以降に帰郷を許された。強制移住の経験から形成された体制への反感は想像に難くないが，表向きは1980年代初頭まで反体制運動は見られなかったという。チェチェン=イングーシにおける最初の大衆運動は1988年春に発生した環境保護運動であり，これは1990年までにチェチェン民族運動と合流したと考えられている[60]。このチェチェン民族運動は，1990年11月にチェチェン共和国の国家主権宣言を採択するチェチェン人民全民族大会(後に「チェチェン人民全民族コングレス」に改称)に取り込まれていった[61]。この時期にチェチェン=イングーシでは，ドク・ザヴガエフ第一書記(Doku G. Zavgaev)が主導する公式指導部，ジョハル・ドゥダエフ(Dzhokhal M. Dudaev)を議長とするチェチェン人民全民族コングレス，イングーシ民族運動の三つの勢力がせめぎあっていた。1991年8月にモスクワでクーデターが起こった際に，公式指導部の態度表明が遅れ，クーデターを支持していたのではないかという疑惑が持たれたのに対し，チェチェン人民全民族コングレスは迅速に非常事態国家委員会に対する反対を表明した[62]。これを契機として，ドゥダエフはエリツィンの支持を獲得することに成功し，ザヴガエフから政権奪取したのである[63]。1991年10月に行われた大統領選挙で当選したドゥダエフが，11月に「チェチェン共和国の国家主権」を宣言する大統領令を発令すると，エリツィンはチェチェン=イングーシ共和国に非常事態宣言を出すが，ハズブラートフの率いるロシア最高会議はこれを承認しなかった。これはゴルバチョフ・ソ連大統領が軍の出動に反対であったためだと考えられる[64]。ドゥダエフは合法的な手段で政権に就いたのではなかったが，その後に起きたソ連の崩壊，それに続くハズブラートフ最高会

議議長との政争に没入せざるを得なかったエリツィン政権のチェチェンへの関与は弱まっていった。

　モスクワにとって再びチェチェンが焦眉の問題となるのは1994年に入ってからである。1993年末からチェチェンでは親ロ派による「暫定評議会」がつくられた北部平野と，山岳地方の南北分断が深まっていた。1994年6月には，ドゥダエフ政権内の大統領警備隊長までが大統領に反旗を翻す武装事件が起こり，チェチェン情勢が不安定化するなかで反ドゥダエフ勢力とドゥダエフ大統領支持派の仲介役に名乗りを上げたのが，恩赦を受けて故郷のチェチェンに帰還していたハズブラートフ旧ロシア最高会議議長であった。しかし両派間の対立は同年9月にはウルスマルタン市やドリンスク村における武力衝突に発展し，事実上の内戦状態に陥った[65]。

　1994年11月26日に反ドゥダエフ勢力が攻撃用ヘリと戦車を使用してグロスヌィに突入し大統領宮殿を急襲する事件が起きた。これは共和国政府軍に撃退され，それによってロシア兵90人が捕らえられたと伝えられた。ドゥダエフは翌27日，ロシア軍が反政府勢力を支援して武力介入を行った事実を認めなければロシア人捕虜を銃殺するという警告を発した。これに対してエリツィン大統領は28日夜に声明を発表し，チェチェンの紛争に関わる両勢力に48時間以内の停戦，武装解除，捕虜釈放を要求し，これが実行されない場合は同共和国に非常事態を宣言し，流血の事態を停止させるためにあらゆる軍事力を行使すると発表した[66]。ドゥダエフがこれを拒否したのを受けて，翌29日の安全保障会議においてエリツィンは直接介入の姿勢を明らかにした。30日になってドゥダエフはロシア側との交渉に応じる姿勢を表明した。

　しかし12月7日に招集された安全保障会議において，パーヴェル・グラチョフ国防相（Pavel Sergeevich Grachev）によるドゥダエフ大統領との会談の報告が行われた結果，チェチェンにおける非合法武装集団（両派を指す）の武装解除と解体のための「あらゆる憲法的措置をとらなければならない」という決定が出された[67]。これを受けて12月10日にロシア政府はチェチェン共和国の地上境界線と空域を封鎖することを内務省と国防省に指示する決

定を採択し、翌11日には北オセチア共和国などに待機していたロシア連邦軍および内務省軍がチェチェン共和国への侵攻を開始した[68]。

　ロシアのチェチェン独立問題は「内政問題」として国際社会に認識されていたし、また1995年7月にはロシアの憲法裁判所で、チェチェン侵攻に関連する大統領令は合憲と判断されている（憲法第13条第5段落および憲法第80条）。しかし一方で、ロシア軍によるチェチェン侵攻が危ぶまれるなかで、1994年11月28日に出されたCSCEによる「信頼および安全保障醸成措置（CSBMs）に関するウィーン文書1994年」の規定には違反していた。同文書の第36条はCSCEの全加盟国に、CSBMsが適用される域内で軍事行動を行う場合、軍事行動が開始される42日以上前に書面で通知することを義務づけている。侵攻開始の4日前に通告されたチェチェンに対するロシアの軍事行動は、ウィーン文書の第36条、そして一定の軍事力を超える軍事活動が行われる場合の通知を規定した第38条1.1、および一定の軍事力を超える軍事活動を行う場合、CSCE加盟国は他の参加国からの監視団を招聘しなければならないことを定めた第45条4に抵触するものであった[69]。さらに、1994年12月5日から6日にかけてブダペストで行われたCSCE首脳会議において調印された「安全保障の政治軍事的側面に関する規約」の第36条では、国内における軍事力行使は、市民の負傷および彼らの財産の損害を回避するために行使されなければならず、またその決定は憲法手続きに基づいて行われなければならないと規定している[70]。CSCEの規約によって、加盟国であるロシアは法的手続きを行う義務を負うという意味で、国家主権に対する一定の制約を受けることになった。

　導入された時期を考慮すると、CSCEの規約は国民に対するロシアの武力行使を抑止することが目的の一つであったと考えられる。ただし、すでに内戦が泥沼化しつつあった状況で、ロシア指導部に許された時間は少なかったことも考慮しなければならない。上記で述べたように、エリツィンもコズィレフも1994年3月までは「平和のためのパートナーシップ」をむしろ好意的に受け止め、国内の反対派を抑えてロシアも参加する意向を表明していた。最終的にロシアは1995年5月に参加のための文書に署名をしているが、

チェチェン侵攻に対する CSCE の一連の規範導入の結果，1994 年 12 月にコズィレフ外相がパートナーシップへの署名を拒否する事態を招いた。さらにその直後の 12 月 5 日および 6 日に行われた CSCE ブダペスト首脳会議では，エリツィンが「ヨーロッパは"冷戦"の遺産から解放されることに失敗しており，"冷たい平和"に陥る危険を冒そうとしている」と警鐘を鳴らしたように，西側に対するロシアの態度は硬化した[71]。

1994 年 11 月から 12 月にかけて生じた一連の出来事は，ロシアと CSCE および NATO 構成国の間の決定的な対立が，チェチェン紛争をめぐって顕在化したことを示している。これは換言すると「内政不干渉」と「主権領域内での武力行使」を優先するロシア指導部と，「人権」，「規範による国家行為の拘束」を前面に掲げる欧米諸国の対立であったとも言える。

第五節　エリツィン-コズィレフによる国際制度の利用の評価

（1）国際関係論における多国間主義

コズィレフが提唱した，CSCE を頂点としたヨーロッパとロシアの広域安全保障体制の構想は，その目的においてどのように評価できるであろうか。以下では国際関係論における多国間主義と，ロシアにおける歴史的な位置づけとしての多国間主義という二つの観点から検討してみたい。序章で述べたように，コヘインとナイはリアリズム学派によるパワー中心の国際関係論から脱する必要性を主張した。これに対して，ネオリアリズム学派のロバート・ギルピン（Robert Gilpin）は圧倒的なパワーを持つ国家が存在する時に国際システムは安定するという，覇権安定論を唱えた。しかし，1989 年に米ソ冷戦に終止符が打たれると，パワー配置に変化がない限り国際構造に変化は起こらないという立場をとってきた覇権安定論がリアリスト，リベラリストの双方から批判され始めた。他方で，ポスト冷戦期における国際システムの安定を保証する要因として，多国間による規範（multilateral norms）や多国間制度（multilateral institutions）への関心が高まった。この議論をリー

ドしたのは，アメリカの国際政治学者ジョン・ラギー(John G. Ruggie)である。ラギーは制度の役割を軽視してきたネオリアリズム学派を批判する一方で，コヘインに代表される「新制度主義」者たちが多国間形式の「質的側面」にまで踏み込まなかったことをも批判の対象とした[72]。コヘインによる多国間主義の定義は「特定の問題の取り決め，あるいは制度という手段を通じて3カ国以上の国家集団が各国の政策を調整すること」[73]であったが，ラギーはこれに対し，多国間主義を特徴づけるのは「3カ国以上の国家集団における政策調整」ではなく，これらの国家間の関係を整える特定の原則であるとし[74]，多国間主義の定義を「一般化された行動原則(generalized principles of conduct)に基づいて3カ国以上の国家間の行動を調整するための形式」とした[75]。ラギーによると，この一般化された行動原則というものは，ある陣営の特別の利益や戦略的必要性を考慮するものではない[76]。つまり原則を差別的に適用することは認められず，すべての国家が従うべきものと解釈される。これは，個別的な前提や状況の必要性に応じてケース・バイ・ケースで関係を区別する二国間主義とは対照的である。ラギーが定義する多国間主義はさらに「不可分性(indivisibility)」と「拡散する互恵主義(diffuse reciprocity)」で特徴づけられる[77]。例えば，関税および貿易に関する一般協定(GATT)の各構成国が最恵国待遇を厳守することによって，貿易システムにおける構成国間の国益は不可分のものとなる。また，構成国は協定によって得られる利益が，時間を経て総体的に等価になることを期待する。つまり，機能している多国間制度においては，現在のコストを長期的に回収するためにはどの構成国も途中でルールを破ってはならないという互恵主義を構成国が共有していなければならない。

　ラギーの定義する多国間主義に基づいて1994年末までのロシアによるCSCEの重視を評価すると，少なくともロシアが安全保障分野の国際制度の利点とみなしていたものは，不可分性や互恵主義ではなく，「拒否権」を通じて，ヨーロッパにおける大国としての地位を保証する安全保障環境を形成することであったことが分かる。しかし，ロシアの多国間主義は，単純に「手段としての」多国間主義に分類できるものだと言えるであろうか。以下

でソ連外交における多国間主義の潮流を概観した後，この点について検討してみたい。

(2) ペレストロイカ以降の多国間主義の系譜

　国際関係論における多国間主義の流行は，冷戦期に停滞していた国際紛争調停における国連の機能の有効性が湾岸戦争によって再考され始めたことと関係している。1980年代末の国際システムにおける国連中心主義の潮流の一端を担っていたのはソ連，具体的にはペレストロイカ外交において「全人類的価値」を提唱した潮流であった。アメリカで「多国間主義」論の精緻化が行われていた一方で，ソ連はどのような動機から国際制度の見直しを行ってきたのだろうか。これは当初，社会主義的価値に対する全人類的価値の優位を主張することで，1987年12月に調印された中距離核戦力全廃条約のような「全人類」の運命に関わるグローバルな問題の解決を可能にするものであった。そして次第に，軍備管理だけでなく環境や人権問題までを含めた包括的安全保障体制の構築を掲げて，国連改革の提唱につながっていった。人権問題は，旧来ソ連においては「国内管轄」とされ国際制度を通じた介入は国家主権の擁護(内政不干渉)を理由に拒否されてきた。ペレストロイカ外交における人権問題の「国際化」は「国家主権の制限」につながるものであり，これは「国家主権の擁護」を強く掲げてきたソ連外交の枠組みからの脱皮を意味していた[78]。人権問題を皮切りに始められた世界共同体における国家主権の制限の提唱は，包括的安全保障の対象に含まれる政治，経済，環境の分野へ拡大していく[79]。1989年12月に行われたマルタ会談でソ連はブッシュ大統領からGATT加盟の支持を獲得し，1990年5月にオブザーバー参加を果たした[80]。国際経済制度への加盟は，その制度によるソ連経済への介入が予想される案件である。岩下明裕による先行研究では，ペレストロイカ外交が純粋に「全人類的価値」を追求するものとして提唱されたのではなく，政治，経済，環境分野で体制の異なる資本主義諸国による国際制度に加盟するための前提条件を用意するもの，つまり「国益」を実現するための一種の実利主義的行為であったことを示唆している[81]。

国連で「全人類的価値」や「国家主権の制限」を主張したソ連外務次官ウラジーミル・ペトロフスキー(Vladimir F. Petrovskii, 1992年1月に国連事務次官就任)[82]がソ連外務省国際機関局の出身であり，ロシア連邦の外務大臣がプリマコフを除いて全員がこのスクールの出身者であることは特筆に値しよう。ペレストロイカ外交の動機に関する上記の主張を受け入れたうえで，ソ連崩壊後その方向性を継承したエリツィン-コズィレフ体制下で多国間主義はどのように変化したのだろうか。

　冷戦終結後のヨーロッパにおけるロシアの多国間外交については，ロシア国内および欧米で広く研究されてきた。ここではノース・ダコタ大学のトマス・アンブロシオ(Thomas Ambrosio)による『アメリカの世界的優位への挑戦——ロシアによる多極の追求』[83]を取り上げたい。アンブロシオは，クレムリンによる国際制度の利用は国際協力の推進という目的に基づくものというよりは，アメリカのユニラテラリズムを防ぎ，ロシアのパワーを増大するための手段であるというリアリズムの視点に立つ。アメリカに対抗する効果的な手段を持たない状況で，ロシアは安全保障上の国益に対するアメリカの侵害を阻止するための手段を模索しなければならなかった。このような背景で選択された「安全保障分野の国際制度の利用」は相対的なロシアの「弱さ」を認めたうえでのプラグマティックな行動だと解釈される[84]。

　彼によると，国際システムの多極化を促進する手段としてロシアが重視しているのは，CIS，ロシアが提唱したロシア，ウクライナ，ベラルーシによるスラブ同盟(構想)，OSCE，NATO，国連という五つの国際制度である。この見方に立つと，本来はソ連邦の解体を調整することが目的であったCISは，ロシアによって旧ソ連構成国を支配し，この空間にアメリカの影響力が及ぶのを阻止する手段に変えられた。また，スラブ同盟構想はNATO拡大に対抗する意味合いで結成されたロシア-ベラルーシ連合国家条約として結実した。ロシアにとって，OSCEはNATOに代わるヨーロッパ安全保障メカニズムの要である。とくにOSCEと国連安保理は，コンセンサスによって機能しているため，これらの国際的な役割を高めることによって，ロシアに不利なワシントンの決定を拒否することができる。しかし，アンブロシオ

も指摘しているように 1990 年代後半以降，CIS の統合やロシア-ベラルーシ連合国家は実態として行き詰まりを見せる一方で，OSCE や国連安保理も NATO の東方拡大やコソヴォ，イラク，アフガニスタン，スーダンにおけるアメリカの単独主義的行動を抑止することはできなかった。ロシアはもはや一国ではアメリカに対して勢力均衡政策をとれないことは明らかである。国際安全保障上の行動の自由度を高め，かつアメリカに対抗するためのオルタナティヴな手段として選択されたはずの国際制度の利用も，期待した成果をあげていない。しかし重要なのは，国際制度の活用というロシア指導部の選択が，アメリカの覇権連合へのバンドワゴンからアメリカとの勢力均衡政策への転換を示していることであるという[85]。

　アンブロシオによる分析は，手段としての多国間主義の代表的な見方である。ペレストロイカの担い手たちが重視していた GATT や IMF などの多国間枠組みは，ラギーの定義に従うと，「不可分性」，「一般化された原則」，「拡散する互恵主義」を特徴とする多国間主義に基づくものであり，第二次世界大戦後のアメリカ主導による国際経済体制の根幹を成してきた国際制度である。このアメリカ型多国間主義に組み込まれることがペレストロイカ期および初期ロシア外交の「多国間主義」の目的であったとすると，1994 年以降のロシアによる OSCE 重視の「多国間主義」は，その設立からソ連あるいはロシアが参加した枠組みを重視するものであり，また包括的な安全保障分野を協力の対象としているという点で，異なる目的に基づいている。彼の解釈を援用すると，ペレストロイカ期の「多国間主義」が「バンドワゴン」を目的としていたのに対し，ソ連崩壊後は「勢力均衡」へと変化したのではないかという推論をたてることができる。第二章以下では，アジア・太平洋外交の文脈でこの点について考察していく。

小　　括

　本章では，コズィレフ外相期の対外政策におけるヨーロッパの国際制度の意義を論じることによって，ペレストロイカ外交が目指していた「ヨーロッ

パの分割を克服して全ヨーロッパの安全保障体制を構築する」という理念に基づいた対外政策が限界を迎えたことを説明してきた。それに呼応して，ロシアの多国間主義の目的も変容していった。

　1993年10月の時点で，米ロ指導部間は政治的相互依存関係にあったが，これは1994年4月までに互いへの不信に変化していった。この背景として第一に，ロシアの軍部を中心とする勢力が，ソ連崩壊後の軍事安全保障環境を反映していないCFE条約の見直しを主張し始めたにもかかわらず，アメリカ側の理解を得られなかったことが挙げられる。第二に，ブッシュ政権下では東ドイツまでとされていたNATO拡大問題について，クリントン政権は東欧諸国への拡大を模索し始めただけでなく，域外での武力行使に踏み切り，本格的に同盟の再定義を始めたことが挙げられる。どちらの問題でも，アメリカ指導部の政策はモスクワの意思を反映するものではなかった。このようにロシアのヨーロッパ部の安全保障環境が不利なものになっていくなかで，初期エリツィン-コズィレフ体制下で採用されていた欧米主導型の国際制度に組み込まれることを目標としていた多国間主義への期待は薄れ，多極的な世界秩序や多国間での国際問題の解決方式を支持していくようになる。

　このように，NATOの東方拡大によって形成された対外政策における対立軸は，地理的に西（ヨーロッパ）と東（ユーラシアおよびアジア・太平洋）を二分する論争などではなく，ロシアの国家主権の及ぶ範囲や，軍事ブロック（NATO）か全ヨーロッパ安全保障（CSCE）かという論争であったことが分かる。さらに，1994年11月から12月にかけてのロシアとCSCE構成国の間の決定的な対立は，チェチェン紛争をめぐって顕在化した。これは換言すると「内政不干渉」と「主権領域内での武力行使」を優先するロシア指導部と，「人権」や「規範による国家行為の拘束」，つまり主権の制限を伴う制度を維持しようとする欧米諸国との対立であったとも言える。

　「冷戦終結後の世界における国際問題は，多国間ベース（国連，OSCE）で解決すべきである」というコズィレフの理念は，ヨーロッパの安全保障体制の枠外に置かれつつあるという懸念を反映している。ヨーロッパでの安全保障上の限界は，アジア・太平洋地域で挽回できる状況にあったのだろうか。

次章では，本章で言及した米ロ関係を踏まえて，コズィレフ期に「軽視されてきた」アジア・太平洋政策について再検討する。

1) コズィレフの経歴については，以下を参照した。外相就任時の外交官としての等級は特命・全権大使である。Представляем Руководство МИД РФ (России) // Дипломатический вестник. 1992. № 1. С. 29.
2) *Козырев А. В.* Преображенная Россия в новом мире // Дипломатический вестник. 1992. № 2-3. С. 3-5.
3) Aleksei Bogaturov, "Russia's Strategic Thought toward Asia: The Early Yeltsin Years (1991-1995)," in Gilbert Rozman, Kazuhiko Togo and Joseph P. Ferguson, eds., *Russian Strategic Thought toward Asia* (N.Y.: Palgrave Macmillan, 2006), p. 59.
4) 斎藤元秀『ロシアの外交政策』勁草書房，2004年，11頁。同書は，ロシアが主要国首脳会議や APEC への参加を果たしたのも，第一次 NATO 東方拡大をめぐる条件闘争の結果だとしている(12頁)。あるいは，Paradorn Rangsimaporn, *Russia as an Aspiring Great Power in East Asia: Perceptions and Policies from Yeltsin to Putin* (Basingstoke: Palgrave Macmillan, 2009), pp. 152-153.
5) Указ президента Российской Федерации. Об утверждении стратегического курса Российской Федерации с государствами — участниками Содружества Независимых Государств. 14 сентября 1995 г. // Дипломатический вестник. 1995. № 10. С. 3-6.
6) 田畑伸一郎，末澤恵美編『CIS——旧ソ連空間の再構成』国際書院，2004年，20頁。
7) Nicolai N. Petro and Alvin Z. Rubinstein, eds., *Russian Foreign Policy: From Empire to Nation-State* (N.Y.: Longman, 1997), p. 98.
8) 竹森正孝訳・解説『ロシア連邦憲法』七月堂，1996年，20-22頁。
9) Neil Malcom, "Russian Foreign Policy Decision-Making," in Peter Shearman, ed., *Russian Foreign Policy Since 1990* (Colorado: Westview Press, 1995), p. 33.
10) Petro and Rubinstein, eds., *Russian Foreign Policy*, p. 98.
11) クリントン政権下で国務副長官を務め，対ロシアおよび旧ソ連諸国政策に関わったストローブ・タルボットによると，エリツィンがコズィレフを解任し，後任にプリマコフを登用した理由は，エリツィンが世界観や対米政策に関する見方を変えたからというよりも，純粋に政治的な理由，つまり半年後に控えた大統領選でロシア連邦共産党や極右政党に流れそうな票を取り戻すためだという。Strobe Talbott, *The Russia Hand: A Memoir of Presidential Diplomacy* (N.Y.: Random House, 2002), pp. 189-190.
12) Malcom, "Russian Foreign Policy Decision-Making," p. 36.
13) 例えば，Oles Smolansky, "Russia and the Asia-Pacific Region: Policies and

Polemics," in Stephen J. Blank and Alvin Z. Rubinstein, eds., *Imperial Decline: Russia's Changing Role in Asia* (Durham: Duke University Press, 1997), pp. 7-39.
14) Из пресс-конференции Г. Э. Бурбулиса, С. М. Шахрая и А. В. Козырева 23 Декабря // Дипломатический вестник. 1992. № 1. С. 11.
15) Там же. С. 11-12.
16) *Козырев*. Преображенная Россия в новом мире. С. 5.
17) 岩下明裕「CIS とロシア——選択的重層アプローチの形成と展開」田畑伸一郎，末澤恵美編『CIS——旧ソ連空間の再構成』国際書院，2004 年，191-194 頁。
18) エリツィンは「新しいロシア外交はより独自の，活気ある，多ベクトル」のものでなければならず，「ロシアの国益」という唯一のイデオロギーがロシア外交の基盤であると述べた。В центральном аппарате МИД РФ заседание коллегии // Дипломатический вестник. 1992. № 21-22. С. 30.
19) Margot Light, "Foreign Policy Thinking," in Neil Malcolm, Alex Pravda, Roy Allison and Margot Light, eds., *Internal Factors in Russian Foreign Policy* (N.Y.: Oxford University Press, 1996), p. 34.
20) Andrei Kozyrev, "The New Russia and the Atlantic Alliance," *NATO Review*, no. 1-Feb. (1993), pp. 1, 5, http://www.nato.int/docu/review/1993/9301-1.htm (2014 年 5 月 20 日閲覧).
21) コズィレフはデンマークでの演説で，北大西洋協力理事会の枠内で NATO との交流を進展させるとした一方で，NATO 自身を含め，誰も NATO がヨーロッパの平和維持を独占することを承認する用意はないとも述べた。Выступление А. В. Козырева во внешнеполитическом обществе Дании 26 февраля // Дипломатический вестник. 1993. № 5-6. С. 11.
22) "Clinton Got Assurances Before Endorsing Yeltsin's Power Play," *The Associated Press*, 22. 09. 1993.
23) "Clinton Administration Evaluating Russia Crisis," *CNN*, 22. 09. 1993.
24) "Clinton Voices Support for Yeltsin with Russia-Politics," *Associated Press Worldstream*, 03. 10. 1993.
25) Declaration on a Transformed North Atlantic Alliance issued by the Head of State and Government Participating in the Meeting of the North Atlantic Council (The London Declaration), 5 July 1990-6 July 1990, http://www.nato.int/cps/en/SID-FD168BE8-B5F31311/natolive/official_texts_23693.htm (2014 年 5 月 20 日閲覧).
26) 金子譲「NATO の東方拡大——第一次拡大から第二次拡大へ」『防衛研究所紀要』第 6 巻第 1 号，2003 年，55 頁。
27) 同上。
28) Talbott, *The Russia Hand*, p. 93.
29) Ibid. この 3 週間後にタルボットがモスクワでゲオルギー（ユーリ）・マメドフ外務次官（Georgii Enverovich Mamedov）と会談した際，旧ソ連構成国は言うまでもな

く，旧ソ連同盟国の NATO 加盟を認めるのであれば，ロシアの国益に対する差別だと抗議を受けた。
30) Ibid., p. 94.
31) Совместная Российско-Польская декларация // Дипломатический вестник. 1993. № 17-18. С. 15-16.
32) Россия-Венгрия. Визит Г. Есенски в Россию // Дипломатический вестник. 1993. № 19-20. С. 14-15.
33) *Полещук А.* Оправдано ли расширение НАТО?: Особое мнение Службы внешней разведки России // Независимая газета. 26. 11. 1993. С. 1, 3.
34) Там же. С. 1.
35) Там же.
36) Там же. С. 3.
37) Там же.
38) 皆川修吾『ロシア連邦議会――制度化の検証：1994-2001』溪水社，2002 年，50-51 頁。
39) Robert Donaldson and Joseph L. Nogee, *The Foreign Policy of Russia Changing System, Enduring Interests*, Third Edition (N.Y.: M. E. Sharpe, 2005), p. 127.
40) *Козырев А. В.* Внешняя политика Преображающейся России // Вопросы истории. 1994. № 1. С. 3-11.
41) 以下の二つの文書が発布された。Partnership for Peace: Invitation Document issued by the Head of State and Government participating in the Meeting of the North Atlantic Council (Brussels: 10 January 1994-11 January 1994), http://www.nato.int/cps/en/natolive/official_texts_24468.htm?mode=pressrelease (2014 年 5 月 21 日閲覧). Partnership for Peace: Framework Document issued by the Head of State and Government participating in the Meeting of the North Atlantic Council (Brussels: 10 January 1994-11 January 1994), http://www.nato.int/cps/en/natolive/official_texts_24469.htm (2014 年 5 月 21 日閲覧).
42) Московская декларация // Дипломатический вестник. 1994. № 3-4. С. 13-14.
43) *Чернов В.* Москва должна хорошо подумать, прежде чем отвечать на предложение НАТО // Независимая газета. 23. 02. 1994; *Мигранян А.* Зачем вступать, если лучше не вступать? // Независимая газета. 15. 03. 1994.
44) A. Zagorski, "Russia and European Institution," in Vladimir Baranovsky, ed., *Russia and Europe: The Emerging Security Agenda* (Stockholm: SIPRI, 1997), p. 533.
45) 英語版は『フォーリン・アフェアーズ』に掲載され，国内外の両方にアピールされた。*Козырев А. В.* Стратегия Партнерства // Международная жизнь. 1994. № 5. С. 5-15; A. V. Kozyrev, "The Lagging Partnership," *Foreign Affairs* 73, no. 3 (1994), pp. 59-71.

46) *Козырев*. Стратегия Партнерства. С. 5.
47) 1993年12月に行われた下院選挙ではジリノフスキーが率いる民族主義的保守勢力「ロシア自由民主党」が台頭し、全議席の14％を占めていた。
48) *Козырев*. Стратегия Партнерства. С. 9.
49) 具体的な方法としては、NATO中心に提案された「平和のためのパートナーシップ」ではなく、国連やCSCEの規範を尊重し、ヨーロッパでCSCEを強化すること、G7の政治・経済政策の調整にロシアも入ることを提案した。
50) 山本吉宣「協調的安全保障の可能性——基礎的な考察」『国際問題』第425号、1995年、5頁。
51) 吉川元『ヨーロッパ安全保障協力会議（CSCE）』三嶺書房、1994年、73頁。
52) 1993年12月29日にグラチョフ国防相（Pavel Sergeevich Grachev）がモスクワで記者会見し、ロシア軍兵力の大幅削減に反対の意向を表明した。グラチョフは、ロシア軍の兵力は210万人が必要であると強調し、150万人に削減すべきだとした旧最高会議の決定を誤りと指摘した。『ロシア政策動向』第13巻第3号、1994年、7頁。さらに、1994年2月2日には1995年までに兵力を210万人にする必要があると指摘し、当時進められていた兵力削減を事実上凍結する方針を明らかにした。またグラチョフはエリツィン大統領もチェルノムィルジン首相（Viktor S. Chernomyrdin）もこの提案を原則として支持していると述べた。Albert Kochetkov and Mikhail Shevtsov, "Urgent — Grachev Urges," *ITAR TASS*, 02. 02. 1994.
53) *Пономарев М*. Уйти от фланговых ограничений: договор об ОВСЕ и реалии жизни // Красная звезда. 21. 10. 1993.
54) Там же.
55) *Юсин М*. Неожиданные трения между Анкарой и Москвой // Известия. 28. 09. 1993.
56) Michael Gordon, "Russian Troop Movements Rouse NATO Concern on Tresty Limits," *The New York Times*, 03. 04. 1994.
57) Россия в системе международных отношений (Из послания Президента Российской Федерации Федеральному Собранию 24 февраля) // Дипломатический вестник. 1994. № 5-6. С. 5.
58) *Рыбкин И*. Можно ли собрать черепки боснийского урегулирования после авивудара НАТО? // Российские вести. 13. 04. 1994.
59) 金子譲「欧州における安全保障構造の再編」『防衛研究所紀要』第9巻第2号、2006年、23-24頁。
60) パトリック・ブリュノー、ヴィアチェスラフ・アヴュツキー（萩谷良訳）『チェチェン』白水社、2005年、126頁。
61) 塩川伸明『ロシアの連邦制と民族問題』岩波書店、2007年、182-183頁。
62) 同上、191頁。
63) 同上、192-193頁。
64) 徳永晴美『ロシア・CIS南部の動乱——岐路に立つプーチン政権の試練』清水弘文

堂書房，2003 年，56-57 頁。
65)『ロシア政策動向』第 14 巻第 2 号，1995 年，3 頁。
66) *Наталья Пачегина.* Кремль готовится к введению чрезвычайного положения в Чечне // Независимая газета. 30. 11. 1994.
67) *Наталья Пачегина.* В результате чеченского кризиса в правительстве появился еще один вице-премьер // Независимая газета. 08. 11. 1994.
68)『ロシア政策動向』第 14 巻第 2 号，1995 年，5 頁。
69) Vienna Document 1994 of the Negotiations on Confidence- and Security-Building Measures, Vienna, 28 November 1994, in Arie Bloed, ed., *The Conference on Security and Co-operation in Europe: Basic Documents, 1993-1995* (The Hague, London and Boston: Martinus Nijhoff Publishers, 1997), pp. 525, 530.
70) Budapest Document 1994, Budapest, 6 December 1994, in Arie Bloed, ed., *The Conference on Security and Co-operation in Europe: Basic Documents, 1993-1995* (The Hague, London and Boston: Martinus Nijhoff Publishers, 1997), p. 166.
71) Встреча глав государств и правительств стран — членов СБСЕ // Дипломатический вестник. 1995. № 1. С. 5.
72) John Gerald Ruggie, *Constructing the World Polity: Essays on International Institutionalization* (London and N.Y.: Routledge, 1998), p. 105.
73) Robert O. Keohane, "Multilateralism: An Agenda for Research," *International Journal* XLV, no. 4 (1990), p. 731.
74) Ruggie, *Constructing the World Polity*, p. 106.
75) Ibid., p. 109.
76) Ibid.
77) Ibid., p. 110.
78) 岩下明裕「「ポスト冷戦シンドローム」を越えて」『国際政治』第 111 号，1996 年，36-37 頁。
79) 同上，42 頁。従来，主権事項とみなされてきた人権問題や民主化問題を共通の安全保障の課題に位置づけ，国際協議の対象とする「包括的安全保障」の理念を最初に実践しようとしたのは CSCE である。ヘルシンキ宣言では協議分野に「経済，科学技術，環境の分野での協力」が含まれ，これらの促進がヨーロッパの平和と安全の強化に寄与すると考えられた。吉川『ヨーロッパ安全保障協力会議(CSCE)』73 頁。
80) ブッシュ大統領による GATT オブザーバー参加の提案については以下を参照されたい。Совместная пресс-конференция М. С. Горбачева и Дж. Буша 3 декабря // Вестник министерства иностранных дел СССР. 1989. № 24. С. 35.
81) 岩下「「ポスト冷戦シンドローム」を越えて」42 頁。
82) Новый Заместитель генерального секретаря ООН // Дипломатический вестник. 1992. № 4-5. С. 54-55.
83) Thomas Ambrosio, *Challenging America's Global Preeminence: Russia's Quest for Multipolarity* (Aldershot: Ashgate, 2005).

84) Ibid., p. 101.
85) Ibid., p. 121.

第二章　初期エリツィン政権における
　　　アジア・太平洋政策の形成過程

第一節　アジア・太平洋政策を論じる視点

　第一章では，ソ連崩壊による国際構造の変化の結果としてのNATO東方拡大が，エリツィン(大統領)-コズィレフ(外相)体制下の対外政策に与えたインパクトについて論じた。換言するとこれは，国際制度の面でロシアをヨーロッパの安全保障構造に組み込むことができるかどうかという問題であった。中東欧諸国のNATO加盟に直面したモスクワの反応は，第一にロシアを含めたヨーロッパ全体の安全保障構想を実現するために，CSCEを頂点とするヨーロッパの安全保障レジームの再編を訴えるというものであった。そして第二に，ロシアの「国家主権」が及ぶ範囲を対外的に明示する行動がとられた。これら一連の出来事を通じてロシアが示したことは，ソ連期に「ブレジネフ・ドクトリン」が適用されていたポーランド，チェコ，ハンガリーに対しては主権を尊重すること，そしてCIS圏においては紛争調停国としてのロシアの安全保障面での役割を主張することであった。1993年秋以降に起きたNATOの東方拡大の本格化，ロシアによるCFE条約の修正要求，チェチェン紛争を通じて指摘したいことは，アメリカおよび西ヨーロッパ諸国との関係がコズィレフ外交の最優先事項に位置づけられてきた一方で，実際面では条約や規範の遵守をめぐってこれらの諸国との対立が顕在化していたという点である。すなわち軍事安全保障分野においてコズィレフは必ずしも欧米との協調路線一辺倒ではなかったということである。

ヨーロッパでの出来事は，同時期のロシアとアジア・太平洋諸国の関係とどのような相互作用を持っていたのであろうか。これまで言われてきたように，ヨーロッパやコーカサスなどと違い，アジアには深刻な脅威も緊密な同盟国もなかったために，軽視されてきた地域なのだろうか。ソ連時代を振り返ってみると，アジアの社会主義諸国との二国間同盟は深刻な対立を抱えるものであった。ゴルバチョフ政権下でソ連が実際に軍事的コミットメントを維持していたのはモンゴルとベトナムのみであった。そのためゴルバチョフ政権は，ソ連極東開発のために地理的に近接しているアジア・太平洋諸国との関係を緊密化させるという目標を実現するにあたって，社会主義国との関係の見直しから始めなければならなかった。他方で，アジア・太平洋地域の資本主義諸国の間では，1980年代後半から政府間レベルの地域制度(以下，本章で多国間制度と述べる時は，この地域制度のことを指す)を構築する動きが本格化しており，ソ連／ロシアは資本主義諸国との二国間関係の強化と同時に，これらの多国間制度とどのように関わりを持つかという課題に直面することになった。以下でも述べるとおり，これは欧米型の法的拘束力を伴う多国間制度が存在しないアジア・太平洋地域に，ロシアにとって有用な多国間制度を導入するというゴルバチョフの提案となって現れたが，地域諸国には受け入れられなかった。しかし，北朝鮮の核兵器不拡散条約(NPT)脱退問題を契機に，エリツィン政権がアメリカ，ロシア，中国，日本，韓国を含む6カ国で北朝鮮問題を扱おうという提案を行ったことからも分かるとおり，北東アジアに多国間制度を導入すべきだという考え方は体制転換を超えて，認識レベルでも政策レベルでも受け継がれてきたと考えられる。ただし，以下で論じるようにこの構想はAPECが回を重ね，ASEANの会議外交が定着するにつれ変化していく。

　1992年から1995年末までのコズィレフ外相期のアジア・太平洋政策については日本や北朝鮮との関係における「失態の記録」として記述されることが多く，冷戦終結後の地域情勢に照らしてロシアが採り得た選択肢の幅や，新たな可能性について論じた研究は非常に少ない。この時期の対アジア政策について，コズィレフ自身は「西側」であるアメリカやカナダとの関係の強

化はアジア・太平洋政策にもつながると反論し，積極的な東方外交はロシアにとって歴史的伝統であると述べて「東」の軽視を否定している[1]。ロシア側の先行研究では，モスクワの政策策定過程で親欧米路線の限界が認識され，対外政策全般における見直しが行われるようになったのは，1994年初頭あたりだと考えられてきた[2]。モスクワ国際関係大学などで教鞭をとり，ロシア外務省との関係も深い国際政治学者アレクセイ・ボガトゥロフ（Aleksei Demosfenovich Bogaturov）は，ロシアの対アジア戦略を論じるうえで，初期エリツィン外交をソ連崩壊から最初の下院選挙が行われた1993年12月までと，1994年から1995年までの二つの時期に分けている。前者では，非民主主義的で，"西側"の理想に反抗的であるという偏見からほぼすべてのアジア諸国がロシアの外交エリートによって軽視されてきた。ただし，G7の一国である日本はアジア諸国ではなく「西側」とみなされていた。後者の期間には，エリツィンとその側近らによって，まだロシアのヨーロッパ的性格や，将来の発展のためには欧米との関係が重要だとする考え方が支持されていた。しかしその一方で，1993年12月の議会選挙でロシア連邦共産党やロシア自由民主党の躍進を目の当たりにしたことから，政権を維持するためには世論における民族主義的な感情や大西洋主義への批判に配慮せざるを得なくなっていった。こうして次第に対外政策におけるコズィレフの影響力が失われていったとされる[3]。

　本章では，ソ連崩壊によるロシアの政治・経済体制の変化，国境線変更による新たな「外国」の出現という地政学的問題など従来提示されてきた視点を念頭に置きつつ，北朝鮮の核開発問題とASEANによる冷戦終結後の地域安全保障構想の展開を中心的に取り上げ，ゴルバチョフのアジア政策の限界がどのような形で露呈し，ロシアの新しい地域認識や国益，アジア政策が形成されていったのかという点を中心に論じたい。以下ではソ連末期，1986年頃から政策レベルで「アジア・太平洋地域」への関心が高まった背景を振り返った後，冷戦終結後のアジア・太平洋地域の国際構造をロシアがどのように捉え，そこからロシアがアジア・太平洋地域における優先課題，脅威，そして利益をどのように形成してきたのかという点について検討する。そう

することによって，①冷戦終結，ソ連崩壊によるアジア・太平洋地域認識と実際の対外政策への影響とは何か，②エリツィン-コズィレフ体制下で積極的なアジア政策を打ち出せなかったのはなぜかという点を再検討したい。

第二節　ソ連のアジア・太平洋政策の変化

(1) ソ連の対外政策における「アジア・太平洋地域」の浮上

　ソ連の指導者たちは，冷戦期に幾度かアジアで集団安全保障体制を確立することを呼びかけてきた。それらは大きく分けて，アメリカや中国に対する牽制，またはソ連領極東の天然資源開発を誘因として北東アジアあるいは太平洋北部の諸国と経済関係を強化したいという意図を持っており，この地域で何らかのイニシアティヴをとろうとする欲求を読み取れる。

　具体的には，1933年に米ソ間で外交関係樹立のための交渉を行った際にマクシム・リトヴィノフ (Maksim Maksimovich Litvinov) とフランクリン・ローズヴェルト (Franklin D. Roosevelt) の間で議題に上った「太平洋条約構想」，1956年に行われたソ連共産党第20回大会のニキータ・フルシチョフ (Nikita Sergeevich Khrushchev) の報告で提唱された「アジア集団安全保障」，また1969年にモスクワで開催された国際共産党・労働者会議でレオニード・ブレジネフ (Leonid Il'ich Brezhnev) が提案した「アジア集団安全保障」などが挙げられる。これらゴルバチョフ以前の構想にはアジア諸国との協力よりも，アメリカによって張り巡らされた反共軍事同盟と対決し，それらに取って代わろうとする意図が明確に含まれていた。ブレジネフの「アジア集団安全保障構想」には，初めて「完全な同権と互恵に基づく経済その他の協力の広範な発展」という内容が盛り込まれた。このブレジネフの構想は平和5原則や，アジア・アフリカ会議で採択されたバンドン10原則のほか，1975年8月にヘルシンキで行われたCSCEにおいて調印された「ヘルシンキ宣言」の内容と共通点が多いことが指摘されている[4]。前章で触れたとおり，ヘルシンキ・プロセスは従来の国際関係において主権事項と

みなされてきた人権問題や，民主化問題を東西両陣営間の共通の課題であるとし，国際協議の対象とする「包括的安全保障」の理念を実践しようとする試みであった。このように伝統的に安全保障協議の対象とされてきた分野を拡大する発想は，ヘルシンキ宣言の準備過程に参加していた諸国にも浸透していたと思われる[5]。したがって，ブレジネフ期のアジア集団安全保障構想に「完全な同権と互恵に基づく経済その他の協力の広範な発展」が盛り込まれたのは，ヘルシンキ・プロセスで生まれた包括的安全保障の影響である。しかしアジア版の構想はソ連とアジアの発展途上国との「協力」を指しており，「帝国主義からの経済的解放のための闘争」という文脈から外れるものではなかった[6]。アジアの資本主義諸国との「対決」に代わって「利益」がソ連国内で説得力を持つには，ソ連とアジア諸国の双方の変化が必要であった。

1970年代から1980年代前半にかけて，ソ連の経済成長率が低下の一途をたどった「停滞の時代」に[7]，アジアでは「太平洋」や「アジア・太平洋」の名を冠した地域協力が組織され始めた。これらの多くはアメリカ，カナダ，日本，オーストラリア，ニュージーランドなどの先進資本主義諸国間の経済協力と，それらによる東南アジアの発展途上諸国への援助を目的として始まり，新興工業経済地域（NIES），ASEANを中心とした1980年代の東アジア高度経済成長の原動力となった。同時期のソ連の対外貿易構造はヨーロッパ諸国との輸出入に偏るものであったため，この趨勢から取り残されつつあるという危機感が高まっていった[8]。世界経済の中心が大西洋経済圏から太平洋経済圏に急速に移行していくという予測のなかで，ソ連の対外政策においても「アジア・太平洋地域」が注目されるようになったのである。

（2）ゴルバチョフのアジア・太平洋政策
　　――「安全保障」と「経済協力」の分離

アジア・太平洋地域の資本主義諸国との政治・経済協力を拡大するための条件として，ソ連指導部は国内的には資本主義諸国との階級闘争という「旧思考」から脱し，対外的には地域諸国との軍事・政治的問題を解決しなけれ

ばならなかった。ペレストロイカの過程でアジア・太平洋政策に変化が見受けられるようになったのは1986年2月の第27回党大会以降である。ゴルバチョフの政治報告の意義は，フルシチョフ以降，対外政策の説明原理として重視されてきた「階級的価値」よりも，「全人類的価値」が優位にあるという新しい説明原理を導き出したことにある[9]。また同大会でソ連共産党の外交戦略として打ち出された核軍縮におけるアメリカとの交渉の成功により，グローバル・レベルの国際関係を安定させ，外交的影響力を維持しつつ地域（勢力圏）から撤退することができた[10]。同報告ではアフガニスタンからソ連軍を帰還させる意思が表明されただけでなく，ソ連にとってヨーロッパ方面が国際活動の基本方向である一方，アジア・太平洋方面の意義も大きくなっていることに言及された[11]。

党大会後の4月23日に出された政府声明では，アジア・太平洋経済圏への関心がより明確にされている。依然としてアメリカや日本への対決姿勢が見られるものの，自国の経済発展のためにはシベリア・極東地域の資源や潜在力を有効利用する必要があり，著しい成長を示すアジア・太平洋諸国と協力関係を築くことがそれを促進するという認識が初めて明らかにされた[12]。翌5月にはゴルバチョフが外務省で秘密演説を行い，ブレジネフの対外戦略を批判した。そして6月には外務省で従来ヨーロッパ第二課の管轄とされてきたオーストラリア，ニュージーランドがアジア部局に移され，組織面でもソ連のアジア政策に本格的な変化が訪れていた[13]。

以上の路線をより明確にしたのが，1986年7月のウラジオストク演説[14]である。この演説と1988年9月のクラスノヤルスク演説[15]はソ連のアジア政策の転換としてアジア諸国に衝撃を与えた。これらの演説を同時代に評価した先行研究では，中ソ関係の転換に関心が寄せられてきたが，1990年代から2000年代までの北東アジアの安全保障問題におけるロシアのプレゼンスの低下という事実を踏まえて振り返ってみると，ゴルバチョフが行った中ソ関係正常化と，1988年以降のソ連の韓国傾斜路線の帰結としての韓ソ国交樹立は，この地域における冷戦体制の弛緩をもたらしたと同時に，北朝鮮の孤立を深刻化させる構造を生み出した。第四節でその経緯を詳述するが，

結果として朝鮮半島に対する新生ロシアの影響力が及ばない状況をもたらしたと考えられる。

　ここでは，地域政策の変化，とくに安全保障構想と経済協力に焦点を当ててウラジオストク演説とクラスノヤルスク演説を比較してみたい。ウラジオストク演説では，まだワシントン―東京―ソウルの関係を軍事三角形と表現するなど，軍事的対決の姿勢が認められるが，クラスノヤルスク演説ではアジア・太平洋地域におけるアメリカの役割と地域問題への参与を認め，協調を見出そうとしている。とくに，ウラジオストク演説では，ソ連指導部が中国との関係改善に前向きであることを示すシグナルが出されていたのに対し，クラスノヤルスク演説では，朝鮮半島情勢の健全化や韓国と経済問題を調整する可能性が提唱され，ソ連側の韓国の扱いに変化が見受けられた。また，日本軍国主義批判が見直され，既存の軍事同盟への批判・対決の表現も弱められている。これらの変化は，1987年12月の米ソ首脳会談で中距離核戦力全廃条約が調印され，米ソ関係が改善に向かっていたことや，1986年から1987年にかけて政権内部やその周辺で資本主義の評価をめぐる論争が行われ，資本主義が必然的に軍国主義を生み出すという理論が公式に否定されたことの影響だと考えられる[16]。

　クラスノヤルスク演説の翌年の1989年5月には，第9回日ソ外相定期協議でエドゥアルド・シェワルナゼ外相(Eduard Amvros'evich Shevardnadze)が公式に日米安保条約の容認を表明した[17]。これは，太平洋経済協力会議(PECC)参加への積極的な働きかけに代表されるように，アジア・太平洋国家としてこの地域に参入し，経済協力を拡大するという目的と連動したものであった。

　安全保障構想に関しては，ウラジオストク演説では太平洋に関心のあるすべての諸国が参加する，ヘルシンキ会議を手本にした太平洋会議が提案された。さらに，第27回党大会でも言及された「包括的国際安全保障体制」(ブレジネフの構想とは違い「集団」ではなくなった)のプロセスにアジア・太平洋地域を含めることへの支持も表明されている。そしてこれらを現実にするための方策として，地域的調整案が発表されたのである。中国との間の障

害を取り除くために努力していくことが確認されたほかに，東南アジアとアフガニスタンについて，①カンボジア問題の解決に向けて，中国・ベトナム関係正常化を促進する，②南太平洋，朝鮮半島，東南アジアの非核化，③アジアでの兵力削減，④アフガニスタンから6個連隊を帰還させることが表明された。クラスノヤルスク演説でも「アジア・太平洋地域の安全保障に関するソ連の提案，および他のあらゆる提案を検討するための交渉メカニズム」という表現で「新たな」枠組みを創設する必要性が主張されている。現実面では，1987年5月にソ連・ベトナム共同声明でカンボジア問題解決のための当事国による対話を行うことを提案した。そして1988年初頭のアフガニスタン撤退計画発表，和平協定調印に続いて，5月にソ連政府声明でカンボジア駐留ベトナム軍の撤退が支持された[18]。

　経済協力に関しては，両演説でPECCへの参加希望が表明された。ソ連がイニシアティヴをとろうとする安全保障構想とは異なり，地域諸国による既存の協力体制を認め，それに参加する意思を明確にしている。実際の措置としては，1988年5月にアジア・太平洋経済協力ソ連国家委員会が設置された[19]。同委員会の目的は，アジア・太平洋の経済統合過程からのソ連の孤立を克服することであった。以降，同委員会の主たる任務は，APECの制度的前身とみなされるPECCおよび太平洋経済委員会(PBEC)[20]との協力と，そこへの正式な加盟となった。水面下の動きとしては，ウラジオストク演説直前の1986年7月上旬に，国連大学理事会に出席するため訪日していたプリマコフ・ソ連科学アカデミー世界経済国際関係研究所所長がPECC関係者に，同年11月にカナダのバンクーバーで開かれる予定であった第5回総会にオブザーバー参加したいという意向を伝えていた。これに対する日本政府の見解は，ウラジオストク演説で鮮明にされた「アジア外交重視」の現れであると同時に，日米を中心に環太平洋地域協力が強化されることに対し揺さぶりをかけようとしているのではないかというものであった。その一方，中国がPECCへの参加を希望し，1988年春に開かれる総会で正式なメンバーになる可能性が出ていることから，中国を牽制しようとする狙いがあるとも見られていた[21]。実際には，予想より早い1986年11月の第5回総会

で中国と台湾が正式メンバーとして参加することになった[22]。ソ連はこれに遅れて1988年5月に大阪で行われた第6回総会でオブザーバー参加を果たした。その後もソ連は正式メンバーとしての参加を打診し続けたのだが，PECC内で全メンバーの合意が形成されず，同じく参加を打診していたチリ，メキシコ，香港(1991年5月に正式加盟)に先を越されることになった[23]。PECCへのロシアの正式加盟がようやく実現したのはソ連崩壊後の1992年，PBECへの参加は1994年のことであった。これらの行動から，ソ連はウラジオストク演説後，アジア・太平洋国家の一員になるための足がかりとして，経済分野の協力を目的とした国際組織への接近を図ろうとしていたことが分かる。しかし，新たな地域協力の中心であった日本を始めとして，ソ連を後押ししようとする国がないことが障害となっていた。

　ゴルバチョフのアジア・太平洋政策は，経済協力を含めて多元的な安全保障の手段を認める包括的安全保障を採用している点でブレジネフと共通している。しかし，域内の国あるいは軍事ブロックを脅威とみなしてきた前任者たちとは違い，ゴルバチョフは国内経済の再建を前提に安全保障を構想していた。そのための説明原理を提示し，地域諸国との関係改善を提唱したことによって，「包括的国際安全保障体制の創設」とは別に「域内の経済協力への参加」を追求することを理論上可能にしたのである。その意味で，1986年までにソ連の対外戦略におけるアジア・太平洋地域の意義は，軍事・政治的なものから経済的なものへと比重が移っていったと言える。

　その反面，二国間関係から見ると，ゴルバチョフ指導部は経済発展を後押しするような状況をつくり出すことはできなかった。1986年10月に中国との「歴史問題」である国境交渉を再開し，1989年5月のゴルバチョフ訪中によって国家関係・党関係が正常化された。翌1990年4月には国境地域兵力削減・信頼醸成協定が結ばれ，また1991年5月にはクレムリンでゴルバチョフ・江沢民会談の機会が持たれ，モンゴル以東から北朝鮮にかけての両国間の東部国境協定が締結された。これ以降，東部国境地域の安定を制度化するための国境画定作業が中ロ両政府の間に最大の難問となって横たわることになった。この4000キロメートルを超える国境を画定するという膨大な

作業は，ロシア極東地域住民の反中国感情を巻き込み，1991年協定で規定された期限の1997年末までかかることになった。他方，日本との関係は，ウラジオストク演説のなかで「第一の重要性を持つ国に変わった」とされ，戦後の短期間で産業，貿易，教育，科学技術において偉大な道を歩んできたことも注目された[24]。しかし同演説では日ソ関係停滞の最大の要因である領土問題には全く触れられておらず，また実際面でも中国のように首脳会議が行われることもなかった。つまり対中政策に見られるような，本質的に関係を改善しようとするソ連指導部のサインは，対日政策には示されていなかった。

これとは対照的に，韓国との関係には転機が訪れた。1989年6月にプリマコフ・ソ連科学アカデミー世界経済国際関係研究所所長の招きによって金泳三が訪ソし，翌1990年6月にはサンフランシスコでゴルバチョフ・盧泰愚による首脳会談が行われるなど前進を続け，韓国側の積極的な働きかけの下で両国は1990年9月30日の国交樹立に至った[25]。これ以降，ソ連／ロシアは経済的なパートナーとしての韓国に注目するようになっていく。これに対して北朝鮮は，ソ連の韓国承認は「二つの朝鮮」を法的に認め，朝鮮半島の分断を固定化してしまうとして，強い反対を表明した。北朝鮮はソ連側に渡した抗議の内容のメモランダムを『民主朝鮮』紙上で公開し，ソ連が韓国と外交関係を結ぶのであれば，朝ソ同盟条約は有名無実なものとなり，同盟関係に依拠してきた兵器調達も自前で行うことになるだろうと警告を発した[26]。

第三節　アジア・太平洋におけるロシア

（1）ソ連の参入に対する地域諸国の反応

ゴルバチョフ期の対外政策において，アジア・太平洋方面への関心が増大したのは，太平洋経済圏への参入という経済的動機からであった。しかし，政府レベルの多国間協力組織へのロシアの参入は，経済協力（APEC）よりも

安全保障対話(ARF)が先であった。APEC のメンバーになるためには,「アジア・太平洋地域において強固な経済的つながりを有していること」という条件を満たしていなければならない[27]。正式に加盟する前年になっても,ロシアと APEC 諸国との貿易高は,APEC 全体の 0.4％にすぎなかった[28]。このことから推察されるように,地域経済協力の効率化を図るうえで,ロシアは必要とされていなかったのである。1991 年に中国,台湾(Chinese Taipei),香港が APEC に正式加盟し,1993 年から APEC 非公式首脳会議が開催されるようになると,アジアの国際関係再編の動きから取り残されるという不安から,APEC に対するロシアの関心は次第に高まっていった。しかし APEC 内では 1994 年のチリの加盟を最後に,経済協力の効率性を高める目的から 3 年間の新規加盟凍結が決定されることになった[29]。

　これとは対照的に,冷戦終結後の地域安全保障を模索する ASEAN の取り組みでは,ロシアは中国とともに,東南アジアの安全保障に影響を及ぼす国として,当初から参加を要請された。ロシアのアジア・太平洋政策は,日中との領土問題や北朝鮮の核開発問題が存在し,米中日という世界レベルの大国と対峙する北東アジアに重心が置かれてきた。しかし結果的に,ロシアを含む政府レベルの多国間安全保障は,より広域の「アジア・太平洋」という地域単位で形成されることになった。以下では,安全保障協力へのソ連の参入に対する地域諸国の立場を概観したい。

　冷戦期には,アジア・太平洋も資本主義と社会主義の二つの陣営に分割されていた。この地域の安全保障は,第一に,各陣営がヨーロッパの NATO,CSCE,ワルシャワ条約機構のような多国間制度を形成せず,日米安保条約のような二国間同盟の集合に支えられていた点が特徴的である。またソ連はモンゴル,中国,北朝鮮,ベトナムと同盟を結んでいたが,独自性を主張する中国,北朝鮮とは対立を抱えていたため,同盟関係は形だけのものと化していた。東西の二極対立構造が明確であったヨーロッパとは異なり,各陣営のなかにも政治対立が存在していた点がアジアの第二の特徴である。

　形骸化しつつも,両陣営を支えていた二国間同盟に代わる多国間安全保障体制を最初に提案したのがゴルバチョフであった。しかし,CSCE のアジア

版を創設しようというウラジオストク演説での提案に対し,アメリカは強く反対した。ソ連の通常兵力が優勢なヨーロッパでは,CSCE や CFE 条約を通じた軍備管理を行うことがアメリカの国益に適っていたが,太平洋ではアメリカの海軍力が勝っているため,ソ連が太平洋の軍事問題に関与するようになることを回避したかったのである[30]。さらに,アメリカから見た場合,すでに構築されたハブ・アンド・スポークの地域秩序に代わり,新たに多国間安全保障体制を構築するコストを払う意義は見当たらなかった。他方,日本と ASEAN はヨーロッパの安全保障協力を単純にアジアに移植することに対して異議を唱えた。日本は域内諸国の安定のためには経済発展が重要であると主張し,経済面の協力を中心とした諸問題を協議する場として ASEAN, ASEAN 拡大外相会議(PMC),APEC,PECC 等の既存の枠組みの利用を提起した[31]。中国,ソ連の参加に関しては,排除すべきでないとし,まず中国の APEC 加盟とソ連の PECC 参加が先に実現されるべきだという慎重な立場をとった。

オーストラリアのビル・ヘイドン外相(Bill Hayden)は 1987 年 7 月に,北太平洋の軍事的透明性を高める目的で CSCE 型の信頼醸成措置を提唱しているが[32],これにソ連を含めることに積極的であった。当時,ソ連はウラジオストク演説でニュージーランドに対する帝国主義の圧力を非難し,南太平洋非核地帯宣言への支持を表明する一方で[33],キリバス,バヌアツと漁業協定を締結していた。島嶼国へのソ連の政治的影響力が拡大した場合,制御できなくなることを恐れたオーストラリアは,南太平洋と北太平洋を包含する信頼醸成措置を求めたのである[34]。このように,多国間安全保障体制創設の目的は多様であり,ソ連の包含に関する域内諸国の合意は形成されていなかった。

(2) ロシアの対外政策における「アジア・太平洋地域」

1991 年 12 月にソ連の継承国として発足したロシア連邦の外交政策は,ゴルバチョフの新思考外交を引き継ぎ「西側」諸国とのパートナーシップを重視していた。アジアの先進国である日本は「西側」とみなされ,経済協力の

期待がかかっていた。1992年1月にニューヨークで行われた国連安保理首脳会議で，エリツィンは宮沢喜一首相に9月に訪日することを提案していた。しかし結果としてこの会談は訪日までわずか4日に迫った9月9日にキャンセルされた。1992年3月のコズィレフ外相の訪日で，ロシア側は1956年日ソ共同宣言の「歯舞・色丹を平和条約締結の後に引き渡す」という義務に基づいて，「露日平和条約を締結する。ロシアは56年宣言を遵守し，歯舞・色丹の両島を日本に引き渡す」，「国後，択捉については，その将来の帰属について，両国で協議を続けていく」という提案をしたと考えられているが，「四島の主権」をロシアが認めることにこだわり続けた渡辺美智雄外相と外務省の交渉担当者らはロシアの譲歩案をうまく活用することができなかった[35]。こうしてコズィレフ初期にロシア側から発せられた日ロ関係改善の信号は途絶えてしまった。後述するように，1992年9月以降のロシアのアジア・太平洋政策は国境を接する中国，そしてアジアの「西側」としての韓国に比重が移っていく。

　ソ連崩壊直後は，混乱した社会・経済を民主化と市場経済への移行によって立て直すことが最優先課題とされ，表層的に見るとアジア・太平洋政策の方向性は1992年半ばまで不透明であったと考えられてきた。しかし外交分野におけるロシアの国益の多様性と戦略の変化を検討することによって，冷戦終結後のアジアでロシアを含む広義の「アジア・太平洋地域」が形成される過程を検証することができるだろう。

　1993年4月に大統領令によって承認された「ロシア連邦の対外政策概念」では，アジア・太平洋の位置づけは高くない。CIS，軍備管理と国際安全保障，経済改革，アメリカ，ヨーロッパに続いて6番目にアジア・太平洋地域が挙げられている[36]。そのなかで対外活動における主要な目的は，国内経済の発展と民主的安定のための国際環境の形成であるとされた。この時期のロシアにとって，死活的利益の大部分は国内的なものであり，内政に専念できるような国際環境を確保することが重視されたのである。また「近い外国」（旧ソ連構成諸国）・「遠い外国」双方からの孤立が不安定要因とみなされている。欧米との対決を終結させたにもかかわらず，ヨーロッパ国家の地位も

アジア・太平洋国家の地位も獲得できずにいるのが現実であり，この孤立をロシアは克服しなければならなかった。

　アジア・太平洋地域での「孤立」とは具体的にどのようなことを意味していたのだろうか。これについては二国間・多国間関係の双方から考察してみたい。前節までで述べたように，中国，韓国との関係改善を進めてきたものの，ソ連崩壊直後のロシアとアジア諸国の二国間関係は非常に不安定なものであった。1980年代末に最も進展があった対中関係を例にとっても，中ソ関係正常化の直後の1989年6月に起きた天安門事件とそれに続く改革派の政治家の放逐は，一旦歩み寄ったソ連共産党と中国共産党の立場の違いを再び露呈していた。さらに1991年8月にモスクワで起きたクーデターに対する北京政府の共感はエリツィン政権にとって好ましいものではなかったし，北京政府にとっても1992年前半のエリツィン政権の西側重視はロシアの対外政策に対する不安を増長させるものであった[37]。

　他方で冷戦終結後の地域秩序の再編におけるロシアの位置はどのようなものであっただろうか。1991年11月にソウルで行われたAPEC第3回閣僚会議に対する『イズベスチヤ』の記事にその一端を見ることができる。同閣僚会議では，中国，台湾，香港が正式にAPEC加盟を果たしている。これによってAPEC加盟国は，オーストラリア，ブルネイ，カナダ，中国，香港，インドネシア，日本，韓国，マレーシア，ニュージーランド，フィリピン，シンガポール，台湾，タイ，アメリカの15ヵ国・地域となった[38]。APECの行動目的や指針は1994年のボゴール宣言が出されるまで不明確であったが，1991年のソウル会議はその後のアジア・太平洋地域の国際関係の論点となる興味深い要素が観察されるものであった。一例を挙げると，1990年12月にマレーシアのマハティール・ビン・モハマド首相(Mahathir bin Mohamad)が東アジア経済グループを提唱したことに対し，アメリカのジェイムズ・ベーカー国務長官(James A. Baker)が反対を表明したため，マレーシアは翌1991年のAPEC会議への代表を格下げする措置をとった。マハティールにとって，「環太平洋」の地域協力を唱道するAPECは，太平洋の西岸に位置する「アジア諸国」というアイデンティティを揺るがし，さ

らにはアジア・太平洋の地域制度の中心になろうとする ASEAN の試みの妨げになるものとして映った[39]。その後マレーシア政府は貿易ブロック的性格を有する「東アジア経済協議体(EAEC)」構想を打ち出した。これは当時の APEC 加盟国からアメリカとオセアニアを除いた「東アジア」の枠組みによる経済協力を提唱するものであり，アメリカだけでなく日本の反対にもあい，具体化されることはなかった。しかし，「東アジア」経済協力という理念は，1996 年に始まるアジア欧州会議(ASEM)，1999 年からのASEAN＋3（日本，中国，韓国)の枠組みに受け継がれ，再び国際社会の注目を集めることになる。

　1991 年の APEC 閣僚会議について，ソ連の『イズベスチヤ』紙は以下の5 点にとくに注目した[40]。第一に，中国が社会主義的価値を信奉しながら，理念と実践において資本主義的である経済機構に完全な権利を有するメンバーとして初めて参加したこと。第二に，北京政府と台北政府が国際舞台で初めて一つのテーブルに着いたこと。第三に，ソウルでベーカー国務長官の北京訪問が決定したことにより，複雑化した米中関係が一歩前進した。第四に，中国外相による韓国訪問が象徴するように，中韓関係が急激に発展しており，来年にも外交関係が樹立される可能性が見込まれること。第五に，APEC は経済関係の促進だけでなく，アジアにおける新しい国際関係の形成という役割を担っている。実際に，中国と韓国は 1992 年 8 月 29 日に国交正常化を実現した。以上の記事からは，中国をキープレーヤーとして新たなアジア・太平洋地域秩序を形成する動きが始まっているという解釈が浮かび上がる。しかし，ロシアはソ連崩壊後も基本的にこれらの動きの蚊帳の外に置かれてきたのであり，それを克服し，様々な地域情勢のシナリオに対応できるような戦略の幅を確保するために，1993 年の「ロシア連邦の対外政策概念」ではバランスのとれた，中庸の外交がロシアにとって最も生産的な道だとされたのだと考えられる。ただし，ここで言う「バランス」の意味は，主にアメリカ，中国，日本とのできる限り相互に依存しない関係であり，ロシアの独自の役割を確保することが不可欠だと考えられている。ロシアがアメリカをこの地域の主要なアクターとみなしており，競争的な大国間関係へ

の志向が残っていることを忘れてはならない。

　最後に，1994年から発行されているロシア連邦国家関税委員会(2004年に連邦関税局に改組)編『ロシア連邦貿易通関統計』を資料として，1990年代のロシアとアジア諸国の関係を貿易から見てみたい。統計によると，北東アジアで最大の貿易相手国は中国であり，日本，韓国との貿易額がそれに次ぐ。旧同盟国である北朝鮮との貿易額は年々減少しており，1994年の段階で韓国との貿易額の約8分の1，1999年には約20分の1と，大幅に差が拡大した。また，1990年代に東南アジア10カ国へ拡大したASEAN諸国との貿易では，1990年代末までにマレーシアのシェアが増加し，同国，シンガポール，ベトナムが東南アジアにおけるロシアの主な貿易相手国となった。ロシア全体の貿易総額におけるシェアを見ると，北東アジア諸国が8-10％，ASEAN諸国が1-2％であり，中国と日本がこれらの諸国全体の約70％を占めている。全体的に，貿易総額は大きく上昇することなく1997年にピークを迎え，1999年までに大きく落ち込んでいる。この数字は，ソ連末期からエリツィン政権初期に優先目標に設定されていた経済協力の拡大が実を結ばなかったことを示している。次節以下では，経済協力が停滞するなかで再び安全保障分野に比重が移っていくきっかけとなった北朝鮮のNPT脱退問題とARFの設立過程について考察する。

第四節　北朝鮮問題がアジア・太平洋政策に与えたインパクト

（1）韓国接近政策の負の成果

　韓国との国交樹立を果たしたゴルバチョフの方針を受け継ぎ，ソ連崩壊後も朝鮮半島での韓国重視の姿勢に変化はなかった。日本訪問をキャンセルしたエリツィン大統領がアジアで最初に訪問した国は韓国であった。1992年11月19日にソウルの国会で行った演説で，エリツィンはロシアと韓国が隣国としては珍しくかつて一度も敵同士になったことがないことに言及した。

表1　ロシアと北東アジア諸国の貿易総額の推移　　　　　　　　(百万ドル)

	1994年	1995年	1996年	1997年	1998年	1999年
ロシア全体	101,946.8	124,926.0	131,141.0	138,075.0	114,893.3	103,162.8
中　国	3,785.8	4,236.8	5,724.5	5,242.8	4,329.0	4,420.3
日　本	3,358.3	3,935.3	3,890.7	3,920.2	2,994.1	2,580.1
韓　国	799.4	1,249.2	1,984.2	1,672.5	1,531.1	1,142.9
台　湾	330.9	551.2	568.0	411.0	217.3	325.8
モンゴル	198.4	237.8	271.4	248.1	184.9	176.0
北朝鮮	95.2	85.4	64.8	90.7	65.0	56.3

出典：*Федеральная таможенная служба.* Таможенная статистика внешней торговли Российской Федерации. Сборник. М., 1995; 1996; 1997; 1998; 1999; 2000.

表2　ロシアとASEAN諸国の貿易総額の推移　　　　　　　　(百万ドル)

	1994年	1995年	1996年	1997年	1998年	1999年
ロシア全体	101,946.8	124,926.0	131,141.0	138,075.0	114,893.3	103,162.8
マレーシア	56.0	589.8	167.3	295.1	239.8	477.0
シンガポール	626.2	757.7	789.7	410.5	163.6	239.8
ベトナム	(172.4)	360.3	154.0	354.1	323.0	200.5
タ　イ	502.1	443.4	274.8	253.5	93.0	163.1
インドネシア	101.4	162.3	135.6	178.4	102.4	77.3
フィリピン	75.6	130.8	155.3	133.3	42.0	77.3
ラオス				29.5	4.5	2.2
カンボジア						0.5
ミャンマー				0.5		0.1

注：ブルネイに関してはロシア連邦国家関税委員会の統計資料で確認できなかった。ベトナムのASEAN加盟は1995年であるが，ソ連時代から貿易関係のある社会主義国として重要だと思われるので，1994年の数値も括弧書きで掲載した。
出典：表1に同じ。

表3　ロシアの貿易全体におけるアジア諸国の割合

	1994年	1995年	1996年	1997年	1998年	1999年
北東アジア	8%	8%	10%	8%	8%	8%
ASEAN諸国	2%	2%	1%	1%	1%	1%

出典：表1，2を基に筆者作成。

そして同日にエリツィン・盧泰愚両大統領が署名した「ロシア連邦と大韓民国の基本的関係に関する条約」によって，両国史上初めて韓国がアジア・太平洋地域におけるロシアの「主要なパートナー」の一国に前進したと述べた[41]。さらにエリツィンは同演説で北朝鮮への軍事的な援助を停止すると述べ，1996年まで有効なソ朝友好相互援助条約における軍事同盟条項の履行を停止することを公表した。これは，ソ連崩壊後の債務引き継ぎ問題を理由に停止されていた韓国からの30億ドルの借款を再開してもらうための取引であったと解釈されてきた[42]。ロシア側の言い分を付け加えると，ロシアは1985年12月に平壌のイニシアティヴで結ばれた「朝鮮民主主義人民共和国における原子力発電所建設への経済的・技術的協力に関する協定」の枠内で，1992年初頭までロシアの技術者たちによる原子力プラント建設の協力を行っていたが，こうした協力に対する北朝鮮側の支払いが守られなかったために，1985年協定は1992年5月に中断されたのだという[43]。このように南北双方との間の経済的要因により，ロシアの韓国傾斜が強まっていったと考えられる。ソ連崩壊直後のロシアにとって，経済的困窮は対外政策の優先順位を決定づけるほどの意味を持っていた。韓ソ国交樹立に引き続き，1992年8月に中国と韓国の間で国交が樹立されたことによって，地域における北朝鮮の孤立はさらに深刻なものとなり，核開発の道へ駆り立てることとなった。

翌1993年3月12日に北朝鮮中央人民委員会は，NPTからの脱退決定を発表し，国際原子力機関(IAEA)による核廃棄物処理・貯蔵施設の特別査察を拒否する姿勢を明確にした[44]。これに対し，IAEAは4月6日に国連安保理への報告を行い，北朝鮮の核査察問題の舞台は安保理に移された。しかし，問題解決の場はあくまでIAEAであって安保理の公式議題にすべきではないとする中国の反対によって，核査察問題の検討は非公式協議とされた。さらに4月8日に出された安保理議長声明は常任理事国である中国との対立を回避しようとする配慮が色濃く反映され，北朝鮮に対する制裁や非難は盛り込まれなかった[45]。北京政府は北朝鮮指導部に対して独自にNPT脱退を思いとどまるよう説得に着手し，アメリカも国連を通じての制裁に対し慎重でありこれを支持する姿勢をとった。北朝鮮のNPT脱退問題によって，同国

に対するロシアの影響力の低下は地域諸国に周知されることになった。3月12日にロシア外務省は懸念を表明し，北朝鮮に再検討を迫っているが，同時に北朝鮮が韓国からアメリカの核兵器撤去を要求していることに対して一定の理解を示した[46]。しかし4月以降は，アメリカおよび韓国と共同歩調をとるなどその対応は揺らいでおり，このようにアメリカ側に同調する姿勢は北朝鮮だけでなく国内世論の批判も招くことになった[47]。

（2）モスクワによる多国間協議の提唱と挫折

1992年の韓国国会演説では，「地政学的観点からロシアはアジア・太平洋地域と不可分であるが，現在この位置づけは十分に生かされていない」ため，「ダイナミックな地域経済関係，国民間の政治・文化的接近の完全な参加者になる」ことを目指すとされた。とりわけ，ロシアがアジア・太平洋経済協力フォーラムなどの重要な多国間相互メカニズムに参加する意思を共有していることが強調された[48]。また，アジア・太平洋地域の協力と政治情勢に新しく強い「はずみ」を与える措置として，①全域，サブリージョンの双方で安全保障の強化に関する多国間交渉メカニズムをつくること，②軍事的緊張の高まりを回避するための危機管理システムを開発すること，③戦略研究の地域センターをつくることの三つが提案された[49]。これらは，ロシア極東を開放することを想定している。具体的には，①は北東アジアにおける核不拡散問題に関する多国間の専門家協議が，また②に関しては北朝鮮を含めた北東アジアの枠組みを形成することが最初のステップだとされている。経済協力では既存の広域のメカニズムに入ることを目標にしているが，ロシアの安全保障にとって実質的な意義を有しているのは地理的に近い北東アジアであり，そこに自らのイニシアティヴで新しいシステムを構築しようという意図が読み取れる。

しかし，北朝鮮によるNPT脱退問題はロシアにイニシアティヴをとれる余地のないことをアジア政策形成者たちに認識させた。北朝鮮は，NPT問題に関してあくまでアメリカとの直接対話を求め，この問題をカードにアメリカから体制存続の保障を引き出そうとしていた。このような動きに対し，

ロシアの朝鮮半島政策に明確な変化が観察されるのは，1991年12月のソ連崩壊以来，外務省でアジア政策の立案を担当してきた日本専門家のゲオルギー・クナッゼ外務次官(Georgii Fridrikhovich Kunadze)が更迭され，後任に同じく日本専門家のアレクサンドル・パノフ(Aleksandr Nikolaevich Panov)が就任した後であった。パノフ外務次官は1994年3月24日に行われたブリーフィングで，米朝協議による問題の解決に進展が見られないことから，6カ国プラス2機関，つまり北朝鮮，韓国，中国，アメリカ，日本，ロシア，IAEA，国連による多国間メカニズムを提唱した[50]。また同年9月には，大統領特使としてパノフが北朝鮮にロシア製軽水炉供給を協議するために訪朝している。

　しかしこの機会に北朝鮮との関係を再構築しようとするロシア側の試みは，「アメリカ―北朝鮮」の枠組みに取って代わることはなかった。北朝鮮の核開発問題は，ロシアの政策とは別のルートで進行した。緊張が高まるなか，1994年6月にジミー・カーター元米大統領(Jimmy Carter)が訪朝し，金日成との会談が行われた。そこで，北朝鮮側は核開発凍結を約束する代わりに，軽水炉への転換に対するアメリカの支援を求めた。また，南北対話の再開と，中断されていたアメリカとの高官協議に応じることを約束した[51]。これを受けて，米朝協議が再開され，同年10月に「米朝枠組み合意」が締結された。このなかでアメリカ側は，2003年までに出力200万キロワットの軽水炉を北朝鮮に供与し，1基目が完成するまでの間は暖房と発電用の重油を供給することを約束した。一方，北朝鮮側は黒鉛減速炉とその関連施設を凍結し，最終的に解体することを約束した。また，NPTに復帰し，IAEAの保障措置協定を完全に遵守することで合意した。

　軽水炉建設のため，翌11月にはアメリカ，日本，韓国の主導で国際コンソーシアム「朝鮮半島エネルギー開発機構」(KEDO)が設立された。これによって，2003年に再び北朝鮮がNPT脱退を宣言し，六カ国協議が設置されるまで，ロシアは蚊帳の外に置かれることになったのである。

第五節　アジア・太平洋地域主義[52]へのロシアの参入

(1) アジアにおける出発点としての東南アジア

　KEDO発足過程で北東アジアの安全保障問題への関与を失った一方で，ロシアに地域協力への機会の窓を開き続けたのは東南アジアにおける多国間メカニズム形成の動きであった。アジア政策方針の模索が続いていた1992年7月，ロシアは中国，ベトナムとともにASEANのゲストとしてマニラで行われたASEAN年次閣僚会議へ招待され，新生ロシアとして初めてアジア・太平洋諸国の前で安全保障協力に関する意向を表明した[53]。会議への出席に先立ち，コズィレフがロシアは超大国の地位を放棄し，ダイナミックに発展しつつある地域諸国との協力を軌道に乗せるための刺激となるべきだと語ったように[54]，ロシアは「普通の大国」として新しく出発するという謙虚な態度をとった。

　ASEAN年次閣僚会議でのコズィレフの演説は，ASEAN諸国との軍事・技術協力の発展や，域内の危機を調整するシステムの創設など，安全保障問題に集中していた[55]。東南アジアにおける最大の目的は，急激な経済成長を遂げる国々との経済関係を拡大することであったが，ロシアは経済的に重要な役割を果たすうえでの切り札を持っていなかった[56]。そのためロシア外務省は，軍事面では依然としてアジアの大国であり，国連安保理の常任理事国でもあるという過去の遺産を利用して，まず東南アジアの安全保障の「保証国」としての地位を確保し，経済関係を強化していくという方針をとることにしたのである[57]。

　この会議でコズィレフは，カムラン湾にあるロシア軍基地の維持を表明した。ゴルバチョフによるアジア近隣諸国との関係改善の結果，同基地の戦略的意義は低下し，ソ連軍は撤退を進めていた。ロシアがこの方針を転換したのは第一に，超大国の地位を放棄する姿勢を示したものの，ソ連崩壊による国家の威信の失墜を最小限にとどめるために，超大国としての軍事プレゼン

スをできる限り維持しようとする力が働いたためだと考えられる。実際に，1992年5月にエリツィンを議長，ユーリー・スココフ(Iurii Vladimirovich Skokov)を書記とする最初の安全保障会議が招集された。この会議は安全保障構想の作成を行っており，その最初の草案では「第三世界を含めて，軍事的紛争が見込まれる地域へ軍を展開することがロシアの国益につながる」という見解が示されていた。これは，単独でリーダーとしての役割を追求しているアメリカに抵抗する勢力として，ロシアが発展途上国と団結すべきだというものであった[58]。当時，軍の財政不足が問題になっていたことを考慮すると非現実的な構想であるが，撤退をめぐっては意見対立があったようである。しかしカムラン湾は東南アジアにおけるロシアの有益な足場であり，まだこの地域で果たすべき重要な政治的・戦略的役割を持っていることをASEAN諸国にアピールするためにも，基地の維持が決定されたのだと考えられる。またモスクワは，ベトナムの債務問題とリンクさせることによって，カムラン湾での駐留を続けようと考えていた[59]。

　一方のベトナムにとって，その当時最大の脅威は中国であった。1992年初頭から中国の南シナ海進出が顕著になり，ASEAN諸国やベトナムは危機感を募らせていた[60]。このような情勢のなかで，むしろベトナムが抑止力として，基地の維持をロシアに要請したのではないかと憶測された[61]。しかし実際のところ，軍事基地の存在がASEAN諸国に懸念をもたらすことや，アメリカとの関係正常化を妨げること，ロシアから中国への武器輸出の増加，そして何よりもカムラン湾を商業施設に転用すべきだという国内の圧力があり，ベトナム政府はジレンマを抱えていた[62]。この問題の協議のために両国間に作業部会が設置された結果，1993年4月に，2004年まで使用料なしで基地を利用する協定を継続させるという暫定的合意に至った[63]。基地の将来と債務についての協議は継続されたが，結局プーチンが政権に就くまで解決には至らなかった。このため，1992年以降のロシアは，東南アジアにおけるプレゼンスを低下させないために，地域安全保障協力や武器貿易を通じて，ASEAN諸国との関係を高めようとしたのだと考えられる[64]。

（2） ロシアと ASEAN——関係の制度化

　翌1993年の ASEAN 年次閣僚会議でコズィレフは，ロシアと ASEAN は関係を制度化する時期に来ていると述べ，ロシア-ASEAN 委員会の設立を提案した[65]。この年は，PMC を安全保障対話の場としてさらに拡張しようとするシンガポール，オーストラリア，アメリカと，旧西側諸国以外にメンバーを拡大することに懸念を示すインドネシア，タイ，日本の間に方向性の違いが顕在化した[66]。こうして，PMC にロシア，中国，ベトナムを入れることが困難となったために，新しい安全保障協議の場として1994年に発足することになったのが，ARF である。列強による植民地支配，ベトナム戦争，カンボジア紛争を経験した東南アジア諸国は，冷戦が終結しても米中日口という域外大国による安全の保障を必要としていた。さらに，カムラン湾基地の規模が縮小される一方で，フィリピンからは米軍が撤退した[67]ことにより，この地域には力の真空ができつつあった。このため，経済成長を続けつつ海軍・空軍の近代化を図る中国を脅威と感じた東南アジア諸国は，同国とロシア，アメリカを含めた安全保障協議の場を求めていた。また，1993年には，アメリカのクリントン政権が二国間同盟を補完するものとして多国間協力の評価を改め，APEC を安全保障協力の場としても活用するために，首脳会議の開催を提案した。この構想は地域諸国に受け入れられず，首脳会議は非公式という形で慣例化することになった[68]。つまり，ARF はアメリカと ASEAN の双方の安全保障構想の頓挫の結果として生まれたのである。

　ロシアにとって，ARF への参加はアジア・太平洋地域の安全保障問題に関与する地位を認められたという点で意義があった。しかし強制措置を含まず，軍事分野よりも政治・経済などの非軍事分野の協議に重点を置く「協調的安全保障」に分類される ARF は，北東アジア諸国との信頼醸成や軍備管理を重視してきたロシアの国益と完全に合致するものではなかった[69]。中国問題の専門家であるロシア外交アカデミーのエウゲニー・バジャノフ(Evgenii Petrovich Bazhanov)は，第2回 ARF 開催を前にして，アジア・太

平洋ではソ連時代の包括的国際安全保障体制の構想に戻る必要があると述べている[70]。このように，設立当初の ARF に対するモスクワの期待値は明らかに低いものであった。

1996年以降は，北東アジアでの二国間関係だけでなく，アジア・太平洋地域での多国間外交にも本格的に取り組まれるようになった。この変化は，冷戦終結後，アメリカ，中国，日本との対決を終わらせ，北東アジアにおける四大国の一角を占めることを目指してきたものの，APEC におけるアジアの国際関係再編の動きや，朝鮮半島の核開発問題などの重要な地域問題の協議過程からロシアが除外されたままであったことに対する危機感から生じたものである。1990年代半ばまでの北東アジア諸国に対するロシアの政策は，アジア・太平洋国家としてのロシアの地位向上に寄与しなかった。つまり，日本との未解決の領土問題は，APEC 加盟に必要な日本および地域諸国の支持を阻んでいたし，朝鮮半島においてはエリツィン政権が韓国への接近を重視する路線をとった結果，北朝鮮に対するソ連時代の影響力を失い，その対米傾斜を促すことになった。1993年の北朝鮮による NPT 脱退問題においても，アメリカ主導の事態の推移を見守るしかなかった。また，地域の安全保障秩序の観点からロシアに求められるのは，中国のカウンターバランスとしての役割であったが，モスクワの北京への接近はその可能性を否定するものであった[71]。そのようななかで，進展しつつあった ASEAN の会議外交の利用が浮上したのである。この背景については，次章で扱うこととする。

1994年から1995年にかけて，ロシアは「アジア・太平洋地域における安全と安定の原則」の宣言を提案するなど，ARF の3段階アプローチ[72]の促進に積極的な姿勢を示した。1996年4月には，この提案に関する初の国際会議がモスクワで開催された。同年の第3回 ARF に参加した域内諸国の閣僚たちはこのような国際会議の有効性を認め，継続することに賛成の意を表明した[73]。また同じ4月に，エリツィンは江沢民との会談で「中ロ戦略的パートナーシップ」を宣言し，その翌日にはカザフスタン，クルグズスタン，タジキスタン，中国とともに上海協定に調印している。同協定は国境地域で

軍事分野の信頼を高めることを謳ったものである。そのようなタイプの多国間協定はアジア大陸で初めてであり，ARF 参加諸国の注目を集めた。ロシアは上海協定を，地域に応じた政治的調整のモデルや信頼醸成措置の開発の手本とみなしていた[74]。

1997 年 6 月にはモスクワで ASEAN-ロシア合同協力委員会が開かれた。そこで両者は，①ASEAN-ロシア合同協力委員会，②ASEAN-ロシア協力基金の共同経営委員会，③モスクワの ASEAN 委員会，④ASEAN-ロシアビジネス会議の四つを，相互の対話を組織していく制度とすることに合意した[75]。このなかで①が実務レベルの仕事を担当している。翌 7 月に開催された ARF の議長声明には KEDO の取り組みへの支持が盛り込まれた[76]。この会議でプリマコフは南北朝鮮間の対話の再開における ARF の役割の強化を主張し，ARF への北朝鮮の参加を求めた[77]。

2003 年には外相による共同声明「アジア・太平洋における平和・安全保障・繁栄・発展のためのパートナーシップ」がロシアと ASEAN の間で調印された。この内容を発展させる形で，2004 年 8 月の PMC では「国際テロリズムとの戦いにおけるロシアと ASEAN の協力」共同宣言が採択された。ロシアのセルゲイ・ラヴロフ外相(Sergei Viktorovich Lavrov)は，このパートナーシップをロシア・ASEAN 関係の基盤とし，2004 年 11 月の東南アジア友好協力条約(TAC)調印を含め，過去 2 年間の ASEAN との関係の進展を高く評価した。TAC は東南アジア平和自由中立地帯(ZOPFAN)宣言とともに東南アジアの安全保障協力の規範の役割を果たしてきた条約である。ロシアは国連安保理常任理事国・核保有国としては，中国に続く 2 番目の調印国となった。

このように，閣僚級の代表が出席する ARF を ASEAN との関係の一部として，ロシアは政府間・非政府間の双方で協力を続けてきた。政治・経済・安全保障の分野を問わずロシアの利益が見込まれる領域でイニシアティヴをとろうとする姿勢がとくに見られる。

第六節　アジア・太平洋地域における困難と可能性

　ゴルバチョフはアジア・太平洋諸国と協力する動機を内外に説明し，それを実行に移すための国内的説明を整えた。冷戦終結後のアジア・太平洋地域では，アメリカの軍事的・経済的覇権が国家間の相互関係を規定する秩序に加え，アメリカの関与の低下が予想されるポスト冷戦期においても，確立されている秩序と平和を維持するための制度やルールづくりが進展していった。この新しい制度づくりを主導したのは，経済分野では日本とオーストラリアであり，安全保障分野ではASEAN諸国であった。ロシアが参加を希望していたのは前者であったが，経済関係の希薄さを理由にAPECの新規加盟国候補にすら認められなかった。一方で，冷戦期の軍事的・政治的影響力を根拠に，ロシアはARFに設立メンバーとして迎えられた。新しい制度づくりのなかでのイニシアティヴや，アメリカに対する一定の自主性を発揮してきたASEAN諸国に対して，ロシアは1990年代半ば頃までに，地域主義への参入の入口としての可能性を見出すようになった。エリツィン-コズィレフの安全保障政策は，朝鮮半島での核不拡散体制に重点が置かれていた。しかしこの問題で主導的な役割を果たすことができなかったロシアは，ARFを通じて，より広域のアジア・太平洋政策を立案する必要に迫られた。このように，アジア・太平洋諸国による制度形成の動きがロシアの地政学的認識を形成した側面を指摘したい。

　カンボジア問題におけるベトナム軍の説得，中国との関係正常化，韓国との国交樹立など，ゴルバチョフによるアジア政策の「転換」が東南アジアおよび朝鮮半島における新しい秩序形成を促した要因の一つであることは疑いない。しかし，これらは同時に，アジア・太平洋地域におけるロシアの地位の低下をもたらし，積極的な外交活動を行う機会を閉ざした。本章で述べてきたように，1990年代初頭のアジア・太平洋外交は，コズィレフによる親欧米路線の流れのなかに置くよりも，ペレストロイカ外交がもたらした地域秩序へのインパクトという文脈で捉えるべきである。ロシア極東地域の経済

的後進性を，隣接地域との経済統合を通じて克服しようとしたゴルバチョフの路線は，ソ連―中国，ソ連―韓国，韓国―中国の関係改善につながった一方で，これら3カ国に地理的に囲まれる北朝鮮の孤立を進行させた。この結果として北朝鮮の核開発問題でプレゼンスを発揮できなかったこと，そして中国との国境画定作業，日本との領土交渉の存在がロシアとの関係を発展させる妨げとなっていたのである。しかしそれは地域に対する新たな戦略が全く形成されなかったことを意味していない。ゴルバチョフのアジア版CSCE構想や，パノフによる朝鮮半島問題の6カ国プラス2機関構想などの多国間協議に関するイニシアティヴは，北東アジアの核不拡散問題に利害を有するすべての国による協議を提唱するものであった。しかし結果として，全ヨーロッパの安全保障構想と同様，この地域でも分断を克服しようとするモスクワの試みは成功しなかったのである。

　それではエリツィン-コズィレフ体制下で積極的なアジア政策を打ち出せなかった要因は何だろうか。ゴルバチョフ-シェワルナゼ路線を継承した，1992年末までのエリツィン-コズィレフ体制によるアジア政策は，とくに北東アジアの秩序を支えていた二国間同盟体制に対する修正主義の要素を持っていたと言える。ゴルバチョフは1988年末の時点で，クロス承認を否定し韓国との経済関係を促進するという方針をとったが，最終的に1990年9月に大韓民国を承認し，国交樹立に至った。ゴルバチョフの朝鮮半島政策を引き継いだエリツィン政権は北朝鮮との伝統的な軍事協力関係とともに影響力をも喪失することになった。つまり，韓国を承認したことが北朝鮮の核開発問題におけるロシアの立場を制約することにつながったと言えよう。日本，北朝鮮，韓国がアメリカとの関係を重視する情勢下では，日本との領土問題に対するコズィレフ提案も，北朝鮮問題における多国間協議も，真剣に検討されることはなかったのである。後者の6カ国+2機関構想は，北朝鮮との関係を再構築し，朝鮮半島の安定化を図るという目的だけでなく，ロシアが排除された状態で北朝鮮がアメリカの影響力圏に入るのを阻止しようとする意図を持っていたという意味で，勢力範囲を追求するための手段の要素を帯びていたと言える。

ロシアにとっての朝鮮半島は、北東アジア地域に対するロシアの影響力を測るバロメーターだと言える。朝鮮と国交を結んだのは1884年のことである。19世紀末から20世紀初頭にかけて、朝鮮半島は清国と日本の勢力争いの犠牲となり、次いで満州への日本の進出を抑えようとするロシアと日本の衝突の場となった。ロシアから見ると、第二次世界大戦終結後に朝鮮半島を日本から「解放」したのはスターリンであったし、これは日露戦争敗北による屈辱を晴らすものでもあった。帝政ロシアにとって朝鮮半島は日本との利益を争う「地域的」対立の場であったのに対し、第二次世界大戦終結後のソ連にとって朝鮮半島はアメリカと対峙する「グローバル」な意義を持つ接点となった。ソ連にとって北朝鮮との関係は、米ソ対立というパワー・ポリティクスの文脈と、社会主義イデオロギーの拡散という二つの要素を持っていた[78]。これと比較して冷戦終結後の北朝鮮におけるロシアの影響力の低下は、すでにロシアがアメリカと対峙するパワーを有していないことを示すものであった。次章では、「地域大国」の地位を確保するためにプリマコフ外相の下でロシアがどのような政策をとったのかを検証したい。

1) *Козырев А. В.* Преображение. М., 1995. С. 237-238.
2) 1994年1月から2年半の間ロシア外務省でアジア・太平洋地域担当の外務次官を務め、1996年4月のエリツィン訪中などに関わったアレクサンドル・パノフ(Aleksandr N. Panov)は、それ以前の新生ロシアのアジア・太平洋政策について「多くの間違った政策決定をしてしまった」と述懐している。アレクサンドル・パノフ(鈴木康雄訳)『雷のち晴れ――日露外交七年間の真実』NHK出版、2004年、10-14頁。
3) Aleksei Bogaturov, "Russia's Strategic Thought toward Asia: The Early Yeltsin Years (1991-1995)," in Gilbert Rozman, Kazuhiko Togo and Joseph P. Ferguson, eds., *Russian Strategic Thought toward Asia* (N.Y.: Palgrave Macmillan, 2006), p. 59.
4) 木村明生「アジア安保構想――スターリンからゴルバチョフへ」『ソ連研究』第3号、1986年、32-34頁。
5) 全ヨーロッパ会議を行うかどうかの議論は、1964年12月14日に国連総会でポーランドのアダム・ラパツキ外相(Adam Rapacki)が、アメリカを含む全ヨーロッパ会議の創設を提案したことを契機として始まった。ソ連、アメリカ、ワルシャワ条約機構およびその構成国、NATOおよびその構成国、東西ドイツ、フランスがそれぞれどの分野の協力が必要だと考えていたのかについては、以下を参考にされたい。

Загорский А. Хельсинкский процесс. М., 2005. С. 21-29.
6) イ・イ・コワレンコ(ソビエト外交研究会訳)『ソ連とアジアの集団安全保障』恒文社，1977 年，297-315 頁。
7) 岡田進『ロシアの体制転換――経済危機の構造』日本経済評論社，1998 年，25 頁。1970 年〜1975 年，1976 年〜1980 年，1981 年〜1985 年の年平均国民所得成長率は，公式統計でそれぞれ 5.7%，4.2%，3.5% である。
8) 小川和男，村上隆編『めざめるソ連極東――日本の果たす役割』日本経済評論社，1991 年，30-32 頁。
9) 第 27 回党大会では，「全人類的な諸問題」，とりわけ核による破局を阻止するためには，全世界的規模で協力が必要であることが訴えられた。「全人類的価値の優位」が公式に宣言されたのは 1988 年 6 月の第 19 回党協議会においてである。岩下明裕『「ソビエト外交パラダイム」の研究』国際書院，1999 年，195-201 頁。
10) 藤原帰一「冷戦の終わりかた――合意による平和から力の平和へ」東京大学社会科学研究所編『20 世紀システム 6　機能と変容』東京大学出版会，1998 年，286-290 頁。
11) Правда. 26. 02. 1986. С. 8.
12) Правда. 24. 04. 1986. С. 4.
13) 秋野豊「ソ連の新思考アジア外交と中ソ関係」『国際政治』第 95 号，1990 年，136 頁。
14) Правда. 29. 07. 1986. С. 1-3.
15) Вестник министерства иностранных дел СССР. 1988. № 19. С. 1-5.
16) 小澤治子『ロシアの対外政策とアジア太平洋――脱イデオロギーの検証』有信堂高文社，2000 年，47-59 頁。
17) 『朝日新聞』1989 年 5 月 4 日。
18) 一連の動きの詳細は以下を参照。木村哲三郎「冷戦末期のベトナム・旧ソ連関係」『アジア研究所紀要』第 21 号，1994 年，135-134 頁。
19) アジア・太平洋経済協力ソ連国家委員会の初代議長を務めたのは，当時，ソ連科学アカデミー世界経済国際関係研究所所長であったプリマコフである。*Ахременко Ю.* Создан Советский национальный комитет // Мировая экономика и международные отношения. 1988. № 5. С. 57-58.
20) PECC はアジア・太平洋地域の経済・文化・人事交流等を推進するために 1980 年に発足した国際組織であり，産官学の三者構成を特徴とする。PBEC はアジア・太平洋地域の財界人の集まりであり，1968 年の発足にあたって，中央計画経済の諸国を含めないという合意ができていた(菊池努『APEC――アジア太平洋新秩序の模索』日本国際問題研究所，1995 年，166 頁)。
21) 『読売新聞』1986 年 7 月 31 日。
22) 大来佐武郎「環太平洋の新時代」慶應義塾大学地域研究センター編『アジア・太平洋経済圏の新時代――構想・課題・挑戦』慶應通信，1991 年，3-27 頁。
23) 同上，25 頁。
24) «Речь на торужественном собрании, посвященном вручению Владивостоку

ордена Ленина» М. С. Горвачев: Извранные речи и статьи. М., 1987. С. 9-34.
25) 横手慎二「ソ連の北東アジア政策(1986〜1991年)」西村明，渡辺利夫編『環黄海経済圏』九州大学出版会，1991年，34-41頁。
26) 『読売新聞』1990年9月20日。
27) APEC Ministerial Meeting, *Seoul APEC Declaration* (Seoul: 1991), http://www.apec.org/Meeting-Papers/Ministerial-Statements/Annual/1991/1991_amm/annex_b_seoul_apec.aspx（2014年5月24日閲覧）.
28) APEC Economic Committee, *1998 APEC Economic Outlook* (Singapore: APEC Secretariat, 1998), p. 5. ロシアとAPEC諸国の貿易高は以下を参照した。『ロシア東欧貿易調査月報』1998年7月号，94頁。
29) APEC Ministerial Meeting, *1993 5th APEC Ministerial Meeting Joint Statement ― "APEC Leaders Economic Vision Statement"* (Seattle: 1993), http://www.apec.org/Meeting-Papers/Ministerial-Statements/Annual/1993/1993_amm.aspx （2014年5月24日閲覧）.
30) 菊池『APEC』262頁。
31) 1991年1月25日の第120回通常国会における中山太郎外務大臣の外交演説。『外交青書――わが外交の近況』第35号，1991年，384頁。
32) 菊池『APEC』260-261頁。
33) Правда. 29. 07. 1986. С. 2, 3.
34) G. Gill, "Australian Perceptions and Policies toward the Soviet Union," in P. Thambipillai and D. C. Matuszewski, eds., *The Soviet Union and the Asia-Pacific Region: Views from the Region* (N.Y.: Praeger, 1989), pp. 162-164.
35) 佐藤和雄，駒木明義編『検証 日露首脳交渉――冷戦後の模索』岩波書店，2003年，29-37頁。東郷和彦『北方領土交渉秘録』新潮社，2007年，第六章(164-182頁)。
36) 全部で15項目が列挙されており，アジア・太平洋の後には南アジア・西アジア，近東，アフリカ，ラテンアメリカ，国連およびその他の国際機関，非同盟主義の動き，人権および基本的自由，宗教および宗教機関，環境問題についての方針が記されている。Концепция внешней политики Российской Федерации 1992 г. // Внешняя политика и безопасность современной России. 1991-2002 / Составитель Т. А. Шаклеина. Т. 4. Документы. М., 2002. С. 23-50.
37) Gilbert Rozman, Kazuhiko Togo and Joseph P. Ferguson, eds., *Russian Strategic Thought toward Asia* (N.Y.: Palgrave Macmillan, 2006), pp. 9-10.
38) APEC Ministerial Meeting, *Third APEC Ministerial Meeting Seoul, Korea 12-14 November 1991 Joint Statement*, http://www.apec.org/Meeting-Papers/Ministerial-Statements/Annual/1991/1991_amm.aspx（2014年5月24日閲覧）.
39) John Ravenhill, *APEC and the Construction of Pacific Rim Regionalism* (Cambridge: Cambridge University Press, 2001), pp. 108-112.
40) *Савенков Ю.* В расширенном составе // Известия. 13. 11. 1991.
41) Выступление Б. Н. Ельцина в национальном собрании Республики Корея //

Дипломатический вестник. 1992. № 23-24. С. 38.
42) 横手慎二「ロシアの北朝鮮政策 1993-1996」小此木政夫編『金正日時代の北朝鮮』日本国際問題研究所，1999 年，276-277 頁。
43) Georgy Kaurov, "A Technical History of Soviet-North Korean Nuclear Relations," in James Clay Moltz and Alexander Y. Mansourov, eds., *The North Korean Nuclear Program: Security, Strategy, and New Perspectives from Russia* (N.Y. and London: Routledge, 2000), pp. 18-19.
44) 『読売新聞』1993 年 3 月 12 日，夕刊。
45) 『読売新聞』1993 年 4 月 9 日，夕刊。
46) 横手「ロシアの北朝鮮政策 1993-1996」279 頁。
47) Известия. 20. 03. 1993.
48) Выступление Б. Н. Ельцина в национальеном собрании Республики Корея // Дипломатический вестник. 1992. № 23-24. С. 39.
49) Там же. С. 40.
50) Росссия и ситуация вокруг Корейского полуострова // Дипломатический вестник. 1994. № 7-8. С. 29-30.
51) 重村智計「1990 年代の米朝関係――封じ込めからパートナーへ」小此木政夫編『金正日時代の北朝鮮』日本国際問題研究所，1999 年，243-244 頁。
52) ここで言う「地域主義」とは，ある地理的範囲に属する国々の間で，その他の諸国と自分たちの間に一線を画したうえで政策協調や協力を積み重ねてその地域の関係強化を図り，国際社会のなかで相対的な自立性を有する主体としての「地域」を形成する志向性，およびそのような政策協調や協力が実際に行われている状態のことを指す（大庭三枝「アジアにおける地域主義の展開」関根政美，山本信人編『海域アジア』慶應義塾大学出版会，2004 年，11 頁）。アジア・太平洋における地域主義は，安全保障，経済など機能分野別に，政府間・非政府間で重層的に組織されてきた。本書では ASEAN が主導的役割を果たす多国間枠組みを主に扱う。
53) コズィレフは 1991 年にもソ連代表として ASEAN 年次閣僚会議に出席している。しかし当時は旧社会主義国を地域安全保障プロセスに参加させることに対して ASEAN 6 カ国間で合意が形成されず，ソ連は議長国であったマレーシアのゲストとして招待された。1992 年に「ASEAN の」ゲストに格上げされた。山影進『ASEAN パワー――アジア・太平洋の中核へ』東京大学出版会，1997 年，296 頁。
54) Известия. 22. 07. 1992. С. 4.
55) Красная звезда. 25. 07. 1992. С. 2.
56) 1993 年の ASEAN 6 カ国と域外対話国(アメリカ，日本，オーストラリア，カナダ，ニュージーランド，韓国，インド)・協議国(中国，ロシア)の貿易総額は 2489 億 9430 万ドルであった。そのうちロシアは 6 億 3810 万ドル(0.3％)で 9 カ国中最下位であった。8 位のニュージーランドでもロシアの約 2 倍の 12 億 5120 万ドルである。A. M. Mendoza, Jr., "ASEAN's Role in Integrating Russia into the Asia Pacific Economy," in K. Watanabe, ed., *Engaging Russia in Asia Pacific* (Tokyo: Japan

Center for International Exchange, 1999), p. 134.
57) Красная звезда. 25. 07. 1992. C. 2.
58) Независимая газета. 31. 07. 1992. C. 2.
59) Ian Storey and Carlyle A. Thayer, "Cam Ranh Bay: Past Imperfect, Future Conditional," *Contemporary Southeast Asia* 23, Issue 3 (2001), p. 458.
60)『日本経済新聞』1992年7月23日。中国は1992年2月にスプラトリー諸島のパダウ礁を占拠し、5月には米企業とベトナム近海での石油探査協定を結び、7月上旬には同諸島中心部のダラク諸島に標識を立てるなどした。
61) 同上。
62) Kyodo News Service, 29. 03. 1993, http://web.lexis-nexis.com/universe/ (2005年10月5日閲覧).
63) Storey and Thayer, "Cam Ranh Bay," p. 458.
64) 1992年のロシアの外国貿易総額は、対前年比21.4%減の749億ドルであり、そのうち先進工業国との貿易が61%を占めていた。このなかでシンガポール、タイなどの東南アジア諸国はシェアを拡大させ、貿易高はシンガポールが6億5300万ドル(前年比2.4倍)、タイが4億9600万ドル(2.5倍)に上った。ただしロシアの貿易全体に占めるシェアはそれぞれ0.9%、0.7%とごくわずかであった。これに対してベトナムは1億9100万ドル(前年比58%減、シェア0.3%)と大幅に落ち込んだ。『ロシア東欧貿易調査月報』1992年8月号、1-4頁。
65) Дипломатический вестник. 1993. № 15-16. C. 20.
66) Michael Leifer, *The ASEAN Regional Forum: Extending ASEAN's model of regional security* (Oxford: Oxford University Press for the International Institute for Strategic Studies, 1996), p. 21.
67) ロシア軍基地は残ったとはいえ、兵士の数は500人ほどであった。また、1992年11月にアメリカは東南アジアにおける最後の軍事基地であったスービック海軍基地をフィリピンに返した。英国国際戦略研究所編『ミリタリー・バランス1994-1995』メイナード出版、1995年、299頁、および *The Washington Post*, 24. 11. 1992, http://web.lexis-nexis.com/universe/ (2005年10月11日閲覧).
68) 山影『ASEANパワー』296-298頁。
69) ロシア連邦発足後初のアジア訪問となった韓国国会での演説で、エリツィンはAPECへの参加を訴え、また北東アジアにおける地域経済協力区域の設置や、核不拡散問題に関する専門会議の創設なども提案した。Дипломатический вестник. 1992. № 12. C. 38-40.
70) *Бажанов Е. П.* АТР: Экономическое процветание не исключает политической нестабильности // Сегодня. 21. 07. 1995. C. 9.
71) Leszek Buszynski, *Russian Foreign Policy after the Cold War* (Westport, CT: Praeger, 1996), p. 201.
72) ARFのプロセスはすべての参加国にとって快適なペースで進められなければならない。そしてそのプロセスは、①信頼醸成、②予防外交、③紛争解決、を漸進的に行

うことになっている。ASEAN Regional Forum, *Chairman's Statement: The Second Meeting of the ASEAN Regional Forum* (Brunei Darulsalam: 1995), http://aseanregionalforum.asean.org/files/ARF-Publication/ARF-Document-Series-1994-2006/02_Brunei2006.pdf（2014 年 5 月 24 日閲覧）.

73) *ASEAN Regional Forum Document Series 1994-2004* (Jakarta: ASEAN Secretariat, 2004), p. 33.

74) *Малетин М. П., Райков Ю. А.* АСЕАН и проблемы безопасности в Азиатско-Тихоокеанском регионе // *Восток / Запад: Региональные подсистемы и региональные проблемы международных отношений* / Под ред. А. Д. Воскресенского. М., 2002. С. 485.

75) Mendoza, "ASEAN's Role," p. 132.

76) *ASEAN Regional Forum Document Series 1994-2004*, p. 58.

77) Alexander A. Sergunin, "Russia and the Prospects for Building a Multilateral Security System in the Asia-Pacific," *Pacifica Review* 12, Issue 2 (2000), p. 183. 北朝鮮の ARF 参加は 2000 年からである。

78) 秋野豊「ソ連の朝鮮半島政策——「新思考」外交の文脈における北朝鮮問題」『国際政治』第 92 号，1989 年，31-32 頁。

第三章 「多極世界」における大国ロシアの追求
(1996年1月〜1999年12月)

第一節　多極世界というレトリックについて

　第一章および第二章ではエリツィン-コズィレフ体制下で目標とされた全ヨーロッパの安全保障構想，つまりOSCEを頂点とする安全保障構想が挫折した一方で，アジア・太平洋地域においても日本，韓国との関係を改善して脱冷戦体制を北東アジアにもたらそうとしたコズィレフ外相-クナッゼ外務次官の目論見は成功しなかったことを指摘した。日本との領土問題を打開し，北朝鮮への軍事支援を停止して韓国との関係改善を行うことによって日韓両国から経済支援を引き出し，協力の拡大へ結びつけようとする路線はペレストロイカ外交の文脈では「正しい」選択であった。しかし北朝鮮の核開発問題での対応で見られたように，北との関係修復を試みたかと思うと数カ月後には経済支援カードを切った韓国に同調するというロシアの因循な態度は，結果として南北どちらの信頼をも得ることができなかった。北朝鮮はアメリカとの二国間協議において「米朝枠組み合意」をとりつけ，さらにこのアメリカとの対話を利用して朝鮮半島軍事停戦協定によって維持されてきた停戦体制を平和体制に転換しようとする提案を行い，対米傾斜を強めていった。これに対して韓国は，南北朝鮮，アメリカ，中国で構成される四者会談の構想を展開した[1]。こうして北朝鮮と韓国のどちらの政策からも，ロシアは除外されていったのである。

　かかる状況のなかで，1996年1月にエウゲニー・プリマコフが外相に就

任すると，ロシアのアジア・太平洋政策は中ロ関係を基軸にして活性化され，中国との関係は「建設的パートナーシップ」(1994年9月)から「戦略的パートナーシップ」(1996年4月)へと格上げになり，エリツィンと江沢民は多極世界と新国際秩序の形成に関する共同宣言に署名した(1997年4月)。その一方で日本との「間断なき対話」，ASEANの対話国への昇格，APECへの正式加盟が実現し，アジア諸国との関係の多角化の道が開かれたかに見えた。

1996年以降のロシアの対外政策には，1990年代初頭に親欧米路線に一定の理解を示しつつも，南方(コーカサス，中央アジア)や極東，とりわけ中国との関係強化の必要性を唱えるバランスのとれた議論を展開していた数少ない論者たちの主張[2] が反映されるようになった。ツィガンコフは，プリマコフが外相に就任してからのロシアの対外政策の特徴として二つの要素を指摘する[3]。一つは他国との連携(coalition)によってアメリカの一極主義と均衡を保つことであり，もう一つは，モスクワの強いコントロールによって旧ソ連地域を統合することである。1996年から1999年までの期間，ロシアとアメリカの利害はNATOの東方拡大，イラク，コソヴォ，戦略ミサイル防衛などの分野で鋭く対立した。アメリカとの勢力均衡と旧ソ連圏でのヘゲモニーの再興がエリツィン政権内で主流を占めるようになったのがこの時期であった。国際構造における大国としての地位を維持する手段として西側勢力の一部となることから，「自立して」均衡をとる政策へと転じた背景には，ロシアの国際的な位置づけに対する深刻な危機感が存在していた。

1997年12月に初版が公表された「ロシア連邦の国家安全保障概念」(以下，「安全保障概念」)は，ロシアの内政・外交上の脅威についての公式な見解と国家戦略を示した政治文書である。エリツィンからプーチン，プーチンからメドヴェージェフへと政権交代が行われる度に国際情勢に合わせて修正され，大統領令による承認を経て公表されてきた。「安全保障概念」は，作成された当時の国際社会におけるロシアの位置づけ，国益，安全保障上の脅威，それに対処する手段を政府がどのように分析していたのかを知る手がかりとして重要な文書である。1997年12月17日にエリツィンによって承認された「安全保障概念」では，ロシアが直面している国際システムの現実が次のよ

うに認識されていた。

　　国益に関わる重要な国際問題の決定に対するロシアの影響力は低下した。北大西洋条約機構(NATO)が東方へ拡大しようとしていること，国連の安全保障理事会や欧州安全保障協力機構(OSCE)，独立国家共同体(CIS)のような，〔ロシアが「拒否権」を行使し得る〕多国間メカニズムが効果的に機能していないこと，さらにはアジア・太平洋地域で進行中の統合過程から孤立していることを，ヨーロッパとアジアの大国であるロシアは受け入れ難い[4]。

　この文面からは，国際システムの周辺的な地位に追いやられることへの危機感を読み取ることができる。コズィレフの後任に任命されたプリマコフ外相(1996年1月就任，1998年9月から首相)は，ロシアを取り巻く厳しい国際環境に対処する戦略として，大国の地位に見合う対外政策を追求することを訴えた。具体的には，冷戦期に敵対していた諸国との関係は対等で互恵的なパートナーシップをベースにすべきであること，そしてアメリカ，ヨーロッパ諸国に加え，インド，日本，中近東諸国，カナダ，アジア・太平洋諸国などとの関係を発展させ，対外関係を多角化することが必要であると主張した[5]。このような志向を持つプリマコフとそのブレーンらは「多極世界」というレトリックを用いて，そこでの自立した一つの極としての大国ロシアの地位を回復するという目標を掲げた。主権国家システムのなかには，ある特定の領域で影響力や発言力を持つ国家(＝極)がいくつか存在し，そのような国家間の関係は対等で均衡が保たれるべきであるという競争的意味が「多極世界」というレトリックに込められている。アメリカの論者の多くは，このレトリックがアメリカによる単極世界秩序の形成に対抗しようとするプリマコフによって提唱され，その後プーチン政権下でモスクワとワシントンの不一致が隠せなくなるにつれ多極政策が復活し，主にアジアでこの政策が一定の支持を得るようになったと解釈する。このような議論を支持するジョージメイソン大学のマーク・キャツ(Mark N. Katz)は，しかしアジア諸国は

地域からアメリカを排除したのではなく，それぞれの国益に応じてアメリカとの協力を必要としているのであり，またロシアを反米同盟のリーダーとして結束するには限界があることを指摘する[6]。

しかし，このような議論はロシアによる多極政策の競争的な側面だけを過大視するものであり，アメリカとロシア，アメリカとアジア諸国，というアメリカを軸とした国際関係の視点に囚われすぎている。例えば，中東欧や朝鮮半島へのアメリカの影響力の伸張が認識されるなかで，そのような対決的な政策をとることはロシアが回避したいと考えていたブロック政治への後退につながる恐れがあった。また上記の「安全保障概念」が示唆しているように，モスクワにとって脅威であったのは単極システムと同時に進行しつつあった新しい地域的中心を形成する動きから取り残されつつあったことである。ロシアと中国はアメリカが主導したユーゴ空爆に対して反対を表明するなど，国際問題に関する立場では共同歩調をとっていた一方で，1998年から1999年にロシアを襲った財政危機の影響で，アジア・太平洋諸国との貿易総額は，過去最低レベルに落ち込んでいた。同じ期間に中国は7.8％，7.6％（IMF）の高い経済成長率を達成していたのである。本章では，実際の政策のなかで多極世界秩序構想はどのように展開されたのかについて論じることで，ロシアの姿勢が攻勢というよりは守勢であったこと，そして勢力均衡がアメリカとの関係のみを念頭に置いたものでは必ずしもなかったことを説明したい。

以下では，次の三つの要因を検討する。第一に，前任者との世界観の相違，あるいは相似を理解するために，ソ連崩壊後のロシアの国益に対するプリマコフの志向を検討する。第二に，均衡政策を用いてアメリカとの対等な関係を追求することがどの程度実体を持つものであったのかについて，米ロ間の最大の争点であったNATOとの関係を例に考察する。第三に，ロシアが中国と多極世界秩序の形成について合意した背景について，台頭する中国が将来のアジア・太平洋地域秩序に与える影響という観点から検討する。ヨーロッパとアジアの双方の事例を検討することによって，プリマコフ期に強く現れたロシア外交の勢力均衡的側面が，アメリカの覇権と中国の台頭という

現実の国際政治のなかでは限界を露呈していたことを指摘したい。

第二節　新しいロシアの国益と対外戦略——プリマコフの場合

　1995年12月17日に行われた下院選挙の結果，主要政党の議席の割合はそれぞれ，ロシア連邦共産党(33％)，我が家ロシア(15％)，ロシア自由民主党(12％)，ヤブロコ(10％)であった[7]。1995年の下院選挙では，1993年の選挙でそれぞれ14％，12％の議席を獲得したロシア自由民主党とロシア農業党が議席を失い，比例区投票率を伸ばしたロシア連邦共産党が10％から33％へと大幅に議席を増やした。この愛国主義の政党への支持は，国民が激しい変化に疲れ，形成された政治経済システムの枠内で一貫性のある政治の改善を求めていることを反映していた[8]。この選挙の結果，1996年6月に控えた大統領選挙で共産党党首ゲンナジー・ジュガーノフ(Gennadii Andreevich Zyuganov)に勝ちソ連時代への回帰を食い止めることがエリツィンの最優先課題となった。大統領選挙の勝利の鍵を握っていたのは，内政に関してはソ連崩壊後からマイナス成長が続く国内経済の立て直し，政府内の秩序回復，そしてチェチェン紛争の収束であった。一方で対外政策の分野では，軍事的安全保障政策を改善し，ソ連期の国際的地位をできる限り回復させることであった。共産党勢力はすでに決定的となっていたNATO東方拡大に対して反対の態度をとり続けていたし，CIS政策に関しても政権への批判が根強かった。さらに深刻であったのは，チェチェン侵攻で明らかになったロシア軍の弱体化であった。恒常的な財政不足から生じた給料の遅配，食料および燃料不足は深刻であり，1995年には備蓄された緊急物資の35％が消耗されたと言われている[9]。軍の危機はチェチェンやタジキスタンでの作戦の限界を露呈していたし，経済と軍事力の衰退は対外的な弱みに通じていた。このような内政・外交上の課題の根本にあったのは，政府内の諸勢力の分裂であり，解決には大統領を中心とした強いリーダーシップが不可欠であった。とくに対外政策を進めるうえでは，欧米先進国におもねらず，国益の擁護を優先して安全保障戦略を立案し，初期エリツィン外交に批判的な保

守派から民族主義派までの勢力を納得させられる人物が必要とされていた。

ソ連を代表する学術機関の長を務め,ゴルバチョフ政権では主に外交問題で存在感を発揮し,ソ連共産党中央委員(1986年〜1989年),政治局員候補(1989年〜1990年)に上りつめたプリマコフ[10]は,湾岸戦争時にゴルバチョフの特使として調停にあたった中東専門家である。エリツィン政権下では1991年12月から初代対外情報庁長官に任命され,タジキスタン情勢の安定化のためにドゥシャンベと亡命政府の仲介役を担い,和平プロセスに尽力した[11]。1993年11月にNATO拡大に関する対外情報庁の報告書を『独立新聞』に公開し,当時「平和のためのパートナーシップ」を受け入れようとしていたコズィレフと対立する姿勢をとったプリマコフは,国内的に対外政策の「刷新」をアピールすることに適した人物であった。第二章でも述べたように,アジア・太平洋諸国との関係の文脈で見ても,プリマコフはAPECの前身である太平洋経済協力会議(PECC)に参加することを課題として1988年5月に立ちあげられたアジア・太平洋経済協力ソ連国家委員会の初代議長を務めた経験を持っていた[12]。その経歴と国際情勢に関する幅広い知識は「手強い交渉者」の登場としてアメリカのメディアに報道された。

プリマコフは新しいロシアの対外戦略をどのように考えていたのだろうか。1992年2月に行われたロシア外務省主催の学術・実務会議において,彼は「ブロック対立の時代からの離脱は,対決を拒否するだけでなく,あらゆる文明的な手段によって国益を擁護することを意味しなければならない」と述べている[13]。その国益とは,経済の改革とロシアを取り巻く環境の維持であり,政治分野では国際関係および国際情勢の安定化であるとした。世界経済に参加し,民主主義的な社会へ移行するということは,孤立主義的な対外政策をとり得ないということでもある。対立の回避と国益の擁護という論理的に矛盾する政策の両立は外交,つまり交渉によってのみ可能となるというのがプリマコフの主張である。また彼は,ロシアの国益を定義する場合に他国と国益が一致する領域を模索することの必要性についても触れ,国際テロリズムとの戦いなどに有益であるならば,諜報活動の分野においてもかつての敵対者との協力があり得るとする実利主義者でもあった。プリマコフによる

と，国際舞台におけるロシアの位置づけは，世界のすべての動きにプラスの影響力を及ぼす大国であり，国際情勢を安定させる役割を担うべきである。その地位を保証するのはヨーロッパとアジアの接合点という地政学的位置と，核保有である。また，プリマコフは当時のロシアにとっての負の傾向として，世界を単極システムにしようとする勢力と，第三世界において新たな「ミニ・センター」が現れつつあることを指摘していた。ブロック対立の時代への回帰を否定し，西側諸国とグローバル・レベルで協力することが可能だと認識している点でやはりプリマコフもゴルバチョフの新思考外交の系譜を受け継いでいると言える。しかしそこには大西洋主義者たちと異なり，ソ連ブロックの崩壊の結果としてのグローバルな単極構造が強化されつつあること，そして地域的にはロシアの国境周辺に新興勢力が台頭しつつあることを認識する観察力があった。勢力均衡の観点だけでなく，世界経済への参加や地政学的観点からも，これらに同時に対処することがロシアにとって緊要な課題であることを指摘している点でプリマコフは現実主義者であった。

　この4年後，外相就任後初めての記者会見では，ロシア外交の優先課題を次のように定義している[14]。第一に，領土保全の強化に資する最善の対外環境をつくること。第二に，旧ソ連領での求心力を強化すること。これはソ連の復活という意味ではなく，経済分野における再統合を目指すものである。第三に，地域レベルにおける国際情勢の安定化に貢献する。そして第四に，大量破壊兵器の拡散の阻止などを促進するような国家間関係を進展させることである。プリマコフは冷戦終結によってグローバル・レベルでの情勢は安定しているため，ロシアは主にCIS内での国家間紛争や民族問題の調整に努力すべきであると考えていた。コズィレフが大国間関係を重視して「(超大国ではない)普通の大国」を目指すべきであると考えていたのに対して，プリマコフも普通の大国として国際舞台で振る舞うべきだという点では一致していた。しかし前任者と異なりプリマコフは，ロシアの地政学的条件と帝国の遺産を大国としての地位の歴史的基盤であると考えていたこと，そして国際システムのなかで各々に国益を追求する諸国家の間に矛盾が生じることは当然であることを前提として，いかにその矛盾から生じる損失を(軍事的

手段ではなく)文明的・政治的手段によって最小限にするかという発想を持っていたことを指摘したい。

　エリツィン政権下では対外政策の選択について外相および外務省が果たす役割は，外相が交代する度に大きく変化してきた。ロシア憲法では大統領に，省庁の仕事に対し，個々の大臣を越えて指令や決定を出す権利を与えており，これは対外政策の決定においても大統領に最終決定権があることを保証している。確かに1996年から1999年までの中国，日本との関係において重要な成果はエリツィンの首脳外交によるものであった。しかし対外政策全般においてどこまで彼のイニシアティヴが発揮されていたのかは不明である。1996年7月に大統領再任が決定するまでエリツィンは選挙キャンペーンに没頭しなければならなかったし，選挙後は心臓発作に見舞われたため，大統領による外交活動が機能していたのは1997年3月から1998年秋までの限られた期間だったと見られている[15]。エリツィンは1996年3月12日付で「統一されたロシア連邦の対外政策路線を遂行するためのロシア連邦外務省の調整的役割に関して」という大統領令を出し，諸外国との関係，国際機関との関係に関わる分野において，外務省が省庁および連邦構成主体のなかで先頭に立って相互関係を調整する役割を担うことを法的に保証した[16]。このような環境のなかで同時期に外相(1998年9月まで)，首相(1998年9月〜1999年5月)を歴任したプリマコフは，国内・対外政策に大きな影響力を及ぼしたと考えられる。

第三節　ヨーロッパ・大西洋政策における勢力均衡

(1) 対立の焦点――コソヴォ紛争

　1990年代後半のロシアの対外戦略において特徴的であったのは，国際的に正当な外交手段(国連，OSCEの機能の向上)によってアメリカに対抗しようとする一方で，アメリカとの決定的な対立を回避しようとした点である。このようなプリマコフの外交方針は結果としてロシアの国際的地位にプラス

の成果をもたらしたと言えるだろうか。

　第一章で述べたように，1994年1月10日に北大西洋理事会(NAC)で採択された「平和のためのパートナーシップ」は，ロシアに配慮してNATO拡大を段階的に行う措置であったが，それは確実に拡大への端緒を開くものであった。エリツィン=コズィレフはヨーロッパ全体の安全保障を担うシステムの頂点にCSCE (OSCE)があるべきだとして，その機能強化を訴えてきた。しかし第二次世界大戦後のヨーロッパで最も多数の戦死者を出したボスニア・ヘルツェゴヴィナ紛争(1992年4月〜1995年12月)において，空爆という強制力を用いて和平交渉へと導いたのは，クリントン政権とNATOであった。このことはNATOを中心に冷戦終結後のヨーロッパ・大西洋地域の安全保障体制が形成されつつあることを意味していた。ロシアの反対にもかかわらず，NATOは1995年9月に平和のためのパートナーシップ参加国にNATO拡大の目的と原則について書かれた文書を送付し，参加に伴う政治的・軍事的権利と義務への理解を促した[17]。このように，すでに拡大への流れを止めるのが困難な状況でこの問題に向き合うことになったプリマコフの外交チームにとって，実質的な課題は拡大のプロセスに対してロシアが影響を及ぼすための糸口をつかむことであった[18]。つまりバルト諸国を始めとして，ソ連が築いた軍事インフラを有する旧ソ連構成諸国へのNATO加盟には徹底的に反対すること，そしてロシアが関わる形でNATO拡大の性格，方向，速度を正確に決めることであった。アメリカはNATO拡大問題に関して，第三国(つまり，ロシア)とは検討しないという立場であったのに対して，プリマコフは自らアメリカ以外のNATO主要国との並行協議を展開した[19]。にもかかわらず，1996年はエリツィンが6月に，クリントンも11月に大統領選挙を控えていたため，12月に入るまでロシアとNATOの関係を規定する動きに進展は見られなかった。

　1997年5月27日にロシアとNATOはパリで「ロシアとNATOの相互関係・協力・安全保障に関する基本文書」に調印するに至った。直前の3月にヘルシンキで行われた米ロ首脳会議で，両国はこの文書に条約としての強制力を持たせることで一致していた。同文書でロシアがとくにこだわってい

たのは,「I. 原則」の OSCE の強化と役割についての確認と,「IV. 軍事・政治的問題」の新規加盟国への核兵器の配備および核兵器貯蔵施設建設の企図,計画,動機を持たないという規定を盛り込むことであった[20]。OSCE に関しては,同機構で検討されている共通の包括的なヨーロッパ安全保障モデルに従い,またヨーロッパ安全保障憲章についての OSCE リスボン首脳会議(1996 年)の決定を考慮して,ヨーロッパに共通の安全保障空間をつくるためにロシアと NATO 構成国が協力することが謳われた。このほか,同文書ではロシアと NATO の協議メカニズムとして,NATO-ロシア常設共同評議会(PJC)の創設が決まった。以上の合意された内容は,ロシアにとってNATO 拡大に際して見込まれる安全保障上の負の影響をできる限り排除し,今後の二者関係を制度化するという点で重要な意義を持っていた。

　NATO との基本文書の作成はロシアと NATO の関係正常化を意味していたし,また 2002 年にはこの文書を基礎としてロシアを対等なパートナーとして位置づける NATO-ロシア理事会が設置された。しかしながら,この文書はロシアに NATO の決定に対する拒否権を付与するものではなかった。二者関係の綻びはコソヴォ紛争で露呈した。1998 年末からコソヴォ解放軍とセルビア人の抗争が激化してきたため,コンタクトグループ(アメリカ,イギリス,フランス,ドイツ,イタリア,ロシア)は紛争当事者による解決を断念し,セルビア政府代表およびコソヴォのアルバニア人代表を召喚しフランスのランブイエで和平交渉を行う方針をとった。この決定に際し,マデレーン・オルブライト米国務長官(Madeleine Korbel Albright)はこの要求がかなえられない場合は武力行使もあり得ることを示唆し,NATO の大使級理事会もコンタクトグループの方針を支持する声明を出していた[21]。一方で国連安保理が出した声明は,コンタクトグループによる政治的解決を支持する内容にとどまった[22]。これは中国とロシアの反対により,武力行使は支持しないという方針がとられたと考えられている[23]。実際にランブイエで提案された合意の内容は,コソヴォを NATO 軍(この場合はコソヴォ治安維持部隊(KFOR))の統治下に置くものであったためセルビアとロシアは調印を拒否した。その直後の 1999 年 3 月 25 日に開始された NATO による空爆

は国連安保理の同意を得ずに行われ，完全に停止されたのは約3カ月後の6月20日であった。この間，在ベオグラード中国大使館がNATO軍によって誤爆されるという不測の事態も生じている。国連を迂回したNATOの武力行使に対してはロシアだけではなく，中国やインドもNATOを非難する姿勢をとった[24]。またロシア正教会のアレクシー2世総主教やローマ教皇ヨハネ・パウロ2世も人道主義に立ち，軍事的解決を支持しなかった。

　コソヴォ紛争におけるロシアとNATOの役割について，三井光夫は紛争終結過程におけるG8および国連のようなグローバルな枠組みと，ドイツとロシアによる仲介の実施の役割を評価している。しかしその一方で，コソヴォ紛争は世界秩序の構築における国連とNATOという二つの意思決定機関の存在を固定化したことも指摘している[25]。ロシアはコソヴォ紛争でもNATOの空爆実施後，PJCを延期したり，国際法違反やセルビア人へのジェノサイドなどを理由に強く抗議したりするなど反NATOの態度を鮮明にした。しかしボスニア・ヘルツェゴヴィナ紛争の場合と同様，紛争終結過程においては国連安保理決議1244を支持し，この決議に盛り込まれた国際治安部隊としてのKFORの活動に参加する方針をとった[26]。このように，東方拡大や単独主義的な武力行使を非難する一方で，紛争解決メカニズムとしてのNATOの機能を強化するようなロシアの行動には，単独主義を阻止できないのであればせめてその重要な決定や活動に参加してヨーロッパの安全保障におけるロシアのプレゼンスを示したいという，勢力均衡とバンドワゴンの間のジレンマが垣間見える。ロシアの利益を損なうようなアメリカの行動に対しては反対の姿勢を崩さず，双方が譲歩できる着地点を模索し，最終的にはアメリカの立場を黙認するというプリマコフの路線は，ロシアにNATOとの関係の制度化，G8の構成国の地位をもたらした。しかし1996年当時，新しい多極的な世界秩序の条件の一つとしてプリマコフが挙げていた，「主導する国」と「追従する国」という単極構造の形成を促す心理からの解放[27]という意味では，むしろロシアはその構造を固定化させたのではないだろうか。さらに，アジア通貨危機から波及した1998年のロシア財政危機によって，ロシアがIMFの資金に頼ったことも，国際社会における自

立を目指した 1990 年代後半のエリツィン–プリマコフ外交の限界を露呈していた。

（2） 対立のなかの対話——CFE 条約の適合化

　第一章第四節でも触れたとおり，NATO 東方拡大や，チェチェンおよびコーカサス地域での紛争によって顕在化した問題の一つに，CFE 条約で規定された戦力保有枠の修正の問題がある。NATO 加盟国と旧ワルシャワ条約機構構成国間で決定した通常戦力の均衡は，地域の安定の根幹を成すものであった。モスクワが主張する保有枠修正に動きが見えてきたのは 1995 年 5 月，モスクワで対独戦勝 50 周年が祝われているさなかに行われた米ロ首脳会談の席でであった。軍事・政治的問題の討議が中心的に行われた会談では，NATO の拡大やロシアによるイランへの武器および原子炉輸出などの点では進展が見られなかったものの，クリントン側から CFE 条約の修正への同意とそのための交渉を 1996 年 5 月に始めるという提案が伝えられた[28]。1990 年に定められた条約に従うと，北コーカサス地域に配備できる戦車は 165 輌のはずであったが，実際には当時，同地域には 600 輌は配備されていると考えられていた。修正の内容に関しては，ロシア側はコーカサス地域を条約の対象から外すことを要求する一方，アメリカ側はこれを拒否し，あくまで 1990 年条約の戦力保有数を修正する方針をとろうとしていたため一致を得られていなかったが，1995 年 9 月までには NATO 加盟国の間で CFE 条約修正に向けて合意が形成されていった[29]。アメリカおよび NATO 加盟国の決断の背景には，同条約の完了期限が 1995 年 11 月に迫るなか，強硬に修正を主張するロシア側が離脱した場合，条約自体が無効化し，ヨーロッパにおける制度化された通常戦力の均衡が崩れることへの懸念があったと考えられる。前項で述べたとおり，1995 年 9 月に NATO は新規加盟国に拡大方針を伝える文書を送付している。その一方で，CFE 条約に関してはロシアの要求を受け入れることを取り引き材料としていたと考えられる。

　これ以降も CFE 条約の修正問題は NATO の拡大範囲が広がるにつれて新たな問題を引き起こした。1 回目の CFE 条約再検討会議は予定どおり

1996年5月に、ウィーンで行われた。2週間にわたったロシアの外縁部(レニングラード軍管区および北コーカサス軍管区)CFE条約再検討会議での合意は、ロシアの勝利だとみなされた[30]。

米ロ双方の修正ポイントを組み込んだ合意の内容は、二つの基準から成るものである[31]。第一に、ロシアの外縁部のレニングラード軍管区からプスコフ州を除いた地域、および北コーカサス軍管区からヴォルゴグラード州、アストラハン州、ロストフ州の東部、クラスノダール地方の一部を除いた地域によって構成される縮小された外縁部に、1992年5月にロシアとCIS諸国の間で合意された保有上限数を課す。これは1997年5月末から適用されることになった。そして第二に、従来の外縁部に関しては、保有上限数を大きく引き上げた暫定数値を適用し、1999年5月までにそれを下方修正する(表4参照)。この事実上の上方修正については、北コーカサス軍管区に近いアゼルバイジャン、グルジアから1992年のタシュケント合意を守るべきとの異論が出され、ウクライナもこれを支持した[32]。

CFE条約の締約国は最終的に、1999年11月にイスタンブールで開催されたOSCEの席で「CFE条約の適合合意」を承認した。同年3月にチェコ、

表4 ロシア外縁部の戦力保有上限数の推移

	戦 車	装甲戦闘車輌	火 砲	戦闘機	戦闘ヘリコプター
1999年5月末まで (従来の外縁部)	1,800	3,700	2,400	―	―
1996年5月暫定数値 (従来の外縁部)	1,897	4,397	2,422	―	―
1992年合意 (縮小された外縁部に適用)	1,300	1,380	1,680	―	―

出典:金子譲「NATOの東方拡大――第一次拡大から第二次拡大へ」『防衛研究所紀要』第6巻第1号、2003年、59頁を参考に、筆者作成。

表5 ロシア(国家)の戦力保有上限数の推移

	戦 車	装甲戦闘車輌	火 砲	戦闘機	戦闘ヘリコプター
1999年合意	6,350	11,280	6,315	3,416	855
1990年条約	6,400	11,480	6,415	3,450	890

出典:金子「NATOの東方拡大」59頁。

ポーランド，ハンガリーが正式にNATOに加盟したすぐ後の4月に，新たにアルバニア，ブルガリア，エストニア，ラトヴィア，リトアニア，ルーマニア，スロヴァキア，スロヴェニア，マケドニアの9カ国がNATOへの加盟を申請している。これら諸国のなかで，CIS構成国ではないバルト三国は当然，CFE条約の適用国ではなくなっていた。バルト三国がNATOに加盟した場合，ロシアと国境を接するこれらの地域に軍事基地などが設置されることが新たな懸念材料として浮上してきたのである。ここでは，モスクワ指導部が一貫してNATOの東方拡大に反対の姿勢を崩さなかった一方で，アメリカおよびNATO構成国との利益の一致を模索する交渉は，二国間，あるいは国際制度の枠組みのなかで継続的に行われていたことを指摘したい。

第四節　アジア・太平洋政策における「大国ロシア」の追求

(1) NATO拡大とアジア・太平洋政策

　対外政策形成におけるコズィレフ外相のイニシアティヴが弱まりつつあった1993年末以降のロシアとアジア・太平洋地域の関係を論じた先行研究においては，第一次NATO東方拡大による西側との関係の行き詰まりや，そのために生じたロシアの国際的な孤立が，ロシアを中国との関係強化やアジアの多国間制度への積極的な参加に向かわせたと説明されてきた[33]。実際の政策におけるアジア諸国の位置づけの一例を挙げると，グラチョフ国防相(1992年5月～1996年4月)は，ロシアはブロック体制に反対であるが，拡大するNATOに潜在的な脅威を感じており，やむを得ず旧ソ連構成諸国と軍事・政治ブロックをつくることに決めるかもしれないと警告したことがある[34]。彼はまた，NATOがロシアの反対を無視して速いテンポで拡大するのであれば，ロシアは東南アジアや東アジア，アジア・太平洋地域でパートナーを探すだろうとも述べていた。

　しかし他方で対外政策形成者のなかには，「ヨーロッパで拡大しているNATOへの対抗措置としてアジア政策を積極化させている」という解釈を

誤りであると指摘する者も存在していた[35]。1996年7月から外務次官を務めたグリゴリー・カラシン（Grigorii Borisovich Karasin）は，ロシアの国土の3分の2はアジアに接しており，これらの領域が抱えている社会・経済問題，財政問題を解決するには，隣接地域との関係を発展させることが必要だと主張していた。そして，そのために取り組むべき課題は，東の国境地域の安定と予見可能性の向上という「地政学的課題」であると考えていた。当時ロシアが発展させようとしていた世界の多極化という概念は，3国，2国，4国などの同盟を形成しようとするものでは全くないとして，パワー・バランスに基づく国際関係の解釈を否定的に捉えていた。確かに，反NATOを意識したパートナーとしてアジア諸国，とくにロシア―中国―インドあるいはロシア―イラン―イラクの戦略的枢軸の形成に期待する潮流があったことは否定できない。しかし，上述のカラシンや極東研究所のヴァシーリー・ミヘーエフ（Vasilii Vasil'evich Mikheev）が指摘するとおり，地域や国によって固有の地政学的条件や国益が存在するのであり，西側と対抗することによる利益とコストのバランスを計算せずに，またアジア・太平洋地域それ自体のダイナミズムを考慮せずに，単純にロシアの東方政策の積極化とNATO拡大を結びつけることはできないだろう[36]。とくに，第二章で指摘したベトナムとの債務問題や北朝鮮をめぐる核不拡散問題に象徴されるように，ロシアはアジア・太平洋地域でのプレゼンスを支えるような緊密なパートナーを持っていなかったことを忘れてはならない。以下では，冷戦終結によってアジア・太平洋地域に生じた変化がロシアのアジア・太平洋政策に与えた影響について検討し，この地域の文脈から「世界の多極化」という概念の解釈を試みたい。序章で触れたように，1990年代半ばに至っても，ロシアの対外政策形成者の間ではアジア・太平洋諸国の地理的範囲が明確ではなく，その政治的・軍事的・地政学的意義の評価が分かれていたことを考慮すると，アジア地域主義の活発化による地域秩序の再編の動きの影響を受けて，ロシアは自らの位置づけや，その対外戦略を修正していったのではないだろうか。

（2）多極世界の追求——中国，東南アジア

プリマコフがロシア外交の原則として掲げた「多極世界の形成」というレトリックは，主にアジア・太平洋地域への外遊時の演説や共同宣言で提唱されてきた。この言葉が最初にロシアの外交文書に用いられたのは，管見の限りでは1996年4月24日～26日のエリツィン訪中時に出された中ロ共同宣言[37]である。この宣言で両国は「現在の世界は深刻かつ複雑な転換期にあり，多極世界へ向かう傾向が進展している」とし，直接的なNATOへの言及はなかったものの，世界が平静でないのは「覇権主義，圧力，力の政治」や「ブロックを形成する政治の出現」のためだという見解を示した[38]。さらに，中国は国家の統一を守るためにロシアがとった措置と行動を支持しチェチェン問題はロシアの内政問題だと考えるという文章も盛り込まれた。これに対しロシア側は，中華人民共和国政府が唯一の政府だとし，台湾とチベットが中国の一部であることを認めた。1996年3月の台湾総統選挙をめぐってアメリカとの軍事的緊張が高まっていた中国にも，ロシアと共同して軍事力を根拠としたアメリカの「力の政治」に反発する動機があったのである。

同宣言で両国はアジア・太平洋地域の安全保障にも言及し，安全と協力を強化するために二国間および多国間の対話と協力の発展に全力を尽くすことを確認した。具体的に挙げられたのは，カザフスタン，クルグズスタン，タジキスタンとの国境地域における軍事分野の信頼の強化に関する両国の一致と，ARFにおける予防外交の取り組みを支持することであった。また当時ロシアが加盟申請中であったAPECは，1993年のAPEC閣僚会議でメンバーの追加を3年間凍結することを決定していたにもかかわらず，中国はロシアの参加への支持を表明した[39]。このように北東アジアにとどまらず，中央アジア，東南アジアにおける中ロの国益の一致を確認していることからも，モスクワが中ロ関係をアジア外交の軸に据えていたことは間違いない。

このようなモスクワの路線は，将来を見通した具体的な戦略を伴ったものであったのだろうか。エリツィンの訪中が，大統領選挙の2カ月前に行われたものであったことを考慮すれば，中国との強力なパートナーシップを演出

して，西側で目に見えて低下しているロシアの国際的地位を相対的に上昇させたいという狙いがあったことは否めない。しかしその一方で，中国訪問の直前(4月19日〜20日)にG8共同議長の資格で核安全保障問題に関する会議をモスクワで開催しているように，エリツィンは主要国首脳会議の完全なメンバーになるという目標を持ち続けていた。その意味では西側との決定的な対立というのは避けたかったはずである[40]。中国とある種の同盟を組んで西側先進国との関係を悪化させることはロシアにとって何のメリットにもならない。

　1996年4月の中ロ共同宣言は，「戦略的」と「建設的」の違いからも，また文書の性格(宣言の方が上位)からも，1994年9月に中ロ共同声明で確認された両国間の建設的パートナーシップを格上げしたものに見える。しかしこれは，中国への領土引き渡しに反対し，国境画定作業の中止すら求め始めたロシア極東地方政府の反発によって，中ロ国境交渉が難航していたことから，それを隠して前進を演出しようとするエリツィンの提案だったとも指摘されている[41]。中国と国境を接するチタ州，アムール州，ユダヤ自治州，ハバロフスク地方，沿海地方のうち，1991年に締結されていた中ソ東部国境協定の内容を最も問題視していたのは，図們江流域のハサン地区の一部を失う可能性のある沿海地方であった。1991年協定に従って中国がこの土地を得て日本海へのアクセスが可能になった場合，沿海地方の港湾は大きな経済的ダメージを受けることが予想された[42]。中国人移民の数の増加に不安を感じていた住民の間に広がる「中国脅威論」をも利用し，沿海地方知事エウゲニー・ナズドラチェンコ(Evgenii Ivanovich Nazdratenko)は領土問題をめぐって中央政府と激しく対立する姿勢をとった。ロシア科学アカデミー極東支部歴史・考古学・民族研究所のヴィクトル・ラーリン(Viktor Lavrent'evich Larin)が中央政府の地方に対する関心の低さ，地方の利益の軽視を批判したことが示すように[43]，中国との戦略的パートナーシップが宣言された当初，モスクワが国境を接する地域の利益をどの程度考慮して対中戦略を組み立てていたのか疑問である。西側との関係や，中ロ国境地帯の住民の対中感情・中央政府への不信感という条件を鑑みると，エリツィンとプリマコフは，中

国との「親善」と「適度な距離」の間の舵を注意深くとる必要があったはずである。

　1996年以降の東南アジア政策や，それに対する専門家の論調を調べてみると，同地域にはアメリカの地域政策をそのまま受け入れず独自の路線を主張する国家が点在しており，それらに接近することによってアメリカ，中国，日本と並ぶ地域大国の地位を確保しようという構想が見えてくる。この政策が実際に機能するようになるのは第二期プーチン政権(2004年5月～2008年5月)以降のことであるが，ここでは後にアジア外交の資源となる種が撒かれたのはプリマコフ期であったことを説明したい。

　第二章でも触れたように，1996年7月24日にジャカルタで行われたASEAN拡大外相会議の前に，ロシアはASEANの「完全な対話国」の地位を付与されている。同会議における演説でプリマコフはASEANを多極世界における重要な極として位置づけた[44]。ASEANの対話国は，年次拡大外相会議の際にASEANと対話国との全体会議，および各対話国との二者会議が行われる。演説によると，アジア・太平洋地域には多国間システムを形成しようとする傾向と，冷戦期の二極モデルが共存している[45]。前者はとくに，グローバルおよびリージョナルな諸問題の解決に際して，対等な立場と国益への配慮を基盤として国家間関係を調整することへの関心の高まりとして現れている。プリマコフはロシアがこれを積極的に支持していくことを表明した。ここでは特定されていないが，プリマコフが指摘した二つの秩序とは，ARFに見られるような，日米中ロといういわゆる「大国」ではない諸国がイニシアティヴを発揮し，参加国が対等な地位に基づいて共通の課題を議論するような動きと，その一方で日米同盟，米韓同盟，米朝枠組みに見られるような，アメリカとの二国間関係に基づく伝統的な地域秩序を意味している。プリマコフは，前者の発展を支持していくと述べたわけであるが，その動機としてはロシア極東地域の経済発展を促すための環境づくりや，ロシア極東方面の国境の安全保障を向上させるためにアジア・太平洋諸国との互恵的なパートナーシップを発展させたいとしている。経済的に脆弱なロシア極東地域を前線とするアジア・太平洋方面では，広域の地域主義に含まれ

ることが「太平洋のロシア」の顔を維持する一つの方法でもあった。

マレーシアにある国際イスラーム大学のラフィス・アバゾフ(Rafis Fanisovich Abazov)はロシア外務省が発行する学術雑誌において，ASEANに注目する理由として目覚ましい経済成長を挙げ[46]，ロシアにとっての東南アジア諸国の戦略的意義を次のように説明している[47]。第一に，太平洋地域の現状維持を志向しているという点で両者の利益は一致している。これはロシアにとっては日本との領土問題の関係で，一方ASEANにとっては南シナ海における中国との領有権問題の関係で重要である。組織としてのASEANとロシアが太平洋地域の安定と安全保障に関する政治的協力を発展させることは，とくにASEAN諸国にとって中国や日本に対する勢力均衡の選択肢を広げる。第二に，アバゾフはASEAN，とくにマレーシアのマハティール首相が発展途上国の立場から，APECの急速な機構化と決定の義務化を目指すクリントン政権の路線に反対し，1995年の大阪会議でASEAN側の主張が尊重されたことに注目した。APECにおいて対話を重視し，決定に法的拘束力を付与しないというASEAN方式がとられたように，ASEAN諸国が一定の発言権を有していることから，ロシアはASEANをアジア・太平洋地域主義への参加に利用できると考え始めたのである。そして第三に，ベトナムやマレーシアを始め，東南アジア地域はロシア製武器の市場としても有望視されていた。

アジアにおけるロシアの多極政策は，エリツィンと江沢民によって調印された「多極世界と新しい国際秩序の形成に関する中ロ共同宣言」(1997年4月)や，プリマコフ外相が提唱した中印ロ戦略的三角形が注目され，アメリカへの対抗とその限界性が論じられるのが「定番」である。しかし中国と共同歩調をとる一方で，この時期のアジア・太平洋地域での勢力均衡政策は，アメリカだけでなく中国とロシアの関係にも当てはめられていたことを指摘したい。このようなロシアの接近に対して，シンガポールはロシアがASEANカードを利用しようとしている兆候ではないかとの疑いを強めていた。シンガポールの在モスクワ大使マク・ホン(Mark Hong)は，ASEANはまだ多極世界において新しい極を担う準備が整っていないという見解を示

した[48]。このような懸念はロシア自身がどのような「極」として世界政治における立場を確保しようとしているのかを明確に説明できなかったことから生じたのだと考えられる。ロシア国内からも，ロシアはむしろ極となり得る能力を持っていないのだという批判的意見が出ていた[49]。

第五節　対中外交の文脈における「多極世界」の解釈

　本節ではモスクワから見た極東，つまりアジア・太平洋地域に対する政策の活性化の背景として，同地域の歴史，国際関係を専門とするロシアの研究者らが中国の台頭が極東におけるロシアの地位にどのような影響を与えると評価していたのかという点に注目する。1992年初頭にウラジーミル・ルキンが指摘していたように，中国が将来的に経済だけでなく他の分野でもロシアより発展するという危機感がモスクワのエリートたちにとって現実的に受け止められるようになったのがこの時期であった。1990年代の中ロ関係については，移民，領土，地政学，「戦略的パートナーシップ」論など多様な角度から重厚な実証研究が行われてきた[50]。本書は両国が現実に直面していた問題をこれらの先行研究に負いつつ，ロシアが世界でどのような位置を目指すべきかという問題に深く関わっていた台頭中国との関係のあり方についてのロシア側の外交エリートの議論に焦点を当てる。

　プリマコフは西欧や日本などの自主性の高まりを認めていたが，とくに中国の急速な経済成長や潜在力による国際社会での存在感に注目していた[51]。アジア・太平洋地域においてロシアが自国の立場をどのように位置づけているのかを検討するには，台頭しつつある中国というファクターが鍵となる。1990年代後半，プリマコフが外相，首相を務めていた時期は中ロ国境画定作業が進展するのと並行して「パートナーシップ」が強化されていった。このような，同盟に近い中ロ関係を支持したのは1996年から1999年まで下院で第一党を占めたロシア連邦共産党であった[52]。この時期のロシアは二国間関係においても多国間関係においてもアジア諸国との経済関係が希薄であり，1993年にNPT脱退を表明した北朝鮮に核開発計画を放棄させるための取

り組み(日韓米)でも蚊帳の外に置かれている状態であった。地域での立場が弱いロシアがアメリカや日本とバランスをとるには強い中国との政治的(軍事ではなく)同盟が必要だというのが彼らの考え方であった。

　エリツィン，プーチン両政権下で最も影響力を持っていたとされるバランス政策を支持するのは主に中国を専門とする研究者らである。彼らは，力点を安全保障に置くか，経済に置くかで議論の仕方が異なるが，積極的な多国間アプローチを提唱している点では一致する。多極世界の不可避性の強力な支持者であるバジャノフは，第一にロシアにはアメリカに挑戦するような力がないこと，そして第二にアジア・太平洋諸国の多くはワシントンと様々な意見の相違や摩擦があるにもかかわらず現状の国際システムを支持していることから，アジア・太平洋地域でアメリカのリーダーシップに挑戦しようとする試みは必ず失敗すると考えていた[53]。彼によると，ロシアのアジア・太平洋戦略は，大量破壊兵器の不拡散体制の強化や，軍拡競争の抑制，国際的な武器貿易の規制などに重点を置くべきである。しかしロシアの財政的限界や地域の相互依存の進展を鑑みると，リージョン，サブリージョン・レベルの多層的な多国間対話やフォーラムを形成したり，紛争解決メカニズムなどを構築したりするのがロシアの安全保障に適している。ここで重要なのは，アジア・太平洋地域には集団的安全保障システムが必要であるが，イニシアティヴはロシアがとるのではなく，中小国に委ねると考えられている点である。これは，六カ国協議における韓国の役割や，ARFや東アジアサミットにおけるASEANのイニシアティヴを尊重することによって，日米中の主導権争いから距離を置くことができるという意味が込められている。

　中国の台頭に対して周辺国の緩やかな協調体制，とくにロシアとアジア諸国との経済関係の強化によって，台頭する中国と平和的にバランスをとるべきだという立場をとるモスクワ国際関係大学のアレクセイ・ヴォスクレセンスキー(Aleksei Dmitrievich Voskressenskii)は筆者の質問に対して，多極世界の形成という文句はスローガンにすぎず，理論的裏づけなどないのだと一蹴した[54]。中国は1990年代に年間10億ドルの武器および軍事技術をロシアから輸入したと考えられている[55]。とくに，中台関係に緊張が生じた

1996年から1997年にかけて,ロシアは中国に対して2隻のソブレメンヌィ級駆逐艦956Eを,対艦ミサイルSS-N-22 (Sunburn), SS-N-26 (Yakurt) とパッケージで輸出した。中国に対する武器移転は,戦略よりも生き残りをかけた軍産複合体の経済的利益が先行していたとみなされている。これに対しヴォスクレセンスキーはアジア・太平洋地域の戦略バランスを変更しかねないとして否定的な見方を示していた[56]。

多極世界という表現をしばしば共同宣言に用いてきた中ロの政策形成者の間でも,この言葉の解釈は一致していない。モスクワ大学の中ロ関係専門家であるヴィリャ・ゲリブラス (Vilia Gdalivich Gel'bras) によれば,ロシアの外交エリートが「多極世界」という概念をソ連崩壊の結果失ってしまった国際的地位や影響力の保持という文脈で用いる一方で,中国の外交エリートにとって,この概念は世界最大の経済大国の一つであり,全人類の5分の1を占める人口を持つ国力に見合った発言権を要求する手段となる[57]。また,多極世界という概念にはアメリカへの対抗意識も含まれるが,この点でも中ロの意図しているものは異なる。ロシアのそれは数十年にわたる冷戦と敗北の産物であり,ロシアが超大国意識を捨てきれないために過去の反米意識が維持され表に出てくるのである。しかし一方でロシアは,アメリカ,ヨーロッパ諸国,日本の支援なしに発展していくことは不可能なため,これら諸国との正常な関係を望んでいる。これに対し,中国の場合は,アメリカ,ヨーロッパ諸国,日本と公式の有効なパートナーシップ関係を有しているが,反米意識は,中国が獲得した経済的地位の強化やそのさらなる拡大のための闘争手段としての意義を持っている[58]。

ロシアにとって,中国との二国間関係の進展は,国境付近の政治・軍事的安定に大きく貢献し,上海ファイヴに見られるように,中央アジアでの地域協力にもつながった。しかしその一方で,ロシアは中国との関係において多くの矛盾を抱えている。具体的には国境付近の人口動態や文化的摩擦,そして軍事的均衡の問題が挙げられる。ロシアからの武器輸入によって中国が軍の近代化を達成させる一方で,それによる収益はロシア軍を近代化させるには不十分である。また,東アジア,中央アジアにおけるアメリカの影響力の

制限という点で中ロの利益は一致するが，双方にとって最も重要な二国間関係はアメリカとの関係である。とくに中国にとって，アメリカは重要な貿易相手である。中国の輸出相手国の第1位はアメリカであり，輸出総額の約22％（約700億ドル）を占める[59]。ロシアへの輸出はこの30分の1（約24億ドル）程度である。これらの理由を考慮すると，中国とロシアが反米ブロックを形成することは考えにくい。またロシアを含むアジア・太平洋諸国にとって，中国の台頭は相対的な自国の地位の低下につながる無視できない問題である。上述のヴォスクレセンスキーは，ロシアと日本の経済的パートナーシップや，多国間の地域経済協定を強化することによって，ロシアは台頭する中国とバランスをとることができると指摘している[60]。このように，モスクワでは中国との経済力の差が開くにつれて，ロシアが中国のジュニア・パートナーになることを懸念する声が出始めたのである。

第六節　四大国間の一時的協調

（１）アジア・太平洋地域主義とロシア

　ゴルバチョフ政権期にプリマコフが対外政策に関わるようになってから扱ってきた問題の一つに，アジア・太平洋地域で進展している経済統合の動きにロシア極東をどのように組み込むかという問題があった。勢力均衡の側面のみが強調されがちなプリマコフのアジア・太平洋政策の成果の一つとして，ロシアのAPEC加盟について触れたい。

　上述したように，ロシアはAPECに加盟申請を出していたものの，新規加盟の凍結措置がとられていたために，実際の参加の可能性は薄いと考えられていた。ロシアの加盟が承認された1997年のAPECでは，11月21日から25日にかけて非公式閣僚会議，閣僚会議，非公式首脳会議が開催されている。しかし，共同声明にも首脳声明にもロシア，ベトナム，ペルーの参加への言及はない。これは会議直前まで現メンバー間での調整がされなかった，あるいはできなかったことを意味している。11月26日付の『イズベスチ

ヤ』は「一連の諸国の抵抗にもかかわらず，ロシアはベトナム，ペルーとともにAPECに受け入れられた」と翌1998年のクアラルンプール会議から3国がAPEC参加を認められたことを報じた[61]。同紙はAPECでどのようにこの問題が扱われたのかを詳細に伝えた。ロシアの参加問題には21日午前に行われた非公式閣僚会議ですでに異議があったようである。その後21日から22日にかけて各国の外務・貿易担当相による閣僚会議があったが，そこでは反対の声がさらに強まった。このなかでロシアの受け入れを最初に提案したのが中国外相であったという。日本の代表として参加した小渕恵三外相はこれを支持した。しかしそこで再びオーストラリア，シンガポール，フィリピンの反対にあう。メキシコ，チリ，ニュージーランドも反対側についた。オーストラリアとシンガポールは，ロシアとこの地域の経済関係が極めて小さいことを理由に挙げた。これはAPECの参加基準に反することである。小渕外相が大国としてのロシアの重要性に触れたのに対し，メキシコとチリは大国への特別扱いに反発した。ロシアの参加に対する反応とは対照的に，ベトナムとペルーの参加について反対する国や地域はなかった。

『イズベスチヤ』はロシアのAPEC参加について最も大きな役割を果たしたのはアメリカだと報じた。クリントンはNATOの東方拡大に対するロシアの反対を緩和するために，代償として東ではAPEC加盟を支持した[62]。一方，当初ロシアの参加に反対だった国として日本と韓国を挙げている。領土問題にこだわってきた日本が，1997年夏にあらゆる方法で交流を拡大していく路線へ方向転換したこと，そしてクラスノヤルスク会談で，橋本龍太郎首相がロシアのAPEC参加を支持したことが今回の参加につながったとされた。参加を支持したアメリカ，中国，日本のなかで，アジア・太平洋地域においてロシアと最も困難な問題を抱えていたのは日本であった。中国との間では，関係正常化後の最大の懸案であった東部国境画定作業の終了宣言をほんの2週間ほど前に出したばかりであり，中ロ間に楽観的な雰囲気があったことは間違いない。1990年代初頭にはロシアがアジア・太平洋の経済統合過程に参入することに対する中国の態度は消極的であった。ロシア外務省国際機関局一等書記官であったマクシム・ポタポフ(Maksim Aleksandrovich Potapov) は，1990 年代半ばからロシアの東方外交が積極的になり，国際舞台における中ロ間の協力が進展していくなかで，中国が公式に加盟を支持し始めたことを指摘している[63]。ロシアが長年の目標であった APEC 加盟を達成したのは，日中両国との関係が「一時的」にうまくいっていたことに因るところが大きい。

それまで日本がロシアの APEC 加盟に反対してきたのは，経済協力と領土問題の進展を同一線上に置く拡大均衡政策をとってきたからであった。しかし 1996 年 1 月に就任した橋本首相は日ロ関係の修復を外交政策の中心に置き，外相レベル・首脳レベルでの政治対話を深めていった。橋本首相によって推進されたのが，領土問題とその他の分野の協力を切り離して考える路線である。これは外務省によって「重層的アプローチ」と名づけられた[64]。1997 年 7 月に経済同友会で行った演説で，橋本首相は日ロ関係改善を両国が取り組むべき最優先課題であるとし，それが両国およびアジア・太平洋地域全体にとっての利益になることを訴えた。この演説の約 3 カ月後の 11 月 1 日から 2 日にかけて行われた非公式首脳会談で，両国は 2000 年までに重点的に取り組む経済協力共同計画「橋本・エリツィンプラン」に合意した。橋本首相によって初めて APEC 加盟への支持が表明されたのはこの時である[65]。このように，ロシアの APEC 正式加盟はアメリカ，中国，日本がそろってロシアを支持するという状況のなかで実現した。これはコンセンサスを重視する APEC にとっては異例のことであった。ロシアの加盟に反対したオーストラリアと ASEAN 諸国の最大の懸念は，ロシアが入ることによってメンバー間の勢力バランスが崩れ，アメリカ，中国，日本，ロシアの発言権が拡大することであった[66]。また，経済的基準を満たしていないロシアの加盟によって，APEC の目標である貿易投資の自由化・円滑化の遅れにつながることが問題視されたということも指摘しておきたい[67]。

（2） APEC 加盟が残した地政学的課題

ロシアは APEC 加盟によって実際に経済的恩恵を受けたのだろうか。表 6 を見ると，APEC 諸国からの輸入の割合は 1997 年から 2012 年の間に 16.2

表6　地域別に見るロシアの外国貿易　　　　　　　　(百万ドル)

	1997年					
	貿易額	%	ロシアの輸出	%	ロシアの輸入	%
世界全体	138,075	100.0	85,036	100.0	53,039	100.0
CIS	30,858	22.3	16,624	19.5	14,234	26.8
バルト諸国	4,153	3.0	3,125	3.7	1,028	1.9
OECD	79,155	57.3	48,403	56.9	30,752	58.0
EU	47,573	34.5	28,001	32.9	19,572	36.9
APEC	22,268	16.1	13,680	16.1	8,588	16.2
OPEC	1,288	0.9	992	1.2	296	0.6
中東欧諸国	18,679	13.5	13,346	15.7	5,333	10.1

	2012年					
	貿易額	%	ロシアの輸出	%	ロシアの輸入	%
世界全体	839,533.2	100.0	525,383.1	100.0	314,150.1	100.0
CIS	119,749.0	14.3	78,106.6	14.9	41,642.4	13.3
EurAsEC	62,705.1	7.5	41,958.3	8.0	20,746.8	6.6
OECD	525,448.7	62.6	337,325.1	64.2	188,123.6	59.9
EU	410,563.5	48.9	278,080.9	52.9	132,482.6	42.2
APEC	200,770.3	23.9	91,413.6	17.4	109,356.7	34.8
OPEC	12,138.7	1.4	9,923.1	1.9	2,215.6	0.7
CU	60,130.3	7.2	39,646.3	7.5	20,484.0	6.5

注：バルト諸国(ラトビア，リトアニア，エストニア)，チェコ，スロヴァキア，ハンガリー，ポーランド等10カ国が2004年5月に，ブルガリアおよびルーマニアが2007年1月にEUに加盟した。
出典：*Федеральная таможенная служба*. Таможенная статистика внешней торговли Российской Федерации. Сборник. М., 1998. С. 6; 2013. С. 5.

%から34.8%へと2倍以上に増加したが，ロシアからの輸出の割合はあまり変化が見られない。ロシアの外国貿易，とくに輸出は依然としてヨーロッパ志向であり，2004年5月にEUが25カ国体制になってからは，ますますその傾向が進んだ。シベリア・極東をアジア・太平洋経済と統合させるうえでの最大の問題は，この地域の潜在力と人口過疎の不均衡である。シベリア・極東地域はロシアの領土全体の75%を占め，天然資源の60%はこの地域にあると見込まれているが，人口密度は極めて低い。ロシアの人口の80%はウラル山脈以西のヨーロッパ部に集中している。

　上述したように，ロシア経済は伝統的にヨーロッパ志向であるが，地域的

図3　ロシア極東地域

注：住民投票によってカムチャツカ州とコリャーク自治管区の合併が決定し，2007年7月1日よりカムチャツカ地方が発足した。
出典：筆者作成。

に見てみると，ロシア極東[68]は，国内の他の市場との結びつきよりも，アジア・太平洋諸国への経済依存度が高い。また，シベリアは経済区分で見ると二つの地域に分けられる。西シベリアはヨーロッパとの経済関係が強固である。一方，東シベリア経済は東西で分離しており，西側がヨーロッパを，東側が極東(北東アジア)を志向している[69]。

ロシア極東地域の対外貿易の85％はアジア・太平洋諸国との間で行われており，日中韓の3国が75％を占める。ソ連時代，この地域は鉱物資源や魚介，木材を国内市場へ出荷し，モスクワ，ウラルなどの先進工業地域から加工工業品や投資財を受け取る「原料供給地」に特化されていた。1990年代に入り，鉱工業生産の縮小・未払い・生産コストの上昇などの問題が生じたうえに，輸送料金の高騰が重なったことがこの変化の主な要因である。例えばある試算では，ロシア極東の石炭をロシア中央部に出荷した場合の価格は，日本に出荷した場合の3.3倍になるという[70]。このため，輸送距離がより短い北東アジアおよび太平洋市場への輸出が増加していった。ロシア極東

の社会・経済発展にとって,北東アジア諸国との経済関係は死活的重要性を持つのである。

ロシアの APEC 加盟は,ロシア極東地域と隣接地域の経済関係の発展がモスクワのイニシアティヴの下に置かれたという点では,後に極東開発と APEC サミットのウラジオストク開催をリンクさせるきっかけをつくった。他方で,エリツィン政権は国内市場がヨーロッパ志向とアジア・太平洋志向に分裂した状況下で,どのように APEC における貿易投資の自由化に対処するのかという戦略を持っていなかった。ASEAN, APEC がアジア・太平洋政策に組み込まれ,活用されていくのは,プーチン政権の発足を待たなければならなかった。

1) 北朝鮮を南北対話に誘導したいと考えていた韓国が,南北対話に好意的であった中国を含めた四者会談を提案した。倉田秀也「朝鮮問題多国間協議論とロシア――北朝鮮「核問題」と平和体制樹立問題」『ロシア研究』第 24 号,1997 年,126-131 頁。
2) 1992 年 3 月から駐米ロシア大使を歴任し,後に下院の国際問題委員会議長を務めたウラジーミル・ルキンは,1992 年 2 月に行われたロシア外務省主催の学術・実務会議において,ロシアはヨーロッパと意識的に距離を置くべきではないとしながら,南方での伝統的なテュルクとスラヴの団結の可能性を最大限に活用すべきであるとも述べている。また極東方面では「アジア・太平洋地域」を「もう一つのヨーロッパ」としてその経済発展に着目し,とくに中国が将来的に経済以外の分野でもロシアを追い越すことは確実であると指摘していた。これに備えるために,ロシアは中国との関係を相互依存関係に高めるべきであり,またその一環として東南アジア諸国との関係を強化すべきであると指摘していた。ルキンの議論は第一に地理的に中央アジアとアジア・太平洋を分け後者をユーラシアではなく「もう一つのヨーロッパ」と位置づけている点で,第二にヨーロッパと「距離を置いて」自立するという主張をしない点で,スタンケビッチのようなユーラシア主義者とは異なる。Дипроматический вестник. 1992. № 6. С. 36-39.
3) Andrei P. Tsygankov, *Russia's Foreign Policy: Change and Continuity in National Identity* (Lanham: Rowman & Littlefield Publishers, Inc., 2006), p. 94.
4) 〔 〕のなかは筆者による補足である。Концепция национальной безопасности Российской Федерации 1997 г. // Внешняя политика и безопасность современной России. 1991-2002 / Составитель Т. А. Шаклеина. Т. 4. Документы. М., 2002. С. 52.
5) 外相就任後の初の記者会見での発言。Пресс конференция министерство иностранных дел России Е. М. Примакова Пресс-центр МИД РФ, 12 января //

Дипломатический вестник. 1996. № 2. С. 3.
6) 代表的な議論として，以下を参照されたい。Mark N. Katz, "Primakov Redux?: Putin's Pursuit of 'Multipolarism' in Asia," *Demokratizatsiya* 14, no. 1 (2006), pp. 144-152.
7) 皆川修吾『ロシア連邦議会──制度化の検証：1994-2001』溪水社，2002年，49-54頁。
8) *Отто Латис*. Выборы-95 показали: Россия не хочет резких движений // Известия. 19. 12. 1995.
9) Sherman Garnett, "Russia's Illusory Ambitions," *Foreign Affairs* 76, no. 2 (1997), p. 63.
10) 1929年10月29日生まれ。モスクワ東洋大学卒業。経済学博士の学位を有し，ロシア科学アカデミー会員でもある。プラウダの特派員として中東に駐在した後，ソ連科学アカデミー世界経済国際関係研究所所長，ソ連科学アカデミー東洋学研究所所長を歴任した。1988年に発足したアジア・太平洋経済協力ソ連国家委員会では初代議長を務めた（第二章の注19参照）。1988年2月以降，ソ連最高会議議員，ソ連人民代議員に選出された。ゴルバチョフ政権下で政治局員候補となる。ソ連国家保安委員会の解散に関わった後，1991年12月から1996年1月まで対外情報庁長官を務めた。外務大臣を経て，1998年9月から1999年5月までロシア連邦首相。
11) ゴルバチョフ期から外務省に移るまでのプリマコフの経歴については，以下を参照されたい。*Примаков Е. М.* Годы в большой политике. М., 1999. С. 11-198.
12) *Ахременко Ю.* Создан советский национальный комитет // Мировая экономика и международные отношения. 1988. № 5. С. 57-58.
13) Выступление Е. М. Примакова // Дипроматический вестник. 1992. № 6. С. 42-43.
14) Дипломатичкский вестник. 1996. № 2. С. 3.
15) Gilbert Rozman, Kazuhiko Togo and Joseph P. Ferguson, eds., *Russian Strategic Thought toward Asia* (N.Y.: Palgrave Macmillan, 2006), p. 12.
16) Указ президента Российской Федерации О координируюшей роли Министерства иностранных дел Российской Федерации в проведении единой внешнеполитической линии Российской Феделации // Дипломатический вестник. 1996. № 4. С. 3-4.
17) Study on NATO Enlargement 03 Sep. 1995, http://www.nato.int/cps/en/natolive/official_texts_24733.htm (2014年5月25日閲覧).
18) プリマコフは，当時ロシア外務省はNATO東方拡大の動きに対し三つの案を検討し，第三案を採用することになったと述べている。第一案は，NATO拡大に反対し，いかなる形であれNATOとの関係を拒否すること。第二案は，緊迫した場合にはNATO拡大に反対しないことを表明し，それを基盤にしてロシアとNATOの関係を文書の形式で構築する。第三案は，NATO拡大に対して否定的な立場を崩さない。それと同時に，ロシアの安全保障を脅かし，その国益を損なう恐れを最小限にするた

めの交渉を行うことである。*Примаков*. Годы в большой политике. С. 243-244.
19) 1996年2月と7月にイギリスのマルコム・リフキンド外相(Malcolm Rifkind)と, 同年7月にドイツのクラウス・キンケル外相(Klaus Kinkel)と会談の機会を設けた。プリマコフはとりわけ, フランスのジャック・シラク大統領(Jacques René Chirac)が提案した, 最初にNATO改革を行い, 次に革新されたNATOとロシアの間で, 特別な関係を構築するための対話を行い, その後でNATO拡大およびその形式と内容について交渉を行うという提案に興味を持ったと回想している。Там же. С. 249-252.
20) Основополагающий акт о взаимных, сотрудничестве и безопасности между Российской Федерацией и Организацией Североатлантического договора // Внешняя политика и безопасность современной России. 1991-2002 / Составитель Т. А. Шаклеина. Т. 4. Документы. М., 2002. С. 258-267.
21) 三井光夫「NATOによるユーゴ空爆(コソヴォ紛争)の全容──軍事的観点からの分析」『防衛研究所紀要』第4巻第2号, 2001年, 39-40頁。
22) United Nations Security Council, *Statement by the President of the Security Council* (S/PRST/1999/5, 29 January 1999), http://daccess-dds-ny.un.org/doc/UNDOC/GEN/N99/023/83/PDF/N9902383.pdf?OpenElement (2014年5月25日閲覧).
23) 三井「NATOによるユーゴ空爆」40頁。
24) Они—против войны // Независимая газета. 30. 03. 1999.
25) 三井「NATOによるユーゴ空爆」67頁。
26) Security Council Resolution 1244 (1999) on the situation relating Kosovo, http://www.un.org/en/ga/search/view_doc.asp?symbol=S/RES/1244(1999)&referer=http://www.un.org/en/sc/documents/resolutions/1999.shtml&Lang=E (2014年5月25日閲覧).
27) *Примаков Е. М.* Международные отношения накануне XXI века: Проблемы, перспективы на горизонте — многополюсный мир // Международная жизнь. 1996. № 10. С. 7.
28) Steven Erlanger, "Summit in Moscow: The Overview; Clinton and Yeltsin Find Way to Ease Strains at Least a Bit," *The New York Times*, 11. 05. 1995.
29) Sid Balman, Jr., "U.S. reverses on weapons treaty," *United Press International*, 19. 09. 1995.
30) "Foreign Relations: Russia Regards Recent CFE Flank Limits Review as 'Major Success,'" *BBC Summary of World Broadcasts*, 09. 06. 1996.
31) この点の詳細は次の論文を参考にした。金子譲「NATOの東方拡大──第一次拡大から第二次拡大へ」『防衛研究所紀要』第6巻第1号, 2003年, 59頁。
32) 同上。
33) 斎藤元秀『ロシアの外交政策』勁草書房, 2004年, 11頁。
34) Наша военная доктрина может быть пересмотрена // Красная звезда. 01. 11.

1995.
35) 1997年11月のエリツィン訪中，橋本龍太郎首相とのクラスノヤルスク会談を控えた同年10月に『独立新聞』が行ったインタビューでのカラシン外務次官の発言。Готовятся визиты Ельцина на Восток // Независимая газета. 15. 10. 1997. また，筆者が2008年5月にロシア外交アカデミーでアレクサンドル・パノフ元駐日大使に行ったインタビューにおいて，同氏は第一次NATO東方拡大後もロシアは同機構の拡大に反対してきたのであり，安全保障問題であるNATO拡大と経済問題であるAPEC加盟を結びつけて考えるのは誤りであると指摘していた。
36) ミヘーエフは，次の論文のなかで反NATO派の議論としてこのような三国提携論とその肯定的可能性を紹介している。しかし他方でインドは非同盟政策をとっていること，またイランおよびイラクとの連携は原子力，石油・ガスなどの分野の協力という利点が見込まれるが，それらは西側との関係の悪化と引き換えになるという負の要因も指摘している。Михеев В. Гамбит "анти-НАТО" и политика России на Дальнем Востоке // Проблемы дальнего востока. 1997. № 5. С. 39-40.
37) この宣言は1994年9月に中ロ首脳による共同声明で発表された「建設的パートナーシップ」を「戦略的パートナーシップ」に格上げしたことを宣言するものである。しかしこれは西側との「平和のためのパートナーシップ」が滞っていたことや，中ロ間の国境画定作業が難航しているなかでの訪問であったことなどから，エリツィンが場当たり的に提案したものであるとの見方が強い。岩下明裕『中・ロ国境4000キロ』角川書店，2003年，33-35頁。
38) Совместная Российско-китайская декларация // Дипломатический вестник. 1996. № 5. С. 19.
39) Там же. С. 20-21.
40) 共産主義国である中国との連携を強調しすぎることは，ロシア連邦共産党ジュガーノフと大統領選を戦うエリツィンの選挙キャンペーンに矛盾を来す可能性もあった。Kazuhiko Togo, "Russian Strategic Thinking toward Asia, 1996-99," in Gilbert Rozman, Kazuhiko Togo and Joseph P. Ferguson, *Russian Strategic Thought toward Asia* (N.Y.: Palgrave Macmillan, 2006). p. 82.
41) 岩下『中・ロ国境4000キロ』33-35頁。
42) 最終的にハサン地区は1997年に，係争地を半分に分ける形（中国：約160ヘクタール，ロシア：約140ヘクタール）で決着がつけられた。同上，63頁。
43) Ларин В. Л. Россия и Китай на пологе третьего тысячелетия: кто же будет отстаивать наши национальные интересы? // Проблемы дальнего востока. 1997. № 1. С. 15-26.
44) Россия-АСЕАН «Асеановская неделя» в Джакарте // Дипломатический вестник. 1996. № 8. С. 36.
45) Речь Е. М. Примакова на постминистерской конференции АСЕАН с партнерами по диалогу // Дипломатический вестник. 1996. № 8. С. 38-39.
46) 一例を挙げると，マレーシアは人口2000万人であるが，1995年の輸出総額はロシ

アのそれを追い越していたことが指摘されている。*Абазов Р.* Диалог Россия-АСЕАН в контексте XXI века // Международная жизнь. 1996. № 10. С. 66.
47) Там же. С. 67-68.
48) Независимая газета. 25. 11. 1997. С. 6.
49) Dmitri Trenin, *The End of Eurasia: Russia on the Border between Geopolitics and Globalization* (Washington, D.C. and Moscow: Carnegie Endowment for International Peace, 2002), pp. 305-308.
50) 代表的な文献を挙げる。Sherman W. Garnett, ed., *Rapprochement or Rivalry?: Russia-China Relations in a Changing Asia* (Washington, D.C. : Carnegie Endowment for International Peace, 2000). 岩下『中・ロ国境4000キロ』。Bobo Lo, *Axis of Convenience: Moscow, Beijing, and the New Geopolitics* (Washington D.C.: Brookings Institution Press, 2008).
51) *Примаков*. Международные отношения накануне XXI века. С. 3.
52) Paradorn Rangsimaporn, *Russia as an Aspiring Great Power in East Asia: Perceptions and Policies from Yeltsin to Putin* (Basingstoke: Palgrave Macmillan, 2009), p. 112.
53) この地域での勢力均衡を変更しようとすることは，アジア・太平洋地域を冷戦に向かわせ，大国の野心，つまりロシアとの関係を含めて中国と日本のアグレッシヴな野心を活気づけるだけであり，そのような展開を避けるべきだというのがバジャノフの見解である。*Бажанов Е. П*. Ситуация в АТР и задачи по обеспечению интересов России // Актуальные проблемы международных отношений / Бажанов Е. П. Т. 2. М., 2002. С. 59-60.
54) 2006年3月，モスクワ国際関係大学での聞き取り。
55) Togo, "Russian Strategic Thinking toward Asia, 1996-99," p. 8.
56) *Воскресенский А. Д*. Китай во внешнеполитический стратегии России // Свободная мысль. 1996. № 1. С. 102.
57) *Гельбрас В. Г*. Российско-китайские отношения в условиях глобализации // Российско-китайские отношения и проблема многополярного мира / Под ред. Делюсина Л. П. М., 2002. С. 33-34.
58) Там же. С. 34.
59) 2002年の統計。輸入総額ではアメリカは日本，韓国に次いで第3位である。総務省統計研修所編『世界の統計2005』総務省統計局，2005年，240頁。
60) Alexei D. Voskressenski, "The Rise of China and Russian-Chinese Relations in the New Global Politics of Eastern Asia," in Akihiro Iwashita, ed., *Eager Eyes Fixed on Eurasia*, vol. 2: Russia and Its Eastern Edge (Sapporo: Slavic Research Center, Hokkaido University, 2007), pp. 10-11.
61) APEC参加をめぐる会議の内容は次の記事を参考にした。Известия. 27. 11. 1997. С. 1-2.
62) 斎藤『ロシアの外交政策』199頁。

63) *Потапов М. А.* Опыт участия КНР в АТЭС: уроки для России // Проблемы дальнего востока. 2000. № 6. С. 85.
64) この時期の日ロ関係については，長谷川毅『北方領土問題と日露関係』筑摩書房，2000 年，329-346 頁。
65) 『毎日新聞』1997 年 11 月 2 日。長谷川毅によると日本が最初に APEC 加盟を支持したのは 6 月から 7 月にかけて小渕を団長とする代表団が訪ロした時である。長谷川『北方領土問題と日露関係』338 頁。
66) Известия. 27. 11. 1997. С. 2.
67) John Ravenhill, *APEC and the Construction of Pacific Rim Regionalism* (Cambridge: Cambridge University Press, 2001), pp. 207-208.
68) ロシア連邦は，連邦構成主体と呼ばれる 85 の行政単位から成る。2014 年 3 月にクリミア共和国とセヴァストポリ連邦市が編入されたことにより，その内訳は，22 共和国，9 地方，46 州，連邦的意義を有する 3 市(モスクワ，サンクト・ペテルブルグ，セヴァストポリ)，1 自治州，4 自治管区である。そしてこれとは別に 2000 年 5 月に，全国を七つの連邦管区に分け，それぞれに大統領全権代表を置く制度が導入された。これには，大統領が地方知事，権力者の連邦法や規制の履行を監督する目的がある。2010 年に南部連邦管区から北コーカサス連邦管区が分離・設置され，さらに 2014 年 3 月に新たにクリミア連邦管区が設置されたことによって，現在九つの連邦管区が置かれている。ロシア極東とは，サハ共和国，沿海地方，ハバロフスク地方，アムール州，カムチャツカ地方，マガダン州，サハリン州，ユダヤ自治州，チュコト自治管区で構成される極東連邦管区を指す。
69) V. V. Mikheev, *North East Asia Globalization: Regarding Russia, China and Korea* (Moscow: Pamyatniki Istoricheskoy Mysli, 2003), p. 86.
70) Ye. デヴァエワ「ロシア極東と北東アジア諸国の貿易関係」『ロシア東欧貿易調査月報』2005 年 4 月号，37 頁。

第四章　プーチン政権以降のアジア・太平洋政策
（2000 年〜2012 年）

第一節　バンドワゴンと均衡政策

　本章は，第一次プーチン政権からメドヴェージェフ政権までのロシアのアジア・太平洋政策について，台頭する中国との協調と自立の観点から論じることを課題としている。最初に，ロシア外交のアジア・太平洋政策を論じる視点について，先行研究を踏まえつつ問題提起をしてみたい。ソ連崩壊後の国際構造に対するロシアの反応を対米外交を軸にして見ると，その行動には二つのパターンが観察される。一つは，アメリカの対外政策に同調することによってその覇権システムの強化に貢献し，経済支援などの恩恵を享受したり，ロシアにとって望ましくない結果を回避したりするバンドワゴン路線である。もう一つは，アメリカとの決定的な対決を避ける一方で，アメリカ主導の単極システムを認めず，多極システムへの移行を支持する均衡政策である。

　モスクワが親米路線を選択したのはソ連崩壊直後から 1993 年末までの期間と，2001 年にアメリカで起きた 9.11 事件後から 2003 年のイラク戦争の開始までの限られた期間である。1994 年 12 月 5 日〜6 日にブダペストで行われた CSCE 首脳会議の席で，エリツィンは新たな分断線を導入しようとする NATO の東方拡大や，ロシアによるチェチェン侵攻などの問題をめぐって対立していた欧米諸国との関係を「冷たい平和」と形容した[1]。その後，1996 年に外相に就任したプリマコフは「多極世界」という世界観を中

国と共有し，NATOの東方拡大，コソヴォ空爆，戦略ミサイル防衛などの分野でアメリカの単独主義的な行動に反対する一方で，それを許すための条件闘争を繰り広げてきた。このように冷戦終結後のロシアの対米関係において，バンドワゴンから均衡政策へ，あるいはその逆への転換はどのような要因によってもたらされてきたのであろうか。この点についてアンブロシオは，ウォルツの勢力均衡論，ウォルトの脅威均衡論，シュウェラーによる利益均衡論をそれぞれ検証し，どの理論も部分的にしか冷戦終結後のロシアの対外行動を説明できないと結論づけた[2]。これらに代わる説明としてアンブロシオが提起したのがバンドワゴンのコスト計算（costs of bandwagoning）である。

国際システムにおいて大国としての地位を維持する手段を，西側勢力の一部になることだと信じていたコズィレフ路線から，多極システムにおいて「自立した大国」の地位を維持しようとするプリマコフ路線への転換は，アメリカ主導の単極システムに同調することが大国としてのロシアの地位を保証しないという判断に基づくものであった。プリマコフによれば単極システムは「主導する国」と「追従する国」の関係を明確にするものである[3]。ロシアの指導者が大国の地位を求めてアメリカに対する姿勢を変化させたことは，ロシアにとって国際的地位や威信という認識に関わる要因が，より強い国家に対する姿勢を決定する際に重要な意味を持っていることを示している[4]。

同様に，9.11事件後，プーチン政権が国際テロリズムとの戦いという旗を掲げてブッシュ政権と連携したことは，国内におけるチェチェン武装勢力との戦いに正当性を持たせるだけでなく，国際システムにおいてそれまで周辺化されつつあったロシアが，欧米諸国と団結して最優先課題に取り組む中心アクターになるという利点があった。9.11事件後初のアメリカ訪問の際の発言から読み取れるように，プーチンはすでに既定路線となりつつあったNATO拡大に反対するよりも，今日の世界におけるNATOの役割を認め，その政策決定過程に参加できる地位を要求することを選んだ[5]。実際，2002年5月にはNATO-ロシア理事会が立ちあげられており，ロシアはヨーロッ

パ・大西洋地域の主要なアクターとしての地位を制度化することに成功したと言える[6]。しかし，この時の対米協調路線も長くは続かなかった。ブッシュ政権はロシアの反対を制して「ならずもの国家」によるテロの脅威から本国および同盟国を防衛することを名目として2001年12月に弾道弾迎撃ミサイル（ABM）条約から脱退することを決定した。またアフガニスタンでの軍事作戦の際には，隣接するクルグズスタン（マナス基地）とウズベキスタン（ハナバート基地）が米空軍基地を置くことに協力したように，テロ対策の名の下に，1991年の独立以来ロシアが軍事プレゼンスを維持しようとしてきた中央アジアにアメリカの軍事プレゼンスを認めることになった。そして，アメリカに対してバンドワゴン政策をとるコストが均衡政策の場合のそれを上回ることをロシアに自覚させたのが，次に述べる米軍によるイラク侵攻であったと考えられる。

　アメリカに対して均衡政策が選択される場合，プリマコフと同様，プーチンも単独でアメリカに対抗することはなかった。プーチンは2000年7月に初めての訪中を果たしているが，この時出された中ロ共同声明では，クリントン政権が進めていた米本土ミサイル防衛（NMD）構想に対する懸念と反対を表明し，ABM条約の重要性を確認し合った[7]。また，2003年3月にアメリカとイギリスが大量破壊兵器の開発疑惑を理由にイラクへの武力行使に踏み切ろうとした際にも，フランス，ドイツとともに国連安保理の決議に基づいてイラクを武装解除させることを支持する共同声明を出した[8]。そこには中国によってこの声明が支持されていることも明記された。このように，他国との連携，あるいは国際制度に依拠してアメリカの政策を批判することは，プーチンが言うところの「国際関係の民主化」あるいは「多極化の促進」を意図したものだと考えられる。

　プーチンは2000年11月に発表した論文「ロシア――新しい東の展望」において，ロシアがアジア・太平洋地域の一員になる時機が来たとして，ロシア極東地域との経済統合の必要性を訴えている。ロシアがアメリカに均衡政策をとろうとする場合のパートナーである中国は，アジア・太平洋地域で最大の人口と国内総生産（GDP）を誇る地域大国でもある。1990年代後半から

続いてきた中国との連携は,ロシアの大国としてのアイデンティティとどのような相関関係にあるのだろうか。本章では,アメリカとの関係について指摘される「バンドワゴンのコスト計算」の視点から,ロシアが中国中心のアジア・太平洋政策を克服して自立した大国になるためには,どのような選択肢があるのかという点にも注目したい。

第二節　ロシアと台頭中国——連携から自立へ

ソ連崩壊後からロシアのアジア・太平洋政策の中心に据えられてきたのは中国との関係である。両国は,2001年7月に締結した中ロ善隣友好協力条約によって国際法に基づく対等なパートナーシップと戦略的相互関係を宣言し,主権の尊重,領土保全,相互不可侵,内政不干渉での一致を確認した(第1条)[9]。ロシアは台湾問題に関する原則として,中華人民共和国政府が唯一の法的政府であることを認め,台湾は中国の不可分の一部でありいかなる形態の独立にも反対であるという文言を条約に含めた(第5条)。また,どちらか一方の締約国に侵略の脅威が生じた場合,両国は即座に連絡をとり,脅威を排除するための協議を行うことが規定された(第9条)。

この条約の性格についてロシア側は,1950年に締結された中ソ友好同盟相互援助条約と異なり,第三国に敵対する軍事・政治同盟を形成するものではないとしているが[10],ワシントンではこの条約だけでなく同時に出された中ロ共同声明を,現存の国際秩序におけるアメリカの優位に対する挑戦であると解釈する傾向にあった[11]。また,中ロがこの共同声明だけでなく,2001年6月に行われた上海協力機構(SCO)の会合でもアメリカのミサイル防衛構想を批判していたことから,アメリカの圧倒的な影響力への抵抗とイスラーム原理主義との戦いという二つの理念がSCOの原動力となっているのではないかとみなされた[12]。しかし同時に,米中貿易が1200億ドルに達しているのと比較し,中ロ貿易が80億ドルにとどまっていることから中国にとって歴史的に国境問題で対峙してきたロシアよりも国境を接していないアメリカとの関係を強化する方が容易であろうという楽観的観測もあった[13]。

中ロ善隣友好協力条約には実質的な共同防衛機能は定められていなかったが，ロシアの武器輸出に占める中国の割合が 1999 年の 36%から 2001 年には 50%に上昇したことから，二国間関係の性質についての関心が高まった[14]。ソ連崩壊後，中ロ間の経済格差は広がる一方であるにもかかわらず，2000 年から 2005 年にかけてロシアから中国への武器輸出量は急速に増大し続けた。1997 年のヴィクトル・チェルノムィルジン首相(Viktor Stepanovich Chernomyrdin)による訪中時に，2000 年までに貿易額を 200 億ドルにすることが中ロ間の目標として設定されていた。しかし 2000 年代に入るまで中ロ貿易額は下降を続け，実際に 200 億ドルを達成したのは 2005 年のことである(図 4 参照)。1990 年代を通じて成長率が低迷したロシアの GDP は，プーチン政権下で原油価格の高騰を受けて上昇し続けてきたが，図 5 が示すとおり中国との GDP の差はほとんど縮小せず，2012 年の時点でロシアは中国の約 4 分の 1 にとどまっている。

このように将来にわたってロシアの経済力を大きく上回ることが確実であり，過去には武力対決を経験した隣国中国に対し，軍事産業の短期的利益のために武器移転を行うという行動は国家安全保障の長期戦略の観点からは理解し難い。構造主義リアリズムによる同盟行動[15]の観点からは，アメリカ

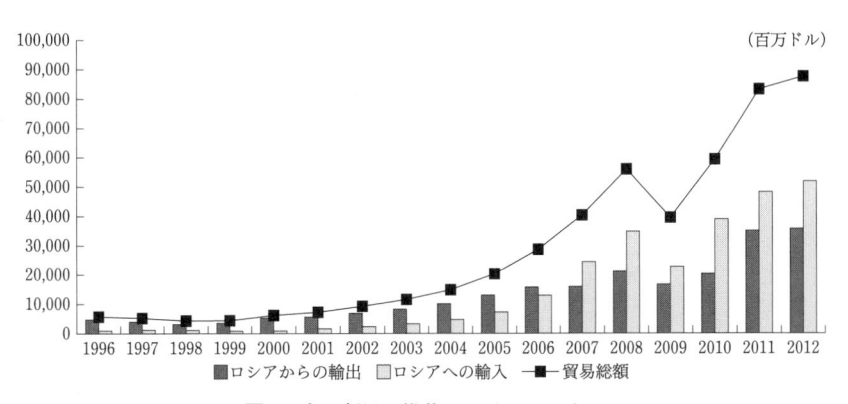

図 4　中ロ貿易の推移(1996 年～2012 年)

出典：*Федеральная таможенная служба*. Таможенная статистика внешней торговли Российской Федерации. Сборник. М., 1998; 1999; 2000; 2001; 2002; 2003; 2004; 2005; 2006; 2007; 2008; 2009; 2010; 2011; 2012.

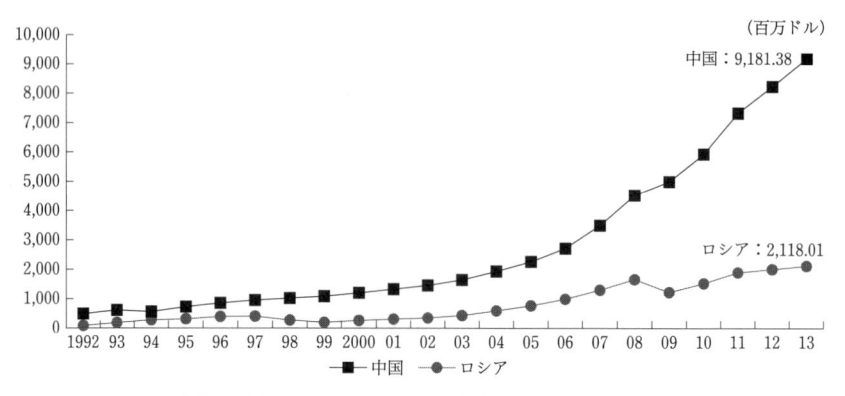

図5 中国とロシアの GDP の推移(1992 年～2013 年)

注：2013 年の中国の数値のみ IMF による推定値。
出典：International Monetary Fund, World Economic Outlook Database, April 2014, http://www.imf.org/external/pubs/ft/weo/2014/01/weodata/index.aspx（2014 年 5 月 13 日閲覧）．

に効果的に対抗する力を失ったロシアが中国と同盟を結んで挑戦しようとしているという説明がなされる。しかしこの立場からは，なぜ中国とロシアの接近がソ連崩壊直後ではなく 1996 年以降であるのかが説明できない。また 2001 年の中ロ善隣友好協力条約を見る限り，一方に対する侵略に対してもう一方がどの程度軍事的に関与するのかについて明確にされておらず，同盟としては不十分である。また 1996 年以降のエリツィン政権はコソヴォ空爆や戦略ミサイル防衛に関してアメリカの軍事政策に反対することで中国と一致してきたが，最初に述べたように，プーチン政権はアメリカとの関係において均衡と接近の間を行き来してきた。しかし第一次プーチン政権末期になると，軍事分野においてアメリカと中国の双方との関係に軋みが観察されるようになった。2007 年以降，チェコおよびポーランドへのミサイル防衛システム配備をめぐってブッシュ政権との対立が深まる一方で，中国との間でも武器輸出の減少が始まっていた（表 7 参照）。2005 年にロシアの武器輸出の約 60％を占めていた中国のシェアは 2010 年には 10.7％にまで落ち込んだ。この要因として，中国側によるロシア製兵器の違法コピーの問題が指摘されている。メドヴェージェフ大統領による最初の訪中時にも知的所有権の保護

について審議されているが，規制のための合意はなされていない[16]。中ロは 2004 年以降，大規模な武器契約に調印しておらず，軍事協力は事実上凍結されているという見方もなされてきた[17]。実際の統計からは，インド，北アフリカ(アルジェリア，エジプト)，中東(イラン，シリア)，ヴェネズエラ，東南アジア(ベトナム，ミャンマー)など，武器輸出先を多角化する傾向が示されている(表 7 参照)。

1990 年代後半から 2005 年まで成長し続けた中国の武器市場は，長期的展望からはロシアの国益を損なう可能性が指摘される一方で，ロシアの軍事産業の生き残りの観点から重要な役割を果たしていたという評価もある[18]。ゴルバチョフ期に米ソ間で軍縮が進められたことによって，ソ連およびロシアの武器購入予算は大幅に削減された。衰退するパワーが台頭する隣国へ武器移転を行うという一見不可解な行動は，恒常的な財政不足によって軍事産業が衰退しつつあるなかで，ハード・カレンシーを獲得して軍事産業における雇用やインフラを維持し，再生していくための研究開発費を稼ぐための決断だったと考えられる[19]。しかし本節で見てきたように，短期的利益に基づいていた武器貿易は中ロ関係においてそれほど重要な要素をなさなくなりつつある。

それでは，ロシアと中国を結びつけている要因は何なのだろうか。国家はパワーではなく，共通の脅威に対して団結してバランスをとろうとするのだという考え方がある。確かに，ロシアと中国は共同してアメリカ主導による NATO 軍の軍事行動に反対してきたし，中央アジアや東アジアでアメリカの軍事・政治的影響力が増大することを脅威とみなしている。また，チェチェン問題を抱えるモスクワと，台湾，チベット，新疆ウイグル自治区の分離主義に苦慮する北京は二国間だけでなく，SCO の枠組みにおいてもテロリズム，分離主義，原理主義に対して団結して戦うことで一致していた[20]。しかしながら脅威認識においても中ロ両国は完全に一致しているわけではない。第一に，多くの先行研究で指摘されている点であるが，台湾問題を抱える中国にとってクリントン政権のミサイル防衛構想はより差し迫った脅威であった。とくに北京政府は台湾を防衛することができる戦域ミサイル防衛

表7 ロシアからの武

	2000年	2001年	2002年	2003年	2004年	2005年	2006年
インド	650	1,039	1,689	2,231	1,424	651	921
中 国	1,733	2,994	2,528	2,092	2,836	3,083	2,449
アルジェリア	245	380	99	145	237	92	162
ヴェネズエラ							356
ベトナム	2	77	62	8	304	249	15
アゼルバイジャン							
イラン	341	298	92	85	15	15	371
ミャンマー		87	134		120	137	151
シリア	9	8	25	25	5	15	26
エジプト			60	60	60	135	60
武器輸出全体	4,043	5,936	5,638	5,322	6,189	5,229	5,096

出典：SIPRI Arms Transfers Database, http://portal.sipri.org/publications/pages/transfer/tiv-

(TMD)に反対していたのに対し，モスクワは戦略弾道ミサイルの対米抑止力を損なう可能性のあるNMDの配備に反対しており，TMDの開発配備には一定の理解を示していた[21]。中国はNMD構想に関しても，約20基しかない中国の大陸間弾道弾(ICBM)戦力を無力化するものとして，ABM条約の改定・離脱に強硬に反対していた[22]。しかし9.11事件以降の米ロ協調のなかで，プーチンは最終的にアメリカのABM条約からの脱退を許し，戦略核兵器の削減に関するモスクワ条約を結ぶことを選んだ。

　第二に，2008年8月に勃発したグルジア紛争においてメドヴェージェフ政権は軍事介入を行い，その後アブハジアと南オセチアの独立を承認した。国内に分離主義者を抱える中国は，ロシアに対する直接の非難を避ける一方で，グルジアに対するロシアの行動を支持することを拒んだ[23]。グルジア紛争の直後にドゥシャンベで行われたSCOサミットは，初参加となるメドヴェージェフ大統領にとって困難な局面であった。メドヴェージェフと会談した指導者たちはグルジアでのロシアの対応に理解を示したが，公式文書でグルジアにおけるロシアの立場を支持することや，アブハジアおよび南オセチアの独立を承認することに賛成する者は皆無であった[24]。その結果サミットの共同宣言には「南オセチア問題で生じた緊張に対し深い憂慮を表明する

器輸出(2000年〜2013年) (百万ドル)

2007年	2008年	2009年	2010年	2011年	2012年	2013年	2000年〜2013年合計
1,783	1,555	1,504	2,297	2,443	3,865	3,800	25,849
1,336	1,609	1,142	636	692	677	1,040	24,846
485	1,510	1,005	670	1,001	866	312	7,207
758	702	252	57	264	525	356	3,269
2	153	55	151	982	738	334	3,130
68	18	2	97	497	296	843	1,822
283	15	15	41	33	15	18	1,633
127	14	14	39	379	149	143	1,493
	44	72	248	292	351	351	1,470
50		8	367	416	68	27	1,310
5,556	6,343	5,112	5,962	8,495	8,391	8,283	85,595

data (2014年5月16日閲覧).

と同時に当事者間による平和的な対話の方法での解決を呼びかける」という文言と同時に,「国際法に基づいた国家の一体性および領土保全の維持」が盛り込まれ,グルジアに対する一義的な非難もアブハジアおよび南オセチアに対する支持も読み取れない内容にとどめられた。アメリカによるミサイル防衛構想や分離主義を国家安全保障上の脅威と認識している点においてロシアと中国は一致しているように見えるが,実際の脅威の度合いや状況は各ケースによって異なるのであり,中ロが共通の脅威のために団結することは非常に難しいと考えられる。

　1990年代後半から2000年代半ばまでロシアと中国を結びつけてきた要因は,未解決の東部国境画定における協力,ロシアの軍事産業の生き残りを主因とする武器貿易,国内における領土的一体性と内政不干渉の原則,そしてアメリカの単独主義的軍事行動に対する抵抗であった。第一次プーチン政権の終わりからメドヴェージェフ政権にかけては,アジア・太平洋地域におけるロシアの「中国離れ」が指摘されてきた[25]。これに対してロシアの中国専門家アレクサンドル・ルキン(Aleksandr Vladimirovich Lukin)はロシアと中国が共有している点として,第一に多極という概念で表象される世界秩序の将来像を挙げる[26]。彼によると両国は一つの力の中心によって主導される

世界ではなく，国際法と国連憲章に従っていくつかの影響力の中心が相互に影響を及ぼし合う世界を理想としている。第二に，先にも述べたように，両国はそれぞれ国内に分離主義勢力を抱えていることから，対外的には内政不干渉の原則を主張し，国際法や国連の役割を支持することで一致している。またイラン問題，北朝鮮問題など主要な国際問題での立場も一致している。第三に，ロシアにとって中国との関係は，国際舞台における自立した力の中心としての地位を強化するという意味で政治的にも経済的にも重要である。ルキンによると，ロシアだけでなく他のアジア諸国にも当てはまるが，中国と関係していることによってロシアの政治から一方的な要素が消え，世界的な影響力の中心になることができる。また経済面から見ても，中国はとりわけシベリア・極東地域にとって重要な経済パートナーである。第四に，ロシアと中国は中央アジア地域における宗教的過激主義・テロリズムとの戦いという共通の課題の解決，中央アジア諸国の体制の維持，地域諸国の経済・社会発展の促進に取り組む地域的なパートナーでもある。一方で中国側が最も重視するのは，国内の経済発展に集中して取り組むために，ロシアとの国境地帯の安定を確保し，ここから発生する脅威を低減することである[27]。中国にとってロシアは武器，石油，木材，その他天然資源を供給できる代替のきかない経済パートナーである。ルキンの議論では中ロ両国は大量破壊兵器の不拡散や経済発展などの国際的課題に関して西側諸国の協力を必要としているため，西側に敵対的な軍事同盟を形成する見込みはない。

　以上から，中ロは世界秩序構想，内政，経済，地政など複合的な利益を共有していることになる。ルキンの議論はロシア政府が発表する外交文書に即したものであるという意味で参考になるが，額面どおりに受け取るには「公式」的すぎる。例えば，多極世界というレトリックの解釈が中国とロシアで微妙に違うことは以前から指摘されてきた[28]。以下で述べるように，北朝鮮の核開発問題に関しては中ロの足並みがそろわない局面も見られる。注目すべき点は，中国と協調することがロシアの国際的影響力を強化し，影響力の中心を形成することができると考えられていることである。そのことに関してロシアと中国の対外政策形成者の間にどの程度合意が形成されているのか

については定かでないが，第一次プーチン政権末期以降のロシアと中国を結びつける要因としては，共通の脅威よりも，台頭するパワーである中国とのバンドワゴンによる国際的影響力（大国としての地位）の強化，経済協力，ロシア極東地域および中央アジアにおける国境地域の安定と予見性の向上という地政学的要因が重要であると考えられる。ただし，大国としてのアイデンティティが国家行動の重要な動機となるロシアにとって，中国との協調が中国に従うことを意味するようになることは回避しなければならない。

第三節　「多ベクトル外交」の萌芽──可能性と困難

2003年8月に公表された「2020年までのロシア・エネルギー戦略」で石油輸出に占めるアジア・太平洋諸国のシェアを3％から30％に，また天然ガス輸出においては15％に増加されることが目標として設定されたように，アジアのエネルギー市場への進出は地域政策の新たな要である。また，2012年に行われたウラジオストクAPECサミットへ向けて「2010年までの極東・ザバイカル長期発展プログラム」が2013年までに延長・修正されたように，ロシア極東地域の経済発展とアジア・太平洋地域協力とをリンクさせるアプローチの端緒を開いたことも第一次プーチン政権の成果であろう。中国との関係が中心に据えられてきたロシアのアジア・太平洋政策を克服しようとする志向には，①エネルギー供給国としての役割の強化，②重層的な地域制度への積極的な参加，③地域協力とロシア極東地域開発のリンク，という三つの方向性が見られる。本節では①，②の点を概観し，次節で③の点について詳しく検討したい。

(1) エネルギー供給国としてのロシア

1990年代後半から2000年代初頭までロシアのアジア・太平洋政策に見られた軍事・政治分野に比重を置くアプローチに，プーチンとメドヴェージェフは経済要素を付け加えた。その例として武器以外のロシアの貿易において中国と日本の意義が大きくなりつつあることが挙げられる。アジア向けエネ

ルギー輸出の増大が見込まれている現在，いかに互恵的な経済関係を構築するのかがロシア極東地域にとっての課題である。外国車に対する輸入関税の引き上げや，APEC 会議の誘致は，より互恵的な経済関係を築くためのロシア極東の製造業の発展，および輸送インフラの整備を企図するものと考えられる。2009 年のロシアの貿易相手国(CIS 以外)のなかで，中国はドイツ，オランダに次いで 3 位であった(日本は 9 位)[29]。日本について述べると，2005 年から 2008 年までの日ロ貿易は日本の輸出超過であり，ロシアへの輸出において 3 位を占めていた。日本からの輸出の 75.9％を占めていたのは自動車である[30]。ロシア政府による外国車(重車輌，トラック，乗用車)の輸入関税の引き上げ措置が 2009 年 1 月から適用となり，2009 年 10 月に再び 9 カ月間の延長が決まったため[31]，2008 年に 104 万台であったロシア向け自動車輸出台数は，2009 年には約 10 分の 1 の 11 万台に落ち込んだ[32]。その一方で，2009 年 3 月からはサハリン 2 プロジェクトから日本向けの液化天然ガス(LNG)輸出が始まった。サハリンの LNG は，ロシアからの輸入総額の 10.8％(890 億ドル)を占めるにすぎないが[33]，今後も増加が見込まれるため，日本が対ロ輸出構造の転換に成功しない限り，輸入超過の貿易構造は続くと考えられる。また，2009 年 5 月にプーチン首相が訪日した際，日本とロシアは原子力協定を締結した。この協定によって両国は向こう 25 年間，ウラン濃縮，原発建設，放射性廃棄物処理などでの協力が可能となる。LNG と原子力の分野で日本とロシアは新しい協力分野を開拓した。一方で，2010 年 11 月にメドヴェージェフ大統領の国後島訪問が行われた背景に関しては，2012 年の大統領選に向けた国内向けのパフォーマンス，あるいは日ロ関係の継続的な劣化の所産であると説明されてきた[34]。メドヴェージェフ政権下では，領土問題とは別に日ロ間の経済協力が動き始めたことをここで指摘しておきたい。

(2) 重層的な地域制度の活用

　第一期プーチン政権のアジア・太平洋政策の特徴は，軍事分野の協力を基盤として中ロ戦略的パートナーシップを強固にする一方で，「ロ朝友好善隣

協力条約」調印やベトナムとの債務問題の解決，カムラン湾からの撤退に見られるように，エリツィン時代に軽視されがちであった旧同盟国との関係回復を図ったことである。これは 2003 年 8 月から開始された北朝鮮の核開発問題をめぐる六カ国協議へのロシアの参加を可能にしたという意味では一定の成果を得たと言える。そして第二期プーチン政権には，ロシアによる東南アジア友好協力条約への調印(2004 年 11 月)，ロシア-ASEAN サミットの設立，第 1 回東アジアサミットへのゲスト参加(2005 年 12 月)，2012 年の APEC 開催国への立候補(2006 年)など，多国間外交の活発化が観察された。この方針は 2008 年 5 月に発足したメドヴェージェフ政権にも引き継がれ，2010 年 10 月には ASEM だけでなく，アメリカとともに東アジアサミットへ参加することが承認された。

　このようにロシアが多国間の地域制度を重視する背景には，アジア・太平洋地域において米中関係が強化され，日ロ間の領土交渉は進展する気配がない状況である一方，ASEAN＋3 を中心に進展している「東アジア」地域主義の動きから取り残されているという焦りが見られる。①二国間関係，②地域制度(SCO，朝鮮半島の六カ国協議，ASEAN)，③広域地域制度(ASEM，東アジアサミット，APEC，ARF，ロシア―インド―中国)のすべてのレベルにおける参加を積極化していくことによってアジア・太平洋のアクターとしてのロシアの地位や発言力を向上させていくことがロシアの長期的戦略であると言える。2010 年 11 月に起こった北朝鮮による韓国の大延坪島砲撃の際，ロシアは国連安保理での緊急会合を招集し，北朝鮮と韓国の双方に自制を促す声明案を提示し，さらに名指しや地名を避ける妥協案の提示も行ったが，北朝鮮を名指しで非難するかどうかをめぐって中国とアメリカが対立し，声明案の調整は失敗に終わった[35]。現在のところアジア・太平洋の地域制度においてロシアは周辺的アクターであるが，紛争の解決においては国連安保理常任理事国の地位を活用して独自にイニシアティヴをとろうとする姿勢をとっている。

第四節　ロシア極東開発とアジア・太平洋地域主義
　　　——APECを事例に

（1）ロシア極東開発における連邦政府のジレンマ

　アジア・太平洋政策におけるソ連とロシア連邦の違いの一つは，後者が既存の地域協力組織への正式な加盟を実現し，アジア・太平洋諸国が直面する世界的・地域的問題の意思決定過程に関与する地位を得たことである。ASEAN＋3を中心に，域内16カ国の首脳が一堂に会する東アジアサミットへの参加をロシアが強く働きかけてきたのは，再びこの地域から疎外されることを避けるために，より早い段階から新たな共同体創設の動きに関わることを重視しているからである。2005年12月14日に行われた第1回東アジアサミットのゲストとして演説を行った際，プーチン大統領はロシアがアジア・太平洋地域の不可分の一部であり，この地域におけるロシアの信条は対等なパートナーシップと互恵性であると述べた。また，アジア・太平洋で行われている統合プロセスに参加することはロシア全体の，とりわけシベリア・極東地域の社会・経済的発展にとって好都合な外的条件をつくり出すことに貢献するだろうとも述べている[36]。これは裏を返せば，中央政府がシベリア・極東地域の活性化のための効果的な国内戦略を持っていないことを示しており，地域大国としての地位確保と経済的恩恵の享受という二重の動機から，ASEAN，APEC，アジア協力対話，ARFの利用にかつてないほど積極的な姿勢を示していると考えられる[37]。

（2）ヨーロッパ中心主義の克服——地域統合とロシア

　APEC諸国とロシアの貿易額は10年間で203億3790万ドル(1998年)から972億4610万ドル(2009年)へと約5倍に増加した。しかしロシアの全体の対外貿易額が増加したため，貿易全体に占める割合で見ると17.7%から20.7%へ3%増加したにすぎず，APEC加盟前後で大きな変化はない。地域

グループ別では，EU，APEC，CIS がロシアの輸出に占める割合はそれぞれ 53.3％，15.0％，15.5％であり，輸入は 45.0％，31.0％，13.0％である[38]。隣接する三つの地域グループを合計すると，ロシアの輸出の 83.8％，輸入の 89.0％と大部分を占めている。世界経済への統合を急ぐ一方で，地域レベルで統合を進める EU，APEC，CIS にロシアがどう関わっていくかは，連邦の経済・社会状況を水平に発展させていくという意味で重要な課題である。

　ロシアは 1994 年に政治，経済，社会，文化の四つの領域に関する EU とのパートナーシップ・協力協定に調印したが，EU との関係をどのように位置づけるのかについては今日まで論争が続いている。ロシアはブッシュ政権によるチェコ，ポーランドへのミサイル防衛システム配備計画を厳しく批判し，さらに 2007 年 12 月には CFE 条約の履行停止を表明した。1990 年代から続く軍事分野の対立の再燃に加えて，2007 年 12 月のロシア議会選挙，2008 年 3 月のロシア大統領選挙の正当性を欧米諸国が批判したことも重なり，欧米とロシアの関係には「新冷戦」という言葉が使われるようになった。ロシア外務省は 2008 年 8 月に南オセチア情勢が激化するまでは常にこの見解を否定してきた[39]。しかし，プーチン政権からメドヴェージェフ政権への交代時，軍縮および政治体制をめぐる欧米諸国とロシアの立場の相違は，冷戦終結以来，最も深刻な状況に陥っていた。将来の EU との関係は，四つの共通空間（経済，自由・安全・司法内務，対外安全保障，研究・教育）の形成だけでなく，相互依存性の高いエネルギー分野において，いかに共通の政策を実現していくのかという点が焦点となるだろう。ロシアの戦略環境を見ると，ウクライナ危機を始めとする軍事安全保障上の脅威がヨーロッパ方面に集中している。また，2004 年 5 月にバルト諸国，中東欧諸国など旧社会主義諸国が EU に加盟したことによってロシアの対外貿易に占める EU の比重は，輸出 35.2％，輸入 38.7％（2003 年）から，輸出 55.2％，輸入 44.2％（2005 年）に上昇した[40]。逆に，EU の域外貿易に占めるロシアの割合はわずか 4％程度である。このような経済関係の不均衡は，EU 拡大がロシアに与えた負の成果の一つと考えられる[41]。ロシアの対外貿易における EU の比重を低減し，ヨーロッパへの経済的依存度を軽くするために必要なのは，アジア諸国

との経済技術協力を強化すること，そして同時に資源の輸出先を多角化していくことである。

この点に関連して，ロシア・EU関係の専門家であるレフ・クレパツキー(Lev Nikolaevich Klepatskii)は，EUにおける「共通の利益」が官僚主義的に形成されるのと比較して，アジアの統合機構はより開放的で，相互主義と加盟国の国益に基づいて活動が決定されることから，ロシア外交の世界観・概念的基盤にはアジア的な統合の哲学の方が合っていると指摘している[42]。クレパツキーがとくに重視するのは「近いアジア」，つまりCIS空間である。近い将来EUとの関係に改善の見込みがないことを考慮すると戦略的パートナーシップの構築を中断し，ユーラシア空間での指導的地位を確保した方が，EUとの関係をより明確にできるとまで述べている[43]。

実際に，メドヴェージェフ政権はユーラシア経済共同体(EurAsEC)を関税同盟に発展させようとする動きを強めた。メドヴェージェフ大統領によって8年ぶりに改定・承認された「ロシア連邦の対外政策概念」(2008年7月12日承認)では，地域の優先事項として第一にCIS諸国との二国間・多国間協力の発展が挙げられた。EurAsECの枠組みでベラルーシおよびカザフスタンと関税同盟，統一経済圏の創設に関して積極的に活動し，これに他のEurAsEC加盟国(クルグズスタン，タジキスタン，ウズベキスタン)の参加を促すことが具体的な目標の一つとされた[44]。ソ連崩壊後，ロシアはCIS諸国との自由貿易地域の創設や関税同盟の形成によって経済統合を推進しようとしてきた。EurAsECは実態として自由貿易地域を形成しているが，CIS諸国間の二国間自由貿易協定には例外品目の残存や非関税障壁の問題などがありその完成度は高くないと評価されていた[45]。しかし，2007年以降，経済統合に向けた動きが加速され，同年10月にロシア，ベラルーシ，カザフスタンの3カ国が調印した関税同盟設立条約は，2010年1月1日から発効となり，共通輸入関税率が導入されることになった。加盟国共通の規則を定めた関税法典では，ロシアの石油・ガス製品が例外扱いとされているため，ベラルーシが署名を拒否したが，最終的に2010年7月に署名された[46]。3カ国の首脳は，2014年5月に「ユーラシア経済同盟」を創設する条約に署

名しており(2015年1月1日発効)，資本や労働力の移動自由化や域内のモノ・カネ・サービス市場の統合が進むことが見込まれる。

現段階ではロシアの貿易に占めるCIS諸国の割合にあまり変化が見られない一方で，APEC諸国はロシアの輸入の約30％(うち67.4％は日本，中国，韓国)を占めるようになり，その比重は高まってきている。上述したように，ロシア極東地域の対外貿易の75％は日中韓が占めており，ロシアの他地域との経済関係が極めて薄いことが懸念されてきた。連邦構成主体の分離主義的傾向は，経済の否定的過程を引き起こしているとして，1997年と2000年の「ロシア連邦の国家安全保障概念」のなかでも脅威とみなされていた。これに対し，プーチンは2000年以降，①連邦優位の中央・地方関係の改革，②極東地域発展プログラムの見直しという二つの方向で極東が抱える社会・経済問題の改善に取り組んできた。アジア・太平洋地域との経済協力の促進をシベリア・極東地域の発展とリンクさせる方針は2004年7月の在外大使会議で明らかにされ，その後ロシアは2006年のハノイAPECサミットで2012年の議長国に立候補し，2007年の同首脳会議で承認された[47]。APECの議長国はその1年間に100以上のAPEC関連行事を自国で行わなければならず，そのためには大規模な財政力と組織力が求められることになる。ロシアを2012年の議長国として承認する際，オーストラリアのジョン・ハワード首相(John Winston Howard)はウラジオストクではなくG8招致経験のあるペテルブルグでの開催を打診したと言われている[48]。にもかかわらずプーチンがウラジオストク市での開催にこだわったのは，APECサミットの開催準備を契機に同市を開発するとともに，ナホトカ市にあるボストーチヌイ港に港湾タイプの特別経済区域を創設し，本格的に地域開発を始めることに狙いがあったためだと考えられる。APEC諸国との重要な協力分野としてロシアが提案してきたシベリア鉄道経由の輸送回廊を活性化させるためには，第一にコンテナを受け入れる港湾設備・機能を改善しなければならない。ウラジオストクで大型公共事業を行うことによって，従来積み出し港としての機能を果たしてきた沿海地方の港湾の受け入れ機能を発達させることが期待されている[49]。このように，APECサミットの招致は単なる短期

的な投資計画ではなく，入念に計画された極東開発計画の一部であり，シベリア・極東地域の長期的発展計画に資するものである。この意味でウラジオストクへのAPEC招致は太平洋石油パイプライン計画と並ぶ国家プロジェクトであった。

(3) APEC参加に関する連邦政府の取り組み

ここではロシア連邦政府がAPECに参加するための体制を整えていった過程について述べたい。ロシアは1995年にAPEC事務局に加盟申請をしたが，1997年のAPEC閣僚会議で正式に加盟が承認されるまで，APECでの活動は専門分野に限定された。これは，産官学の三者で構成される組織「太平洋経済協力ロシア国家委員会」を窓口に，APECと関係が深く，共通分野のタスク・フォースを持つ非政府組織「太平洋経済会議」(APECの公式オブザーバー)および「太平洋経済委員会」のエネルギー部門，鉱物部門から始まった。APECでは非加盟国に作業部会への部分的な参加を認めており，ロシアは1996年10月の第4回APEC高級事務レベル会合において「漁業」と「海洋資源保全」の二つの作業部会への参加を承認された。また同時にエネルギー作業部会への参加申請も受理されている[50]。ここから，ロシアがAPEC諸国に期待する協力分野は当初からエネルギー資源であったことが分かる。このような専門分野での協力に対応するために，1996年7月27日付政府決定によって「「アジア・太平洋経済協力」フォーラムに関する省庁間委員会」が設置された。委員長はプリマコフ外相(当時)が務め，APECの委員会や作業部会への実務的参加に関心を持つ16の省庁の代表者で構成された。

しかし翌年に正式な加盟が決まったことから，APECでの本格的な活動に対処するために1998年8月13日付政府決定によって新たに「「アジア・太平洋経済協力」フォーラム参加問題に関するロシア連邦政府委員会」(以下，APEC政府委員会)が設立された。この政府決定ではAPEC政府委員会の組織および情報分析活動は外務省が保証することになった。また財務省はAPEC参加に伴う支出の融資を連邦予算の負担で保証しなければならな

い[51]。APEC 政府委員会の主な役割は，APEC の枠内でロシアの対外政策・経済的利益を確保するために連邦執行権力機関の活動を調整することである。また首脳会議，閣僚会議，高級事務レベル会合の文書や演説の作成も担当していた。APEC には当時 11 の作業部会があり[52]，ロシアは農業技術，エネルギー，漁業，産業科学技術，海洋資源保全，中小企業，運輸の分野に参加していた。これらの専門分野の協力は，主に対応する省庁や政府委員会から代表が派遣されるため(企業の場合もある)，省庁間の利益の調整が必要となる。APEC 政府委員会の長は経済相のアンドレイ・シャポヴァリヤンツ(Andrei Georgievich Shapoval'iants)が務め，APEC 加盟国に提出が義務づけられている貿易投資の自由化に関する個別行動計画の作成を主な任務としていた。

　実際にロシアの隣接地域で進展する政治・経済統合に対する方針が定められ，それを実行するための国内の法的整備が行われたのは 2000 年にプーチンが大統領に就任した後である。エリツィンが一度も APEC 非公式首脳会議に出席しなかったのとは対照的に，プーチンは首相時代の 1999 年 9 月からほぼ毎年非公式首脳会議に出席しており[53]，世界経済への統合を踏まえて早い段階から APEC のような地域組織を重視していたと言える。

　毎年 1 回開催される APEC 非公式首脳会議，閣僚会議(外相，経済担当相)，分野別担当大臣会合(貿易，財務，観光，海洋，教育，運輸，環境，中小企業，保健，人材養成，科学技術協力，女性問題，エネルギー，鉱業，電気通信・情報産業)，APEC ビジネス諮問委員会は APEC の政策方針を決定する役割を担っている。一方実務を担当するのが高級事務レベル会合，APEC 事務局，委員会，作業部会，スペシャル・タスク・グループである。ロシア側からこれらの活動に恒常的に参加しているのは外務省，経済発展省，エネルギー省からの代表者，およびハバロフスク地方知事，沿海地方知事である。場合によっては他の省庁，政府委員会，大統領府，国家会議，企業の経営者が代表団に含まれてきた。このように APEC での活動が拡大するにつれ，代表団の構成者が多様化した。同時に，CIS，ヨーロッパ，アジア・太平洋の三つの地域へのロシアの統合過程における連邦権力執行機関の活動

を調整する必要が生じたことから，2004年10月21日付政府決定によって「経済統合問題に関する政府委員会」(以下，委員会)が設置された[54]。

委員会の設立は，APECを含む地域統合政策の統轄が外務省ではなく，首相の直轄になったことを意味する。その主な課題は，第一にロシアとCIS加盟国，CIS枠内での他の統合機構，EU，APEC諸国との相互関係における統一された戦略を提供することである[55]。第二に，ロシアの対外政治・経済的利益を保証するために上記の諸国・機構との関係における国家政策の実現に関する連邦執行権力機関の活動を調整し，効果的な相関関係を実現させることである。第三に，委員会はCIS加盟国の領土における安定確保のアプローチの決定，CIS加盟国間の長期の互恵的経済その他の相互関係の形成，国際問題に対するこれらの諸国の共通の立場の策定を担う。第四に，次の分野での方針の策定を課題とする。平和と安全の強化のためにCIS加盟国，CIS枠内での他の統合機構，EU，APEC諸国との互恵的協力を実現する。これらの協力の条約・法的基盤を向上させ，国際経済システムへロシアを段階的に統合させる。貿易・投資・財政協力の発展，違法行為の予防，環境保護，科学・人文・文化交流の拡大，情報交換などの領域における協力を進める。この委員会の長の選出には政府の承認が必要であり，委員会の構成員は外務省と経済発展貿易省(現在は経済発展省)による提案と，関心を持つ連邦執行権力機関の同意に基づいて政府が承認する。外務省は引き続き組織技術，情報分析活動を請け負うことになっているが，構成員に占める外務省関係者は33人中3人程度である。この委員会の設置による一番の効果は，それまで別々に存在し，主要な連邦執行権力機関が関わっていた「EUとの協力に関する政府委員会」[56]，「APEC政府委員会」の活動の調整を一元化することによって，組織の効率化が図られた点にある。

ロシアにとってAPECへの完全な加盟は予定されていたものではなかったため，活動における優先事項，政策方針，代表団に関する法的整備が整うまでに加盟から6年の歳月を要した。2006年以降，APECに関するロシア側の最大の関心事は2012年のウラジオストク・サミットにあり，この件に関して最大の権限を握っていたのはプーチンであった。2008年9月に入っ

てすぐプーチンは沿海地方を2日間にわたって視察し、国立極東大学で講演を行った。そこで彼が指摘したように、国家の優先事項はAPEC開催それ自体ではなく、地方の発展である[57]。この点に関しては後述するが、APEC開催に向けたウラジオストク市の開発のため2840億ルーブルの予算を投じることが2007年12月の段階ですでに決定していた（うち2020億ルーブルは連邦予算）。しかし開発計画に深刻な遅延が見られることを懸念し、プーチンは初めてウラジオストクAPECサミットの中止の可能性に言及した。同時にプーチンは、APECサミットの準備計画に地域全体の発展という利益を盛り込むことを可能にするために、2012年のAPECサミットの組織委員会の長にイーゴリ・シュヴァロフ第一副首相 (Igor' Ivanovich Shuvalov) を指名し、「極東ザバイカル社会経済発展問題に関する国家委員会」の議長も彼に任せる方針を明らかにした[58]。シュヴァロフはメドヴェージェフ政権発足に伴ってすでに「経済統合問題に関する政府委員会」の委員長に就任しており、ようやくロシア外交全体と調和した経済統合政策、極東開発計画、APECサミットの準備の3段階をリンクさせて監督する体制が整ったと言える[59]。

(4) APECにおけるロシアの活動

　APECの経済協力領域は多岐にわたるが、ここでは「APEC参加理念」が作成された2000年以降、ロシアがとくに関心を持って参加してきたエネルギー安全保障、輸送、非鉄金属、国際テロ対策における活動を取り上げたい。2000年のブルネイAPECサミットにおける演説でプーチンは、エネルギー・天然資源の輸出拡大を重視しているが、ロシアにとってエネルギーとは石油・ガスだけでなく輸送手段や化学製品・石油化学製品を含んだものである点を強調し、互恵的な経済関係の構築を訴えた。輸送に関しては、シベリア鉄道と環カスピ海輸送回廊を経由したアジアからヨーロッパへの輸送路を提案し、また機械製作製品、資源（とくに非鉄金属）の供給でAPEC諸国と契約を結ぶ用意があると発表した[60]。

　この直前に行われた2000年9月のAPEC高級事務レベル会合では、不安

定な石油価格の対策について話し合われていた。これを受けてAPEC首脳声明では消費国と生産国の相互利益の安定を促進するようなしかるべき措置が必要であることが確認された[61]。その後APEC加盟国間で行われた一連の協議の成果は「エネルギー安全保障イニシアティヴ」にまとめられ，2001年の上海APECサミットで承認された。これは，一時的な供給停止への対応措置と，地域のエネルギー供給が直面する広範な課題に対するより長期的な，政治的に見て実際的で許容可能な措置を提案する文書である。「エネルギー安全保障イニシアティヴ」には日本，韓国，オーストラリア，中国，アメリカ，タイ，ニュージーランドなどの主要なエネルギー輸入国のエネルギー政策や国益が反映されており，この地域の安定したエネルギー供給国になることを目指すロシアも高い関心を示してきた。とくに各国のエネルギー関連データを提出させる共同石油データイニシアティヴは供給国・消費国間の対話に役立っており，日本はこれをガスなど他の燃料でも作成することを提案している[62]。2006年10月にはユジノ・サハリンスクで産業エネルギー省(当時)の次官がオーストラリアの担当者と共同でエネルギー作業部会の議長を務めた。主な議題は作業部会参加国のエネルギー関連企業による政府への要望，「エネルギー安全保障イニシアティヴ」の実施状況である。とくに「エネルギー安全保障イニシアティヴ」の長期的措置では，投資，輸送の効率性，代替燃料についてアメリカ，日本，台湾から多くの提案が行われた[63]。ロシアは部会のオープニングで国営石油企業の代表者にサハリンとカムチャツカで進行中のプロジェクトについて報告を行わせた。またサハリンエネルギー投資会社はサハリン2プロジェクトにおける環境問題の重要性を，エクソン・モービルの代表者はサハリン1プロジェクトにおける政府の役割の重要性と，エネルギー資源の生産を開始するための開かれた競争的な市場の必要性について訴えた[64]。ユジノ・サハリンスクで作業部会が開かれたのは天然資源省が環境問題を理由にサハリン2プロジェクトの開発承認を取り消した直後であった。しかし作業部会ではロシアのエネルギー政策に対する批判は行われなかった。このように合意が得られない争点に関して批判や圧力を極力避けるAPECの体質がロシアの参加を保証している要因でもある。

エネルギーに次いで互恵性の高い協力分野として輸送を挙げたい。上述のとおりロシアにとって輸送ルートの整備はエネルギー資源の輸出と不可分の問題である。アジア・太平洋諸国からの貨物をシベリア鉄道経由でヨーロッパに運ぶためには，沿海地方の港湾を使用することになる。港湾の開発と海上貨物輸送の発展，サハリン大陸棚プロジェクトと東シベリア・太平洋石油パイプライン建設計画は相互に関係する問題である。ロシアが参加するAPECの運輸作業部会は，輸送サービスの自由化および地域の経済発展を促進するための輸送システムの安全性向上を目標にしている。その活動は，国内政策の調整を促し，一貫輸送供給網を発展させ，輸送活動の安全を保障することに力点が置かれてきた。ロシアは2005年9月にウラジオストクで運輸作業部会を組織しており，参加諸国と一貫輸送システム，陸上輸送安全保障，海上輸送安全保障などについて協議した。2003年から2005年までAPEC事務局で運輸作業部会のプログラム責任者を務めてきたロシア外務省のセルゲイ・シピロフ（Sergei Borisovich Shipilov）はロシア側の関心が高い協力分野として，海賊など海上での違法行為に対する取り組みを挙げている。APEC作業部会の活動を通じて，船団警備・港湾建設に関する国際規範をアジア・太平洋諸国に適用する経験を学ぶことは，小船団の安全保障や脆弱性の評価基準を学ぶだけでなく，情報交換にもつながるためである[65]。

以上のほかにも，ロシアがイニシアティヴを発揮している例として，非鉄金属に関する対話とエネルギー関連インフラをテロから守る取り組みがある。2003年の第1回高級事務レベル会合で，ロシアは非鉄金属に関するAPEC対話を始めることを提唱した。これに伴い2003年8月には展望を議論するためのテスト・セミナーがロシアのヴラツクで行われ，翌2004年5月にプコン（チリ）で13カ国の代表が参加する第1回非鉄金属対話が開催された。ロシアがこの分野を重視するのは，第一にアジア・太平洋地域がアルミ，ニッケル，銅など主要な金属の国際的市場だからである。2001年にAPEC諸国はアルミの生産と消費において世界の60％以上を占め，続く2002年から2006年にかけては世界の4分の3に増加することが予想されていた[66]。またニッケルの場合も，APEC加盟国であるロシア，カナダ，オーストラ

リア，インドネシア，中国が生産において世界の62%を占め，消費においても60%を占めていた(主な消費国はアメリカと東南アジア諸国)。銅に関してはチリが世界の30%を生産している[67]。ロシアはどのカテゴリーにおいても生産国であり，鉱業がAPEC経済，とくにチリ，オーストラリア，メキシコ，中国，カナダ，インドネシア，ロシアにとって重要な産業であることを考慮して，通関手続きの調和，非関税障壁の除去を行い各国の非鉄金属市場の透明性を高める目的でこの対話のイニシアティヴをとっている。また，APECはテロの資金源を断つなどの領域で国際テロ対策に貢献している。最近の例では，ロシアがエネルギーインフラ基幹施設の防御システム整備を提案し，APECテロ対策特別グループの枠組みでこれに取り組んでいる。またテロとの戦いにおいては人道的・イデオロギー的対策も必要であるとの観点から，「文明間の対話の発展」を提唱したのもロシアである[68]。

このようにロシアは極東地域の発展にとって重要な経済分野を中心にAPECの対話や作業部会に参加し，その経験を学ぼうとしている。まだイニシアティヴをとって成果をあげている分野は少ないが，非鉄金属は期待できる領域だろう。APEC加盟時に課題とされた極東地域の政府関係者，企業をAPECの活動に参加させることに関しては，連邦政府はAPECの作業部会を極東の都市に招致することなどで対応してきた。その一方で，拡大するAPECでの活動に財務省関係者が関与していない，研究者などの専門家による参加・研究がほとんどないなどの問題点も残っている。

(5) 2012年のウラジオストクAPECサミット——問題点と展望

最後に2012年9月2日〜9日に行われたウラジオストクAPECサミットの準備に関連した諸問題について触れたい。2006年11月のハノイAPECサミットで2012年の開催地に立候補した後，プーチンは12月に行った安全保障会議で極東の社会・経済発展問題を取り上げ，戦略的な開発プランの策定を決定した。2007年1月末には，インド訪問の帰りにウラジオストクでAPECサミット招致の準備を極東の指導者たちと話し合うための会議を開催し，沿海地方に空港の近代化，道路，宿泊施設の整備のために1000億

ルーブルの投資を行うことが表明された[69]。またほぼ同時にミハイル・フラトコフ首相(Mikhail Efimovich Fradkov)を議長とする「ロシア極東・ブリヤート共和国・イルクーツク州・チタ州の社会経済発展問題に関する国家委員会」が大統領令によって設置された[70]。これら一連の措置に対して，沿海地方だけに資金が投入されることを懸念した極東の他の構成主体から疑問の声が上がったため，連邦政府は「1996年から2010年までの極東・ザバイカル長期発展連邦特別プログラム」を2013年までに延長し修正する方針を決めた[71]。作成にあたってはフラトコフが直接指揮をとり，サブプログラムのなかでウラジオストクへのAPEC招致計画が盛り込まれた。

連邦特別プログラムによるAPEC関連事業は，第一に大型旅客機の発着を可能にするための空港の整備である。第二に，サミットの会場やプレス・センターをウラジオストクから約2キロメートル離れた(小型船で約40分)海上に浮かぶルースキー島に建設することである。この島は海軍の要塞が置かれてきた場所であり，島の沿岸を囲むように砲台の跡が残っている。人口約6000の島に，舗装された道路はなく，上下水道，送電・通信網といったインフラの整備が最優先の課題とされた[72]。第三にAPEC関連行事で政府・企業・マスコミ関係者が宿泊する施設の建設である。そして第四に，空港からルースキー島までの道路と橋梁の建設が計画された[73]。

このように連邦政府によって事業の達成目標が設定されたが，これらの事業はすぐに着手されなかった。その原因は施設が建設される地域の反対で市議会で計画が承認されないという基本的な問題から建設に関わる技術的な問題まで様々であった。また修正された連邦特別プログラムによると，追加資金は約5670億ルーブルに上るが，地方の立場に立ってそれぞれの連邦構成主体のプロジェクトに必要な資金を算出すると経済発展省の見込みで1兆5000億ルーブルが必要であった[74]。5670億ルーブルのほとんどがAPEC招致のためにウラジオストク市に投入されることを考慮すると，このプログラムもまた極東地域全体の開発を考慮したものとは言えなかった。追加資金のうち3850億ルーブルは連邦予算から拠出することになっていたが，プログラムでは連邦予算資金と地方が負担する資金を対等に共同支出するという原

則になっており，補助金が主たる予算源となっている地域には機能しないという問題もあった。さらに，上述のとおり大型公共事業に伴う資材の受け入れによって沿海地方の港湾の整備，輸入通関機能の充実が期待されたが，その一方で橋梁建設などを請け負うのは域外のロシア企業あるいは外資が行う可能性が高く，現地(沿海地方)の製造業の活性化につながりにくいという点も指摘されていた[75]。

　メドヴェージェフ政権期には閣僚だけでなく大統領自身が現地入りし，APECサミットの準備状況を視察するなど，中央の監督下で極東開発が着実に行われていることが内外にアピールされた。2008年秋からの世界的な金融危機の影響で，2009年のロシアの経済成長は2000年以降初めてマイナスを記録したにもかかわらず，APEC開催に向けたインフラ整備予算は増額され，最終的に6600億ルーブル(日本円で約2兆円)が投じられた。2012年5月にプーチンが大統領職に復帰した直後，ハバロフスクに極東発展省が置かれ，初代大臣には，2009年まで20年近くハバロフスク地方知事を務めていたヴィクトル・イシャエフ極東連邦管区大統領全権代表(Viktor Ivanovich Ishaev)が就いた。こうして9月に開催されたAPECでは，ガスプロムと日本の資源エネルギー庁がウラジオストクのLNG基地の共同建設のための覚書に署名する一方，中国はロシア極東の林業への進出と，ロスネフチと中国石油天然気集団公司が天津に設立する製油所の輸出権を得ることを決めた。また，韓国もビザ廃止や朝鮮半島を横断してロシアと接続するガスパイプライン，電線，鉄道の敷設の実現に意欲を示した。このように，エネルギー資源分野を中心に，隣接する日本，中国，韓国が官民をあげてロシア極東とのビジネスを活性化させようとする姿勢が顕著であった一方で，オバマ米大統領の不参加や領土問題で対立する日中韓の対話が見られないなど，加盟国間の不和が目立つ会合でもあった。ウラジオストクAPECサミット後も，プーチン大統領は「2014年から2025年までの極東バイカル地域の社会経済発展国家プログラム」を承認して総額3460億ルーブルの予算をつけるなど，国家プロジェクトとしてこの地域の開発に力を入れる方針を変えていない[76]。今後の懸念は，国際面では2014年3月に決定されたロシアによ

るクリミア併合を受けて，アメリカや EU 諸国，日本が経済制裁に踏み切ったことが，高まりかけていた日本企業の極東進出に及ぼす影響である。また，国内面では，極東開発の「現地化」を目標として導入された極東発展省の機能の改善が課題である。上述の国家プログラムの執行責任も極東発展省が負っている。開発が進まないという批判から 2013 年 8 月にイシャエフが解任され，翌 9 月に経済団体「実業ロシア」の共同代表であったアレクサンドル・ガルシカ（Aleksandr Sergeevich Galushka）が極東発展相に着任した。国家プログラムを連邦政府と現地の間でいかに効率的に実施していくかという点が APEC サミット後の極東開発の鍵と言える。

小　括

　ロシアのアジア・太平洋政策の基軸とも言える中国との関係においては，たとえ脅威認識や武器貿易で矛盾を抱えていても，中国が国際舞台で発言権を有する大国である限り中心的役割を果たし続けるだろう。ただし，アメリカに対する均衡政策の重要な動機の一つである大国でありたいとするロシアのアイデンティティは，アジア・太平洋政策においてもロシアの中国への態度を決定する重要な要素を構成している。ロシアが多極世界秩序を支持する背景には「主導する国」と「追従する国」という二分法への反対の意思が隠されている。これは同じく多極を支持する中国に対するロシアの行動にも当てはまる。第二期プーチン政権の後半から少しずつ軌道に乗り始めた重層的な地域制度への積極的な参加や，エネルギーを含む新たな経済協力分野の開拓からは，中国中心のアジア・太平洋政策を相対化しようとしたプーチン政権，そして実行に移したメドヴェージェフ政権の志向が読み取れる。

　ロシアにとってアジア・太平洋諸国と自立した多角的な関係を構築する選択肢の一つとして，地域制度を利用したロシア極東地域の発展の促進がある。1998 年にロシア，ベトナム，ペルーが APEC に加盟してから 15 年以上が経過した。その間，APEC 内では早期自由化協議が失敗し，ASEAN 域内および ASEAN と日中韓それぞれの枠組みでの自由貿易圏が形成され，他

方では設立当初米ロを排していた東アジアサミットが発足した。このような状況のなかで関係諸国によるAPECへの関心は薄れてきたというのが現状である。その一方でプーチン大統領はウラジオストクを2012年のAPECサミット開催地にすることにこだわり，これを極東，ブリヤート共和国，イルクーツク州，チタ州の開発の誘因にしようとしていた。対外的に見ると，このプロジェクトは2014年のソチ冬季オリンピックと並んで，世界経済・金融におけるロシアの役割の強化と，国際発展のドナーであることをアピールするという目的を有していた。

　これまで見てきたAPECにおけるロシアの活動から，同国のアジア・太平洋政策の新しい側面が指摘できる。第一に，従来のように政治・軍事的影響力を行使してアジア・太平洋諸国との関係を構築するのではなく，経済協力を通じて地域統合過程に参入することによって，この地域でのプレゼンスを強化しようとしている点である。ロシアとAPEC諸国の双方にとって利益が見込まれるエネルギー分野では，まだロシア自身がイニシアティヴをとれる段階ではない。しかしロシアの円滑なエネルギー供給を可能にし，APEC諸国にとってはエネルギー供給源の多様化を実現できる新しい構造の形成を目指すロシアが，アジアの主要な資源輸入国の政府・企業関係者が参加するAPECエネルギー作業部会に参加する意義は大きいだろう。第二に，1991年に中国，香港，台湾がAPECに加盟し，1993年からアメリカ大統領が提唱したアジア諸国による非公式首脳会議が開催されるようになって以降，ロシアはモンゴルとともにアジア首脳の政治対話から疎外されてきた。APEC加盟によって，ロシアは毎年行われる非公式首脳会議，閣僚会議という地域の意思形成過程や，国際テロ対策など脱国家的問題への取り組みに参加する場が保証されるようになった。本章で述べてきたように，この二つの可能性を進展させていくための国内的体制は整備されたばかりであり，連邦政府が立案したプログラムを極東発展省および地方政府が実施するシステムは効果的に機能しているとは言い難い。いかにロシア極東地域への利益の還元と近隣諸国との関係発展をリンクさせていくかが今後のロシアのアジア・太平洋政策の課題である。

1) Встреча глав государств и правительств стран — членов СБСЕ // Дипломатический вестник. 1995. № 1. С. 5.
2) Thomas Ambrosio, *Challenging America's Global Preeminence: Russia's Quest for Multipolarity* (Aldershot: Ashgate, 2005), pp. 11-16.
3) *Примаков Е. М.* Международные отношения накануне XXI века: Проблемы, перспективы на горизонте — многополюсный мир // Международная жизнь. 1996. № 10. С. 7.
4) Ambrosio, *Challenging America's Global Preeminence*, p. 171.
5) Выступление и ответы на вопросы в Университете Райса 14 ноября 2001 г. http://archive.kremlin.ru/appears/2001/11/14/0002_type63376type63377type82634_28701.shtml (2014年5月25日閲覧).
6) この枠組みのなかで、ロシアとNATO 26カ国は対等であり、同等の権利と義務を負う。ただし、この枠組みでの協力は技術的なものにとどまり、戦略的レベルの関係を変えることには貢献していない。ロシアのラヴロフ外相は、NATO-ロシア理事会の枠組みが、NATO拡大やヨーロッパにおけるアメリカのミサイル防衛システムの配備、グルジア紛争でのロシアに対する批判など立場の不一致の解消には貢献していないことを指摘している。Интервью Министра иностранных дел России С. В. Лаврова «Нельзя сказать, что НАТО представляет для нас угрозу» // Коммерсантъ. 11. 06. 2010.
7) *Министерство иностранных дел Российской Федерации.* Совместное заявление Президента Российской Федерации В. В. Путина и Председателя Китайской Народной Республики Цзян Цземиня по вопросам противоракетной обороны. 18. 07. 2000. http://www.mid.ru/bdomp/ns-dvbr.nsf/58954e9b2d194fed432569ea00360f06/80f78a1a539ad0ce43256a0300566ff9!OpenDocument (2014年5月25日閲覧). 後述するが、ABM条約の離脱問題には、中国とロシアで温度差があった。ロシアは戦略核への影響からNMDに反対し、中国は台湾問題を懸念して戦域ミサイル防衛(TMD)に反対していたと考えられているが、対米攻撃能力のある核ミサイルの数が少ない中国にとって、NMD構想も対米核抑止力の喪失を意味していた。小川伸一「ミサイル防衛と抑止」『防衛研究所紀要』第4巻第2号、2001年、13-18頁。
8) *Министерство иностранных дел Российской Федерации.* Совместное заявление России, Франции и Германии 639-15-03-2003. http://www.mid.ru/ns-reuro.nsf/348bd0da1d5a7185432569e700419c7a/432569d80022027e43256cec0029ceb5?OpenDocument (2014年5月25日閲覧).
9) *Министерство иностранных дел Российской Федерации.* Договор о добрососедстве, дружбе и сотрудничестве между Российской Федерацией и Китайской Народной Республикой. 16. 07. 2001. http://www.mid.ru/bdomp/ns-rasia.nsf/1083b7937ae580ae432569e7004199c2/432569d80021985f43256a8c004d

1562!OpenDocument（2014 年 5 月 25 日閲覧）．
10) У нас с Китаем снова есть Договор // Российская газета. 17. 07. 2001. これは中ロ善隣友好協力条約の第 7 条でも述べられている。
11) 2001 年までにロシアから中国に輸出された武器としては Su-30MKK と Su-27 戦闘機，ディーゼル・エンジン潜水艦 4 基，ソブレメンヌィ級駆逐艦 2 基，モスキート艦対艦ミサイルがある。これらは台湾海峡で使用される可能性があるという意味でワシントンにとって脅威であると考えられていた。Susan B. Glasser, "Presidents of China, Russia Sign Pact: Joint Statement Aims at U.S. Missile Shield," *The Washington Post*, 17. 07. 2001.
12) John Pomfret and Peter Baker, "China's Leader in Moscow to Sign Pact: Treaty Reflects Two Nation's Opposition to U.S. Supremacy," *The Washington Post*, 16. 07. 2001.
13) Ibid.
14) 戦略的パートナーシップとしての中ロ関係の強度を論じた代表的な研究として次のものがある。Robert H. Donaldson, "The Arms Trade in Russian-Chinese Relations: Identity, Domestic Politics, and Geopolitical Positioning," *International Studies Quarterly* no. 47 (2003), pp. 709-732. また，中ロ戦略的パートナーシップをアメリカのグローバル・リーダーシップに対する挑戦としてではなく，東アジア，中央アジアにおける新たな地政学的状況や資源外交という新しい現実を反映した便宜的パートナーシップとして解釈する研究もある。Bobo Lo, *Axis of Convenience: Moscow, Beijing, and The New Geopolitics* (Washington, D.C.: Brookings Institution Press, 2008).
15) ケネス・ウォルツによると，より強い国家が脅威となる場合，弱い国家同士はそれに対抗するために連携しようとする。Kenneth N. Waltz, *Theory of International Politics* (Reading, Mass.: Addison-Wesley Publishing Company, 1979), p. 127.
16) *Габуев А., Грицкова А., Лантратов К.* Стратегическое притворство: Визит Дмитрия Медведева в Китай будет проблемным // Коммерсантъ. 23. 05. 2008.
17) Холодное китайское солнце // Эксперт. 2009. № 40.
18) Lo, *Axis of Convenience*, p. 80.
19) Donaldson, "The Arms Trade in Russian-Chinese Relations," pp. 725-726.
20) Декларация глав государств — членов Шанхайской организации сотрудничества (Санкт-Питербург, 7 июня 2002 года). http://www.mid.ru/bdomp/ns-rasia.nsf/3a0108443c964002432569e7004199c0/d7ad36556e7f330843256bd1005e561d! OpenDocument（2014 年 5 月 25 日閲覧）．
21) Donaldson, "The Arms Trade in Russian-Chinese Relations," p. 719. および小川「ミサイル防衛と抑止」13-18 頁。
22) Banning Garnett, "Facing the China Factor," *Arms Control Today* 30, no. 8 (2000), p. 14.

23) *The Military Balance 2009*, 2009, p. 364.
24) Смежники подвели // Коммерсантъ. 29. 08. 2008.
25) 「第六章　ロシア──新しい国家安全保障戦略の策定」防衛省防衛研究所編『東アジア戦略概観 2010』2010 年，171-174 頁。
26) *Лукин А. В.* Российско — Китайские отношения: не ослаблять усилий // Международная жизнь 2009. № 11. С. 90.
27) Там же. С. 91.
28) 中国にとって多極構造は大国の実力の均衡化と発展途上国の勃興，つまり中国の経済発展に応じた国際的地位の要求に通じていた（高木誠一郎「脱冷戦期における中国の対外認識──「和平演変」論から「過渡期終了」論まで」高木誠一郎編『脱冷戦期の中国外交とアジア・太平洋』日本国際問題研究所，2000 年，12 頁。一方，1990 年代後半のロシアの多極構想は，NATO の東方拡大およびバルカンへの侵攻に直面し，相対的なパワーの低下を回復しようとしたロシアが中国，インド，イランという非西側諸国や旧ソ連構成国との関係を強化して「極」を形成しようとした試みであり，旧ソ連空間を統合する能力の欠如を無視したものだと批判された。Dmitri Trenin, *The End of Eurasia: Russia on the Border Between Geopolitics and Globalization* (Washington, D.C. and Moscow: Carnegie Endowment for International Peace, 2002), pp. 306-308.
29) *Федеральная таможенная служба*. Таможенная статистика внешней торговли Российской Федерации. Сборник. 2009 год. М., 2010. С. V.
30) 財務省貿易統計「対ロシア主要輸出品の推移（年ベース）」を参照。http://www.customs.go.jp/toukei/suii/html/data/y6_9.pdf（2014 年 9 月 28 日閲覧）。
31) *Правительство Российской Федерации*. Постановление Правительства Российской Федерации от 9 октября 2009 г. N 807 г. Москва «О продлении срока действия ставок ввозных таможенных пошлин в отношении некоторых моторных транспортных средств» // Российская газета. 10. 12. 2009. http://www.rg.ru/2009/10/12/poshliny-dok.html（2014 年 5 月 25 日閲覧）。
32) 財務省貿易統計「輸出入額の推移（主要商品別）」，「ロシア年別（輸出）」を参照。http://www.customs.go.jp/toukei/suii/html/time.htm（2014 年 5 月 25 日閲覧）。
33) 財務省貿易統計「輸出入額の推移（主要商品別）」，「ロシア年別（輸入）」を参照。http://www.customs.go.jp/toukei/suii/html/time.htm（2014 年 5 月 25 日閲覧）。
34) 『朝日新聞』2010 年 11 月 11 日。
35) Ситуация на Корейском полуострове миновала «критическую фазу» считает посол РФ в КНР // РИА новости. 21. 12. 2010.
36) *Президент России*. Выступление на саммите Восточноазиатского сообщества. http://www.kremlin.ru/text/appears/2005/12/98892.shtml（2014 年 5 月 25 日閲覧）。
37) ロシア連邦外務省ウェブサイトでの特集「2005 年のロシア外交の総決算」（ロシア語，英語）のなかで，東方外交についてはアレクセーエフ外務次官が多国間・二国間

外交を総括している。とくに 2005 年は ASEAN との対話関係が画期的に発展したと記されている。A. Iu. Alekseev, "The Eastern Vector of Russian Foreign Policy," http://www.mid.ru/brp_4.nsf/itogi/E86945F853F7E79EC32570E60027D718 (2014 年 5 月 25 日閲覧).

38) *Федеральная таможенная служба.* Таможенная статистика внешней торговли Российской Федерации. Сборник. М., 2010. С. 5.

39) 2007 年の国際問題に関する総括と今後の展望を問われたインタビューにおいてラヴロフ外相は「西側諸国はロシアのパートナーであり、ここからはどこへも逃れられない。同様に、EU は我々の主要な経済パートナーであり、共通の文明を有している。我々の未来はヨーロッパとともにある。しかし我々には大国・中国という隣人がいる。また直接の隣国ではないが、インドも非常に近接している。さらに、諸問題の解決に不可欠な国がある——それは、アメリカである」とロシアが戦略的に重要であると考えている諸国を列挙した。*Супонина Е.* Сергей Лавров: Мы признали к честному разговору // Время новостей. 26. 12. 2007.

40) *Федеральная таможенная служба.* Таможенная статистика внешней толговли Российской Федерации. Сборник. М., 2004. С. 6; 2006. С. 5.

41) *Клепацкий Л. Н.* Стратегия отношений России и Евросоюза // Международная жизнь. 2008. № 5. С. 95.

42) Там же. С. 102.

43) Там же. С. 101-104.

44) *Министерство иностранных дел Российской Федерации.* Концепция внешней политики Российской Федерации. Утверждена Президентом Российской федерации Д. А. Медведевым 12 июля 2008 г. http://www.mid.ru/brp_4. nsf/sps/357798BF3C69E1EAC3257487004AB10C (2014 年 5 月 25 日閲覧).

45) 金野雄五「CIS 経済統合の現状と展望」『ロシア・東欧研究』第 35 号、2006 年、81 頁。

46) 本村真澄「ロシア：ベラルーシとの天然ガス紛争と関税同盟の展望」2010 年 7 月 20 日、1-11 頁、http://oilgas-info.jogmec.go.jp/report_pdf.pl?pdf=1007_out_j_Belarus.pdf&id=3631 (2014 年 9 月 28 日閲覧).

47) 『ロシア政策動向』第 26 巻第 3 号、2007 年、2-3 頁。および Fifteenth APEC Economic Leaders' Meeting, *Strengthening Our Community, Building a Sustainable Future* (Sydney: APEC Secretariat, 2007), http://www.apec.org/Meeting-Papers/Leaders-Declarations/2007/2007_aelm.aspx (2014 年 5 月 25 日閲覧).

48) 安木新一郎「大規模国家プロジェクトの意義——石油パイプラインと APEC サミット」『ロシア・ユーラシア経済』第 912 号、2008 年、49 頁。

49) 同上、50-51 頁。

50) APEC Senior Officials' Meeting, *Summary conclusions of the fourth APEC Senior officials Meeting (SOM) for the Eighth Ministerial Meeting* (Manila: APEC Secretariat, 1996), http://mddb.apec.org/Pages/search.aspx?setting=

ListMeeting&DateRange=1996/10/01%2C/1996/10/end&Name=Fourth%20Senior%20Officials%27%20Meeting%201996（2014 年 10 月 21 日閲覧）.
51) この政府決定により，1996年の政府決定は効力を失った。*Правительство Российской Федерации.* Постановление правительства Российской федерации об обеспечении участия Российской Федерации в форуме «Азиатско-тихоокеанское экономическое сотрудничество» // Дипломатический вестник. 1998. № 10. С. 9.
52) 農業技術協力(2000 年)，エネルギー(1990 年)，漁業(1991 年)，保健(2007 年)，人材養成(1990 年)，産業科学技術(1990 年)，海洋資源保全(1990 年)，中小企業(2000 年)，電気通信(1990 年)，観光(1991 年)，運輸(1990 年)の 11 分野である。括弧内の数字は設置された年である。作業部会は政策レベルの会合(首脳会議，閣僚会議，分野別閣僚会議)および高級事務レベル会合によって指示された特定部門の協力を遂行する。分野別閣僚会議の分野と活動は作業部会と連動しているが，どの分野も分野別閣僚会議と作業部会の活動開始年が一致していないことが多い。
53) 2002 年 10 月のメキシコ会議のみミハイル・カシヤノフ(Mikhail Mikhailovich Kas'ianov)が代理で出席している。
54) *Правительство Российской Федерации.* Постановление от 21 октября 2004 г. № 570. Об утверждении Положения о Правительственной комиссии по вопросам экономиической интеграции. http://www.gverment.ru/（2014 年 7 月 24 日閲覧）.
55) 2004 年に設立された時点では「経済統合問題に関する政府委員会」が活動の対象としていたのは CIS 加盟国，CIS の枠内で創設された他の統合機構，EU，APEC だけであったが，2006 年 8 月 25 日付政府決定によって ASEAN が加えられた。また 2008 年 8 月 28 日付政府決定によってイスラーム会議機構も対象にされた。*Правительство Российской Федераци.* Постановление от 25 августа 2006 г. N 521 о внесении изменений в положение о правительственной комиссии по вопросам экономической интеграции. http:// www.government.ru/（2014 年 5 月 25 日閲覧）. *Правительство Российской Федераци.* Постановление от 28 августа 2008 г. N 648 о внесении изменений в положение о правительственной комиссии по вопросам экономической интеграции. http://www.government.ru/（2014 年 5 月 25 日閲覧）.
56) *Правительство Российской Федераци.* Постановление правительства Российской федерации об утверждении положения о правительственной комиссии Российской федерации по сотрудничеству с Европейским Союзом. 07. 08. 1998 г. http://www.mid.ru/（2014 年 5 月 25 日閲覧）.
57) *Игорь Н., Двойнова Т.* Дарькина оставили без бриллиантов // Независимая газета. 02. 09. 2008.
58) Российская газета. 01. 09. 2008. http://www.rg.ru/2008/09/01/sammit-anons.html（2014 年 5 月 25 日閲覧）.

59) シュヴァロフは 1967 年生まれ。マガダン州出身，モスクワ大学法学部卒。2003 年 6 月に大統領補佐官に任命され，同年 10 月に大統領府副長官に昇進。第二期プーチン政権に向けて再び大統領補佐官に戻り (2004 年 3 月)，2005 年 1 月からは G8 のシェルパを務めた。また 2008 年 5 月に第一副首相に任命された。
60) Выступление В. В. Путина на саммите АТЭС «Бизинес и глобализация» // Дипломатический вестник. 2000. № 12. С. 32-33.
61) APEC Economic Leaders, *APEC Economic Leaders' Declaration: Delivering to the Community* (Bandar Seri Begawan: APEC Secretariat, 2000), http://www.apec.org/Meeting-Papers/Leaders-Declarations/2000/2000_aelm.aspx (2014 月 5 月 25 日閲覧)。
62) APEC Energy Working Group, *EWG32 Summary Record* (Yuzhno-Sakhalinsk: APEC Secretariat, 2006), p. 5, http://www.ewg.apec.org/documents/EWG32_SummaryRecord.pdf (2014 年 5 月 25 日閲覧)。
63) Ibid., pp. 6-9.
64) Ibid., p. 1.
65) *Шипилов С. Б.* Роль и форума АТЭС в политико-интеграционных процессах Азиатско-Тихоокеанского региона. Диссертация. Канд. Полит. Наук. М., 2007. С. 145.
66) APEC Non-Ferrous Metal Dialogue Steering Group, *The Perspective of APEC Dialogue on Non-Ferrous Metals (Follow up ISOM)* (Pucon: APEC Secretariat, 2004).
67) Ibid.
68) プーチン大統領による寄稿。『読売新聞』2006 年 11 月 17 日。
69) *Меликова Н.* 100 миллиардов рублей на Приморье // Независимая газета. 29. 01. 2007.
70) *Президент России*. Указ Президента Российской Федерации от 27. 01. 2007 N 87. "О Государственной комиссии по вопросам социально-экономического развития Дальнего Востока, Республики Бурятия, Иркутской и Читинской областей." http://document.kremlin.ru/doc.asp?ID=037657 (2014 年 5 月 25 日閲覧)。
71) *Наумов И.* Исходный рубеж // Независимая газета. 17. 12. 2007.
72) 2008 年 5 月 16 日にルースキー島での現地調査を行った。この時点でインフラ整備のための工事は開始されていなかった。外国人に慣れていない住民からはウラジオストクとの間に橋が架けられることによって住民以外の人間が島に入って来ることへの不安の声が聞かれた。
73) 次の三つの橋梁の建設が計画された。①デ・フリーズ岬―セダンカ間，②金角湾横断橋，③ルースキー島連絡橋。当初，技術的に 2012 年の完成は難しいのではないかと危ぶまれたが，③のウラジオストクのムラヴィヨフ・アムールスキー半島とルースキー島をつなぐ世界一の長さの斜張橋は 2012 年 8 月 1 日に開通した。*Завадская*

А. Русский Мост открыли для движения // Приморская газета. 03. 08. 2012. また，②も 2012 年 8 月 11 日に開通し，①とともに開通式が行われた。Приморская газета. 10. 08. 2012.
74) *Наумов*. Исходный рубеж.
75) 安木「大型国家プロジェクトの意義」50 頁。
76) *Литвак И*. Утверждена госпрограмма развития Дальнего Востока до 2025 года // Российская газета. 24. 04. 2014. http://www.rg.ru/2014/04/24/reg-dfo/programma-anons.html (2014 年 5 月 25 日閲覧).

第五章　米中ロ大国間関係の変化と
アジア・太平洋政策の刷新

第一節　第二次プーチン政権の外交的課題

　本章の目的は，今世紀の最初の10年間に明らかになってきた大国間関係の変化，とくにグローバル・レベルでのアメリカの威信低下とアジア・太平洋地域での中国の経済・軍事的台頭が，第二次プーチン政権のアジア・太平洋政策にもたらす機会と困難について考察することである。2012年5月7日の就任直後，プーチン大統領は経済，社会，保健，教育・科学，住宅，国家管理システム，民族，軍関係(2分野)，外交，人口の11分野に関する大統領令に署名して戦略的課題に対する方針を示した。そのうちの一つ，「ロシア軍その他の部隊および軍事組織・機関の建設と発展並びに国防産業の近代化に関わる計画(プログラム)の実現に関する大統領令」ではロシアの戦略的利益の擁護を目的として，ロシア連邦の北極地帯と極東で海軍を発展させることが課題の一つとして明記されている[1]。また，「ロシア連邦の対外政策方針の実現に関する措置についての大統領令」では，①現在進行中の東シベリア・極東地域の社会経済発展を加速し，それを目的として地域統合プロセスを利用すること，②アジア・太平洋地域に新たな安全保障・協力構造を形成するイニシアティヴを推進すること，③東アジアサミットおよびASEAN対話パートナーの議題に含めるための追加提案を策定すること，そして二国間関係については，④中国との対等と信頼のパートナーシップと戦略的協同，インド，ベトナムとの戦略的パートナーシップを深化させ，日

本，韓国，オーストラリア，ニュージーランドとの互恵的な協力を発展させることを挙げている[2]。①はAPECサミットの招致に見られる最近のロシアのアジア重視の継続性を示すものであるが，これら4項目のなかでとくに注目したいのは②と④である。

モスクワはソ連時代からアジア・太平洋地域での集団安全保障体制の形成を提案していたが，ソ連崩壊後の構想ではロシアの役割についての認識が大きく変わってきていた。エリツィンは当初，北東アジア地域での紛争解決メカニズムの必要性を訴えていたが，その後，北朝鮮の核開発問題に関するロシアの多国間協議構想が頓挫すると，当時まだ発足したばかりであったARFという広域的で協議を重視した緩やかな地域枠組みへの参加をかろうじて確保するにとどまっていた。この変化について，アジア・太平洋政策の専門家は，同地域には集団的安全保障システムが必要であるとの認識に変わりはないが，イニシアティヴはロシアがとるのではなく，中小国に委ねるべきだという立場をとっていた。これは，六カ国協議における韓国の役割や，ARFにおけるASEANのイニシアティヴを尊重することによって，アメリカのリーダーシップに挑戦せず，日中の主導権争いから距離を置いて大国間関係の現状維持を支持するのがロシアの国力に適しているという考えに基づくものであった[3]。基本的にこの方針はメドヴェージェフ政権下で改定された2008年度版「ロシア連邦の対外政策概念」までは引き継がれている。また，④の中国との緊密な関係を地域政策の基軸として，インド，ベトナムとの戦略的連携を強化するという方針は2008年度版「ロシア連邦の対外政策概念」でも言及されていた。しかし東南アジア諸国のなかの重要な戦略的パートナーとしてベトナムが筆頭に挙げられていた2008年版とは異なり，5月7日付大統領令ではアジア・太平洋地域全体のなかで中国，インドに次いで3番目にベトナムが位置づけられており，対中国の観点からロシア・ベトナム双方にとって戦略的パートナーシップの価値が増大していると考えられる。アメリカの同盟国である日本，韓国，オーストラリアとの協力について言及している点は，過去4年間の太平洋地域での軍事的緊張の高まりと将来的な勢力バランスを見据えた変化ではないかと考えられる。以下では，ロシ

アのアジア・太平洋政策の活発化に注目する先行研究を検討した後，米中ロ関係の変化の特徴を説明し，それらが上記の地域政策とどのように連関しているのかについて検討する。

第二節　国内外の研究動向

　2006年11月のハノイAPECサミットでプーチン大統領が2012年の議長国に立候補した後，2007年にはフラトコフ首相の指揮の下，それまで資金不足でほぼ凍結されていた「1996年から2010年までの極東・ザバイカル長期発展連邦特別プログラム」(以下，極東開発プログラム)が2013年までに延長・改定され，連邦予算からの大規模な出資が決まった。極東開発プログラムが政府に承認され，APEC準備事業が始まった2007年〜2008年をピークに，ロシアのGDP成長率は世界金融危機の影響を受けて2009年にマイナス成長(−7.8%)に転じた。2010年〜2011年は油価の上昇により4%台のGDP成長率を取り戻したが，2007年以前の高成長率にまでは回復していない。このような時期に重なったにもかかわらず，極東開発プログラムの予算は増額され続け，APEC会場となったルースキー島およびウラジオストク市を中心に，大規模な建設事業やインフラ整備が急ピッチで進められた[4]。
　このようにプーチンのテコ入れで始まった極東開発事業は，ロシアの経済と外交関係において東方(アジア・太平洋地域とそれに隣接するロシア極東)の比重が増しつつあることの象徴であると解釈され，2007年以降に学術誌や情報誌でロシアの極東開発の進捗状況や，アジア・太平洋地域への経済統合の可能性に関する議論が盛んに行われてきた。とくにロシア極東地域研究者の多い日本では，極東地域開発における地方政府の役割や，APEC準備事業による経済的効果に議論が集中する傾向にあった[5]。
　APECサミット招致と極東開発事業のリンクというモスクワの戦略は，極東地域とロシアの他地域との結びつきを強化し発展させることによって，荒んだ辺境地域としてではなく，大国の重要な不可分の構成部分として極東地域をアジア・太平洋地域に段階的に統合させようとするものである[6]。つ

まり内側を強化して対外的なバランスをとろうとすることを意味している。しかし，世界経済国際関係研究所のエウゲニー・カナエフ(Evgenii Aleksandrovich Kanaev)が内省的に論じているように，現在の極東開発の方針は，ロシアが抱えている問題(極東の人口減少，国内の他地域との交通アクセスの向上，官僚による汚職がビジネスに与える弊害，連邦政府と地方政府の国益の解釈におけるギャップ)を解決して極東を魅力的な投資先にするという目的とは必ずしも一致していない[7]。

最大の問題は人口動態であるが，2002年から2010年までの間に極東連邦管区全体の人口は669万3000人から629万2000人に減少し続けており，同管区の九つの構成主体のうち，この期間に人口の増加が見られたのはサハ共和国のみであった(94万9000人→95万8000人)[8]。集中的に投資が行われた沿海地方でも人口流出は続いており，これに歯止めをかける有効な手段が打ち出されていないことが分かる。

また，2000年から2009年までに，極東連邦管区への外国投資は13倍となり，2009年の極東連邦管区への外国投資は7連邦管区(当時)中3位であった。しかし，これらの投資先の69％を占めるのはサハリン州であり，そのうち9割以上が石油・ガス部門への投資である[9]。これはロシア極東地域では製造業，とくにハイテク産業が発達しておらず，投資をひきつけられるのが天然資源しかないという産業構造にちなむ問題である。サハリン―ハバロフスク―ウラジオストク間ガスパイプライン(SKVパイプライン)建設に象徴されるように，極東開発プログラムの枠内ではエネルギー関連のインフラ整備と，資源へのアクセス・輸送を目的とした輸送インフラの整備に焦点が当てられており，短期的な産業構造の改革は難しいだろう。

日本におけるロシアへの関心が経済協力の可能性に集中している一方で，ロシアや英語圏の研究では，経済効果だけでなく地政学的関心からモスクワの戦略の欠如を批判する議論が多い。キングス・カレッジのナターシャ・クールト(Natasha Kuhrt)は，現在のロシア極東およびアジア・太平洋地域でのモスクワの政策は，中国との経済関係の観点から検討すべきであるという立場をとる。クールトは，アジア・太平洋諸国との経済統合は，中国に対

する過度の経済的依存を解消するための手段であるにもかかわらず，現状では中国頼みの計画であることや，連邦政府の戦略が経済効果より安全保障上の懸念に基づいているために，極東開発，対外政策のどちらにとっても非効果的であることを批判している[10]。具体的には，1990年代に中国との国境画定に反対していたハバロフスクのイシャエフ知事(2012年5月より極東発展相兼極東連邦管区全権代表)に代表される地方エリートが，2000年代に入ってからは中国の経済的影響は避けられないものであり，統合以外に現実的な道はないとみなしている一方，中央政府内では世界経済における中ロの経済格差や，中国がロシアをエネルギー供給地，あるいは中国製消費物資のマーケットとみなしていることに対する警戒心が存在しており，このようなロシア国内の矛盾が効果的な戦略の策定を妨げているという[11]。

クールトは，領土保全の必要性と中国の経済的浸透がロシア人の「ヨーロッパらしさ」の希求を強めていることにも言及している[12]。ここで注目したいのは，「ヨーロッパ・太平洋の国家(Europe-Pacific power)」という概念の浮上である。この概念は，アジア・太平洋安全保障協力会議に関するロシア国家委員会(Council for Security Cooperation in the Asia-Pacific, Russian National Committee)によって編集され，2010年7月に発表された「ロシアの太平洋戦略」のなかで初めて触れられた。同戦略はルースキー・ミール基金のビャチェスラフ・ニコノフ総裁(Viacheslav Alekseevich Nikonov)が中心となって，G.トロラヤ，K.バルスキー，G.チュフリン，Iu.ドゥビニン，V.トリフォノフらアジア諸国を専門とする学者らによって編集された文書である。

その報告では，「西欧を拠り所とし，南を安定させ，東へ進む」ことが今後10年間のロシアの地政学的行動指針となり，21世紀には時代の必然としてロシアは「ヨーロッパでもユーラシアでもなく」，「ヨーロッパ・太平洋の国家」とみなされるだろうと記されている[13]。これはとくに経済分野で大陸全体を視野に入れたイニシアティヴをとることを示唆している。国際経済学者のヴィクトル・クヴァルディン(Viktor Borisovich Kuvaldin)もこの考え方を支持しており，伝統，文化，メンタリティの点でロシアはヨーロッパ国

家であり,「太平洋のロシア」を通じてヨーロッパ諸国が東へ進出するような役割を担うべきだと述べている[14]。またより親欧的立場をとるセルゲイ・カラガノフ (Sergei Aleksandrovich Karaganov) は, アジアへの接近は経済分野にとどめるべきで, ロシアにとってヨーロッパから離反することは国家アイデンティティの喪失と社会・文化的退廃の恐れを抱かせるものであると指摘している[15]。

このようにロシアのアジア・太平洋地域への関心の高まりは多方面で議論を呼んでいるが, 以上で取り上げたように, この問題は「ロシア極東地域」が中国を始めとするアジアの経済大国とどのようにつきあっていくのかという内的なバランスの問題として扱われる傾向にある。しかし, 隣接するアジア・太平洋諸国との政治・経済協力の拡大を見据えた国家プロジェクトであるという点で, ロシアの極東政策は対外政策と表裏一体であると言える。その意味で, 活発化しているロシアのアジア・太平洋外交については, 外的なバランスの問題, つまり国際環境における対立要因と協調要因という観点からも論じられるべきである。

冒頭で述べたように, 第二次プーチン政権では軍事面での安全保障と国際構造における国家関係の変化を踏まえた方針が表明された。これを踏まえて, 本章はメドヴェージェフ政権以降のロシアのアジア・太平洋政策を国際環境の変化の視点から再検討し, この地域へのロシアの積極的な関与が地域諸国に受容される要因と困難についても考察することを課題とする。以下では, 第一に 2000 年以降のアメリカ, 中国, ロシアの大国間関係の変化について扱う。第二に, その変化を踏まえて, 第二次プーチン政権発足後に表明された軍事と対外政策における基本方針が意味していることを, 北東アジアおよび東南アジアの安全保障環境に照らし合わせて論じる。

第三節　2000年～2012年の米中ロ関係の戦略変化

（1）「戦略的三角形」論

冷戦下の1970年代、リチャード・ニクソン米大統領（Richard Milhous Nixon）は対ソ戦略において毛沢東の中国を安全保障上のパートナーとみなし、ともにソ連を抑制する方針をとった。1972年2月のニクソン訪中を出発点とするこの「チャイナカード」戦略は、政権交代の度に修正されつつも1989年6月の天安門事件まで基本的に維持されてきた[16]。冷戦期に盛んに議論された「戦略的三角形」論は、A国（アメリカ）が対立状態にあるB国（ソ連）に対する戦略と連関させて、C国（中国）に対する政策を立案・遂行した事例を扱ったものである。中国とともにソ連の行動を抑制するというアメリカの戦略が意図していた効果をもたらさなかったことは、インドシナにおけるソ連の影響力の拡大やアフガニスタン侵攻を鑑みると明らかである。この要因として、米ソ対立を規定していたのが軍事力であり、この点で劣勢にある中国の影響力は限定的であったため、米中接近によってソ連の行動が慎重になることはあっても抑制されることはなかったと考えられている[17]。

米ソ二極対立構造に終止符が打たれた後、1990年代の国際構造はアメリカの単独覇権、あるいは「多元的一極構造」[18]、「一超多強」[19]などと表現されてきた。国際政治の舞台では、NATOの東方拡大やコソヴォ紛争における軍事力を根拠としたアメリカによる「力の政治」に反対していたモスクワと、1996年3月の台湾総統選をめぐってアメリカとの軍事的緊張を抱えていた北京は「多極世界の形成」という秩序観で一致した。1996年から1998年にかけて、プリマコフが外相（後に首相）として対外政策に影響力を持っていた時期、中ロあるいは中印ロの戦略的連携を強化することによってアメリカに対する関係優位性をつくり出すことを意図する提案が行われたことは、先行研究でしばしば取り上げられてきた[20]。しかし1990年代後半の「戦略的三角形」論は、具体的な政策を伴う首尾一貫した目標というよりは、「主

導する国」と「追従する国」という公式がパターン化されることに対する抵抗のメンタリティを表明したものであった。実際には両国の国際政治学者たちは軍事，政治，経済，イデオロギーなどの国力の総和において，アメリカがその他の諸国に対して圧倒的に優勢である状況は，長期的に存続するだろうと予測していたし，中ロは一致できる問題ではアメリカと共同行動をとってきた。

より最近の米中ロ関係への関心の高まりは，2008年秋にアメリカから世界へ波及した金融危機によって，アメリカ経済の弱体化が露呈した一方，中国は高成長率を維持し，ロシアもオイル・マネーによって経済力を回復しつつあることを背景としている[21]。つまりアメリカの圧倒的な優位性が緩和されることによる，三角形の三辺の質的変化に注目が集まっているのだが，実際はどうであろうか。

(2) 21世紀の米中ロ関係の質的変化

21世紀に入ってからのアメリカ，中国，ロシアの関係を見ると，第一に，経済的には中国が2010年に日本を追い抜いてGDP世界第2位となり，米ロ両国にとって重要な貿易相手国となっている。2010年時点で，中国はアメリカの輸入の19%[22]，ロシアの輸入の17%を占めていた[23]。他方，同年の米ロ二国間貿易額は約234億ドルであり，これは米中貿易の約5%，中ロ貿易の約40%にすぎず，貿易依存が進展しているのは米中／中ロ間のみであることが指摘できる。

第二に，エネルギー資源輸出という点では，ロシアは新たに太平洋市場を獲得し，2009年12月以降，東向けの石油輸出能力は100万バレル/日となり，今後も増えていく見通しである。2009年12月に始動した東シベリア・太平洋石油パイプライン-1 (ESPO-1：East Siberia-Pacific Ocean oil pipeline-1) を通ってコズミノから輸出された1530万トン (2010年) の石油の輸出先の割合は，日本30%，韓国29%，アメリカ16%，台湾11%，中国8%となっており，北東アジア諸国全体に需要があることが分かる[24]。2011年には東日本大震災の影響で日本の需要が減少したこと，また同年1月に

ESPO-1 中国支線が始動したことから，出荷先のシェアに変動が見られた。支線を含めた ESPO-1 からの 3019 万トンの出荷量のうち，中国が 59.0%（支線），アメリカが 13.6%，日本が 9.6%，韓国が 6.5%，フィリピンが 0.5% を輸入している[25]。アメリカはアラスカからの輸出減少を補うために，ハワイと西海岸向けに ESPO 原油を輸入している[26]。また中国は年間 3 億 8000 万トンの原油の輸入を必要としており，ESPO 原油の輸入量拡大を狙っていると見られる[27]。エネルギー資源の中東依存度を低くしたい日本を含め，ESPO 原油に対する期待は高まっており，将来に向けて太平洋市場での供給拡大が見込まれている。

　第三に，安全保障問題に関しては，2000 年代の初頭には米ロ，米中，中ロ間に一時的な協調関係が生まれていたが，2005 年～2007 年にかけてそれぞれの関係において利益の不一致，あるいは将来の対立の火種が顕在化したと考えられる。ジョージ・ブッシュ（George Walker Bush）政権下の 2001 年 9 月に起こった同時多発テロ事件を契機として，ロシアと中国は国際テロリズムとの戦いに賛同してアメリカへの支持と支援を表明した。しかしその後，テロ対策の名の下にブッシュ政権が ABM 条約から脱退することを決定し，さらには中央アジア諸国に空軍基地を置くなどしたことから，プーチン政権の対米協調路線は長続きしなかった。米英軍によるイラク侵攻は独仏ロの反対にあい，もはやアメリカが国際世論を無視して完全な単独行動主義を貫くことは不可能であることを示すことになった。

（3）二国間関係

　第一次プーチン政権後半の 2006 年春からメドヴェージェフ政権発足直後にかけて，ロシア経済が成長のピークを迎えるとともに，アメリカ，ヨーロッパ諸国との関係は緊張が高まっていった。ブッシュ政権によるチェコおよびポーランドへのミサイル防衛システム配備計画，対イラン制裁，ロシアによる CFE 条約の履行停止，そして 2008 年 8 月のグルジアとの武力衝突とロシアによる南オセチアの国家承認をめぐって，安全保障分野でのロシアと欧米の関係は冷戦終結後最も冷え込んだ[28]。2009 年 1 月に発足したオバ

マ政権は，悪化した関係を「リセット」することから対ロ外交を展開し，新STARTの交渉過程で親欧米派のメドヴェージェフとオバマは良好な関係を築いた。2012年3月26日にソウルで会談した際，過去10年間の米ロ関係の歴史において最良の3年間であったと認めたように[29]，メドヴェージェフ政権はそれまでのロシアの態度を翻し，国連安保理でのイラン制裁や対リビア軍事作戦実施に関する決議でアメリカに協力的な立場をとった[30]。

　同時期の中ロを振り返ると，貿易関係は順調に拡大され，2007年に初めて中国からの輸入額が輸出額を上回った。その一方で，ロシアから中国への武器輸出は2005年の30億ドルをピークに2010年には6億ドルまでに激減し，代わって2013年現在に至るまでインドがロシア製武器の最大の輸入国となっている[31]。2012年に就任したプーチン大統領と同じく，メドヴェージェフ前大統領にとっても，CIS以外の最初の外遊先は中国であったことから，対外政策における中国の優先順位に変化はないと見られる。ロシア外務省は，2008年末までに胡錦濤国家主席と計5回の首脳会談を行ったことなどを挙げ，「2008年のロシア連邦の対外政策および外交活動」のなかで，中国との関係がすべての分野において高度に発展した関係であることを強調した[32]。しかし実際にはエネルギー輸出価格やロシア製武器の違法コピーなどで利益を共有していない部分が目立つようになり，モスクワは経済・軍事両面での中国への過度の依存に危機感を持ち，アジア・太平洋諸国との協力分野だけでなく，関係そのものの「多角化」を意識し始めた[33]。この文脈で，北太平洋でロシアが日米との安全保障分野の協力を深めていることは特筆に値する。2011年9月から11月にかけて，ロシアは海賊対策やテロ対策の名目でロシア太平洋艦隊と日本の海上自衛隊，米海軍との軍事演習を行った[34]。さらに2012年には，ロシア太平洋艦隊は中国北海艦隊とも黄海上で合同軍事演習を行っている。これら一連の演習の背景には，北極圏での資源調査を進める中国に対し，ロシア側が警戒を強めていることが指摘されている[35]。

　最後に，米中関係の緊張の高まりについて触れたい。地政学的にオバマ政権は一貫してアジア・太平洋重視の姿勢を示し，伝統的な同盟国へのコミットメントと，ARFや東アジアサミットなどの地域制度への関与の双方を活

用した重層的な地域政策を展開してきた。2012年6月にシンガポールで行われたシャングリラ・ダイアログ(第11回IISSアジア安全保障サミット)で,レオン・パネッタ米国防長官(Leon Edward Panetta)は,現在大西洋と太平洋に約50%ずつ配備されている米軍艦船は,2020年までに大西洋40%,太平洋60%の比率に変更される予定であることを表明している[36]。2011年11月のオバマ大統領のオーストラリア訪問時に決まった米海兵隊のダーウィン駐留とともに,この再編において米海軍の太平洋での拠点の一つとして見込まれているのがベトナムのカムラン湾である。パネッタ長官はシャングリラでの演説後,6月3日にカムラン湾を訪問しており,米軍の配置について話し合われたと見られる[37]。この背景にあるのは,海底資源をめぐる南シナ海の領有権問題であり,2007年頃から中国とフィリピン,ベトナム,マレーシア,ブルネイの間で緊張が高まりつつある。以下で詳述するが,全方位外交の立場をとるベトナムは,アメリカとの接近だけでなくロシアとの関係強化にも乗り出している。これに対してモスクワの極東研究所のアレクサンドル・ラーリン(Aleksandr Georgievich Larin)は,米中間の競争は激しさを増していくと思われるが,将来的に優位に立つのは,海軍・空軍により多く資金を投入できる中国だと予想する。ロシアの立場としては,アメリカと中ロ両国との関係が複雑なため,中ロが接近する可能性もあり得るが,ロシアが米中間の摩擦に巻き込まれることはないだろうと述べている[38]。

　グローバル・レベルでの米ソ対立という軸がベースとなっていた冷戦期の三角形と異なり,現在の米中ロ大国間関係にはイデオロギー上の明確な対立軸はない。戦略核戦力という点は,ロシアとアメリカが均衡を保ちつつ,中国に対して優位な状況にある。しかし,上述したように貿易面では米ロ両国は対中貿易赤字の状態にあるという点で中国が他の2国に対して優位にあり,かつ米中両国にとって貿易相手国としてのロシアの重要度がかなり低いことが分かる。他方で,エネルギー資源の需要・供給関係を考えると,中ロは相補関係にあり,アメリカにもESPO原油の需要はあるものの,ガス市場ではシェールガスの生産を開始したアメリカはロシアと競合することになる。

また，安全保障分野での矛盾は，地域的性格のものであり，主に海域で観察されている。このように，現在の米中ロの大国間関係は，イデオロギーや軍事分野の問題に比重が置かれていた冷戦期や1990年代と異なり，対立軸は多様化され，しかも米ロ，米中，中ロのそれぞれの二国間関係には，軍縮，貿易，エネルギー分野での協力の基盤がすでに形成されている。このような国際環境の変化は，サブリージョン・レベルでのロシアの対外政策にどのような選択肢をもたらすだろうか。

第四節　地域へのインプリケーション

（1）北東アジア

2010年11月のメドヴェージェフ大統領(当時)による国後島訪問には，同年9月にユーリー・ルシコフ・モスクワ市長(Iurii Mikhailovich Luzhkov)を罷免したのに続く，大統領選を見据えて国民に強い指導者のイメージをアピールした政治的パフォーマンスであるという見方と[39]，ロシアは日ロ関係を，①「2007年から2015年までのクリル諸島社会経済発展計画」(2005年12月9日付政府通達第2189号-p)による北方四島の開発と，②対日交渉の継続という2頭立ての馬車に見たてて戦略を練っており，日本側に交渉に応じる兆しがないのを判断して①に従って四島のロシア化を本格化することに踏み切った，という見方の二つの解釈がある[40]。領土問題においてかつてない強硬な路線をとりつつ，第二次プーチン政権が日本との協力拡大を志向しているのはなぜだろうか。

メドヴェージェフによる最初の国後島訪問前の1年を振り返ってみると，政治面では，日本で自民党から民主党への政権交代という大きな政変があった。鳩山由紀夫首相とメドヴェージェフ大統領の初会談では，双方に領土交渉を進める意思があることが確認された[41]。しかしそれから1年の間に，日本政府がロシアによる北方領土の「不法占拠」を明記した答弁書を閣議決定したり，鳩山首相から外交分野で経験の乏しい菅直人首相に交代したりする

など，ロシア側に現政権下では領土交渉は動かないと判断させる出来事が立て続けに起こっている。他方で経済面では，2009年3月にサハリン2プロジェクトから日本向けのLNG輸出が，同年12月にはESPO-1からの石油輸出が始まり，またプーチン首相と麻生太郎首相の間で原子力協定が結ばれたことにより，日ロ間ではエネルギー資源と原子力という新たな経済協力分野が開拓されていた。両国間における政経分離の既成事実ができたことも，メドヴェージェフ大統領に国後島訪問を決定させた要因の一つではないかと考えられる。

また，このようなメドヴェージェフによる対日強硬路線は，オバマ政権との良好な関係，つまり米ロ間の安全保障分野・国際問題分野での一致と，胡錦濤主席との間で第二次世界大戦に関する歴史認識を共有するなど，中国との対日路線での一致という条件の下でとられていることも指摘したい。

では，現プーチン政権はどうだろうか。2012年5月に再び大統領に就任した直後，プーチンは5月18日〜19日にアメリカで行われる予定であったG8を「政府の立ちあげで多忙であること」を理由に欠席する意向であることを発表し，これによって彼の最初の外遊はSCOサミットが行われる中国に決定した[42]。これに対し，オバマ大統領も大統領選挙キャンペーン中であることを理由に，ウラジオストクAPECサミットへの出席を取りやめることが伝えられた。元々，G8はその2日後に予定されているシカゴでのNATOサミットに合わせて同地で開催されることになっていた。G8の開催地がワシントンに変更になったのは，NATOサミットへの参加に乗り気でないプーチンに配慮したものだと見られている[43]。にもかかわらず，結局プーチンがG8参加を見送ったのは，オバマ政権が進める欧州ミサイル防衛計画がロシアを対象にしていないという法的保証に関する合意が成立する見込みがなく[44]，最初の外遊での空振りを回避したものだと考えられる。さらに，ロシアと中国は2012年7月の国連安保理で，反体制派と交戦中のシリアのバッシャール・アル・アサド (Bashar al-Assad) 政権に住宅地からの撤退を求める決議に対し，3度目の拒否権を行使しており，経済制裁を求めていた米英仏と対立していた[45]。このような経緯からプーチン政権下での対米

政策はメドヴェージェフ期よりも難しいものになると予想される。そのような条件下では，鳩山政権下で複雑化した日米関係の修復を目指している日本から，領土問題で柔軟な態度を引き出せる可能性は低い。

ロシアの対外政策のなかで日本の戦略的意義が高まっているとすれば，対中関係の文脈でであろう。野田佳彦首相とプーチン大統領の初会談は 2012 年 6 月 18 日～19 日にロス・カボスで行われた G20 サミットの合間に設けられた。領土問題についてはプーチン大統領が「公の，時として自制のきかない声明を利用する議論を刺激するような試みを避け，静かで建設的な環境の下で対話を進めよう」[46] という発言があったほか，両首脳はとくに安全保障・防衛分野における協力，海をめぐる協力を進めていくことで合意した[47]。ロシアは 2012 年 4 月，黄海上で中国北海艦隊とロシア太平洋艦隊の海上合同演習を実施した。また 8 月 28 日に，ロシア連邦軍参謀総長のニコライ・マカロフ上級大将（Nikolai Egorovich Makarov）によって，ロシアは 2014 年までにクリル諸島に駐屯するロシア軍部隊が増強され，ミサイル・システム「バスチオン」または「バル」が配備されることが伝えられた[48]。一連の動きは，米軍のアジア・シフトあるいは領土問題で対立している日本への牽制と見ることもできるが，一方でロシアは 2012 年 6 月末から 8 月初頭にかけて，ハワイ周辺で行われた米海軍主催の環太平洋合同軍事演習（Rimpac 2012）にインドとともに初めて参加している[49]。このように，ロシアが敢えて中国の不信を招くような軍事協力を行ったのは，ロシアが「縄張り」とみなす北極海への中国の進出を警戒しているためだと考えられる。貿易に依存する中国経済にとって，輸送ルートの短縮には商業的利益が見込まれる[50]。そのため中国は北極海航路と資源開発に大きな経済的関心を持っており，とくに後者に関してはすでに 4 回の北極資源調査団が海上ルートで派遣された[51]。中国沿岸から北極海へ出る最短ルートは津軽海峡を通過するルートである。2008 年 10 月に初めて中国の駆逐艦 4 隻が津軽海峡を通過して日本を周回しており，これがロシアが中国の北方海洋への進出を意識する契機であったと見られている[52]。

ロシアから見た海洋安全保障という点では，実効支配下にある領域に対す

る日本の領土返還要求よりも，中国軍の日本海～オホーツク海への進出の方が差し迫った脅威である。ロシア，中国，韓国との領土問題を抱える日本にとっては，中国とロシアが結束して日本が孤立する状況に陥るよりは，どちらかと戦略的に一致している状況をつくり出す方が，対外政策の選択肢が広がるだろう。この意味で，中国とロシアの軍事的競争の高まりは脅威であるが，日本周辺海域でロシアと互恵的な安全保障協力を模索する機会がめぐってきているともみなせる。

（２）東南アジア

ポストソ連期においてモスクワが東南アジア諸国への関心を強めたのは，まだ中国との関係が不安定でAPEC加盟も困難だと見られていた1995年～1996年の「孤立の時代」と，2004年～2005年にかけて，領土・貿易・国際問題のすべての分野で中国との関係が安定し，APECや北朝鮮の核開発に関する六カ国協議など主要な多国間枠組みのメンバーとなる一方，小泉純一郎政権下の日本とは領土交渉の動きは見られそうにない，いわゆる「飽和の時代」の２回である[53]。2005年12月に第１回東アジアサミットが開催された際に，ロシアは参加を表明したものの，フル・メンバーの条件である①ASEANの完全な対話国であること，②東南アジア友好協力条約に署名していること，③ASEAN諸国と実質的な経済関係があること，の３項目のうち，ロシアは③だけを満たしていないとしてフル・メンバーの地位を得られなかった。このことから，アジア・太平洋の地域制度へのロシアの関心の高さとASEANとの関係の深化が注目されるようになった。しかし当時の研究の多くは，武器供給国としてのロシアの役割に焦点を当てており[54]，ロシアに対する東南アジア諸国の関心の低さを物語っていた。

2005年当時，武器輸出先の多角化を必要としていたロシアにとって，アメリカとのバランス政策をとるマハティールのマレーシア，伝統的なロシア製武器の輸入国であったベトナム，そして2005年までアメリカに武器禁輸措置をとられていた経験を持つインドネシアは魅力的な新規市場であった。しかし表８からも明らかなように，近年の主なロシア製武器の購入国はアル

表8　ロシアの主要な武器輸出先(2011年～2013年)

(百万ドル)

	2011年	2012年	2013年	2011年～2013年合計
アルジェリア	1,001	866	312	2,179
アゼルバイジャン	497	296	843	1,636
中　国	692	677	1,040	2,409
エジプト	416	68	27	511
インド	2,443	3,865	3,800	10,108
ミャンマー	379	149	143	671
シリア	292	351	351	994
ウガンダ	442	154	20	616
ヴェネズエラ	264	525	356	1,145
ベトナム	982	738	334	2,054
武器輸出全体	8,495	8,391	8,283	25,169

出典：SIPRI Arms Transfers Database, http://portal.sipri.org/publications/pages/transfer/tiv-data (2014年5月16日閲覧)．

ジェリア，中国，インド，ベトナムであり，東南アジア諸国への供給はそれほど多くないことが分かる。マレーシアとの新規武器契約は2009年以降結ばれておらず，ロシア製武器の輸出先は中南米，中東，北アフリカ諸国に多角化されていった。これはマレーシアがバーター貿易を提案してきたことも要因の一つであると考えられる[55]。

　より最近の関係を見てみると，2004年の時点で31億ドルであったロシアとASEAN諸国の貿易総額は[56]，2011年には約140億ドルにまで拡大している[57]。また2011年11月にはロシアはアメリカとともに東アジアサミットの正式なメンバーとなった。二国間関係を見ると，2012年6月に，ユーラシア経済委員会がベトナムとの自由貿易協定交渉の開始を検討していることが報道された[58]。自由貿易協定が締結された場合，ベトナムと関税同盟3カ国(ロシア，ベラルーシ，カザフスタン)の貿易総額は現在の35億ドルから2020年までに120億ドルに拡大することが見込まれている。表7 (136-137頁)からも明らかなように，ベトナムはロシアからの武器輸入を急激に増やしている。以下では現在のロシアと東南アジア諸国の接近の要因について，東アジアサミットへのロシアの招致と，過去数年間のベトナムとの関係強化

の2点から考えてみたい。

　ロシアとASEAN諸国の貿易関係は2004年から2011年までに4.5倍に拡大しているが，それでもASEANと中国，日本の貿易額に比べるととるに足らない[59]。そもそも「実質的経済関係」という曖昧な基準を設けたことは政治的判断のための「のりしろ」であったとみなすべきだろう。2005年の東アジアサミットの発足に際してアメリカ不在であったことが，メンバー国がロシアの招待に踏み切れなかった大きな理由の一つであった。

　しかしその後，東アジアサミットの構成国，とくにASEAN諸国にアメリカとロシアの参加の必要性が認識された理由として，域内の勢力均衡という戦略上の問題が東アジアサミットの優先的議題となったことが挙げられる。この背景として，①世界金融危機で中国が一人勝ち状態となって経済的台頭が促進されたこと，②アメリカでオバマ政権が発足し，「アジアへの帰還」が対外政策の基軸となったことと並行して，南シナ海での領土をめぐる中国と東南アジア諸国の間の敵対が加速されたこと，③日本の鳩山政権（2009年〜2010年）とオーストラリアのケヴィン・ラッド（Kevin Michael Rudd）政権（2007年〜2010年）がそれぞれアメリカを東アジアサミットに招待し，ASEANの役割を尊重することを装いながら，東アジア共同体の形成における主導権を握ろうと画策したことがある。とくにこれらすべてに対処すべき立場に立たされたASEAN側の認識の変化と，米中関係の緊張の高まりが，東アジアサミットにおける戦略・安全保障問題の優先順位を上げたのだと見られる[60]。

　以上から，アメリカを参加させることによって中国，オーストラリア，日本のどれか一国が仕切り役になることを回避し，中国の戦略的パートナー国である一方，中国海軍の台頭に懸念を持っているロシアを引き込むことによって南シナ海の緊張を分散させようというのがASEANの狙いではないかと思われる。バランサーの役割を期待されて地域制度に招かれるのは，1994年のARF参加と同じロジックであるが，当時との違いは，現在のロシアが中国とベトナムの双方に10年以上武器輸出をしてきており，また中国とは1996年に，ベトナムとは2001年に戦略的パートナーシップ宣言に調印

していることである。

　1990年代，地理的に遠い東南アジアでの利益を軽視していたエリツィン政権は，カムラン湾へのロシアの駐留を容認する代わりにその使用料とベトナムの対ソ債務を相殺するというベトナム側の提案を無視していた[61]。しかしその後，ベトナムが南シナ海での安全保障を地理的に遠いロシアではなく，1995年に加盟したASEANの枠組みで対処するようになってから，ロシア・ベトナム双方にとってカムラン湾でのロシアの軍事的プレゼンスの意義は低まりつつあった。アジア諸国との経済関係拡大を重視していたプーチン政権は，ソ連時代に締結した期限より2年早い2002年5月にカムラン湾から撤退し，以降，ベトナムとの二国間関係はとくにエネルギー資源の採掘と原子力エネルギー分野で発展してきた。両国の合弁企業であるベトソブペトロとペトロ・ベトナム・コーポレーションは，ベトナムの大陸棚で石油・ガス採掘を行っており，とくに前者は年平均4億〜5億ドルの利益をあげた優良企業である[62]。そのほかにも，ロシアのネネツ自治管区のセーベロ・ホセダユ鉱区で100万トンの石油を採掘したルスベトペトロなどの合弁企業が活動している。2012年7月27日にモスクワで両国首脳による会談が行われ，「ロシア・ベトナム間の包括的戦略パートナーシップ関係強化に関する共同声明」が発表された[63]。それによると，両国は2015年までに貿易を50億ドルに拡大することを目標としている。また合弁企業による採掘事業では，国際法と国連海洋法条約に基づいて，ベトナムの大陸棚の石油・ガスの試掘および採掘での協力を強化していくことに言及されている。同声明では，領土問題については現行の国際法，国際憲章，国連海洋法条約に基づいて平和的手段で解決するべきであるとされている。ベトナムは大陸棚で石油・ガス採掘を行う業者の安全を保証し，また海賊や密輸業者に対処するための船艦を所有しておらず，フリゲート建造のためのプロジェクトをロシアに発注している。このように主に大陸棚での石油・ガス採掘事業の協力を必要とするベトナムと，それによって合弁企業と軍事産業が潤うロシアの利益は一致している[64]。

小　括

　ロシアのアジア・太平洋政策の活発化は，ロシア極東開発の進行や中国経済との不均衡を解消するための経済の多角化という視点から議論されてきた。本章で論じたように，アメリカのアジア・シフトと中国による北極海，南シナ海，（取り上げなかったが）東シナ海への進出による，サブリージョン・レベルでの緊張の高まりと勢力均衡を維持しようとする動きが，関係諸国にロシアの戦略的価値を再認識させる要因となっている。このように地政学的な関心が海域へ広がることにより，ロシアのアジア政策のなかでアメリカの同盟国との関係を強化する必要性が認識されていることも指摘したい。ロシアのアジア重視の実態は，国内条件と国際条件の両方から検討されるべきだろう。

　北東アジアについては 2009 年以降，ロシアのエネルギー資源が地域諸国の輸入に占めるシェアを順調に拡大し，経済的プレゼンスが高まった。また，日本海を北上して北極海へ向かう中国の動きは，中ロの軍事面での競争を誘発する一方，アメリカおよび日本との海洋安全保障分野での協力を進展させる可能性がある。第一節で挙げた 4 項目のうちの「②アジア・太平洋地域に新たな安全保障・協力構造を形成するイニシアティヴ」はこの方向で見られるかもしれない。

　東南アジアについては，南シナ海における米中関係・中国―ASEAN 諸国間の緊張が，地域制度へのロシアの参加や，ベトナムによるロシアへの接近など，地域との結びつきを強化する機会を提供している。その一方で，中国とロシアはエネルギー協力，貿易関係，国際問題での一致という点で，基本的に高度な協調のレベルに達しており，サブリージョンでの矛盾(例えば，北東アジアにおける日米との安全保障協力強化，ベトナムとの大陸棚協力で中国の利益を損なう等)が中国との協調と競争のバランスを崩すことになれば，ロシアの利益を損なうことになる。

　ロシアがアジア・太平洋地域において「自立した」大国を目指すならば，

エネルギー輸出，貿易，国境地域の安定，軍事の分野で中国との協力を進展させてロシアの国力を増大させつつ，日本やベトナムなどとの協力分野を拡大して経済・外交上の選択の幅を広げる必要があるだろう。

1) *Президент России*. Указ Президента Россииской Федерации от 07.05.2012 N 603. "О Реализации планов (программ) строительства и развития Вооруженных Сил Российской Федерации, других войск, воинских формирований и органов и модернизации оборонно — промышленного комплекса." http://graph.document.kremlin.ru/page.aspx?1;1610873（2014年5月25日閲覧）.
2) *Президент России*. Указ Президента Россииской Федерации от 07.05.2012 N 605. "О мерах по реализации внешнеполитического курса Российской Федерации." http://graph.document.kremlin.ru/page.aspx?1;1610881（2014年5月25日閲覧）. この大統領令は，第二次プーチン政権の対外政策の綱領となる新版「ロシア連邦の対外政策概念」(2013年2月18日公表)の骨子として示されたものである。
3) *Бажанов*. Ситуация в АТР. С. 58-60.
4) 極東開発プログラムが策定された2007年当初，全体の予算は5670億ルーブル（ウラジオストク開発：1485億ルーブル，その他4185億ルーブル）と見積もられていた。APEC開催前最後の修正(2011年12月22日の政府決定による修正)で，2013年までのプログラム全体の予算は約8857億ルーブル（連邦予算：3710億ルーブル，地域予算：621億ルーブル，地方予算：34億ルーブル，予算外：4493億ルーブル）に変更された。そのうち，サブプログラム「アジア太平洋地域の国際協力センターとしてのウラジオストク市の開発」には，6732億ルーブル（連邦予算：2132億ルーブル，地域予算：346億ルーブル，地方予算：8100万ルーブル，予算外：4254億ルーブル）が投入されることになった。詳細はロシア連邦経済発展省の「連邦目的別プログラム（Федеральные целевые программы России）」のウェブサイトを参照されたい。http://fcp.economy.gov.ru/cgi-bin/cis/fcp.cgi/Fcp/Title/1/2012（2014年5月25日閲覧）.
5) 安木新一郎「大規模国家プロジェクトの意義──石油パイプラインとAPECサミット」『ロシア・ユーラシア経済』第912号，2008年，47-51頁。堀内賢志「連邦主導の開発の進展と沿海地方・ウラジオストクの政治情勢」『ロシア・ユーラシアの経済と社会』2011年1月号，24-38頁。諸富学「2012年APECサミット開催にかかるウラジオストクの発展──現状と課題」『ロシア・ユーラシアの経済と社会』2011年1月号，39-55頁。齋藤大輔「APEC準備と極東の未来」『ロシアNIS調査月報』2011年9-10月号，42-55頁。齋藤大輔「APEC準備と外資の参加状況」『ERINA Report』第104号，2012年，27-38頁。
6) *Локшин Г*. АТЭС и саммит-2012: горизонты надежд для России // Проб-

лемы дальнего востока. 2012. № 1. С. 26.
7) エウゲニー・カナエフ「ロシアとAPEC――回顧と展望」『ERINA Report』第104号，2012年，3-8頁。
8) Федеральная служба государственной статистики. "3. 1. Численность населения" // Регион России. Социально-экономические показатели — 2011 г. http://www.gks.ru/bgd/regl/b11_14p/IssWWW.exe/Stg/d01/03-01.htm (2014年5月25日閲覧).
9) *Локшин*. АТЭС и саммит-2012. С. 26.
10) Natasha Kuhrt, "The Russian Far East in Russia's Asia Policy: Dual Integration or Double Periphery?" *Europe-Asia Studies* 64, no. 3 (2012), pp. 471-493.
11) Ibid., pp. 481-485, 489-490.
12) Ibid., p. 478.
13) *Фонд русский мир*. Никонов, В. А., Толорая, Г. Д., Барский, К. М., Чуфрин, Г. И., Дубинин, Ю. А., Трифонов, В. И. Тихоокеанская стратегия России. 2010. С. 1.
14) *Кувардин В. Б*. Разворот на Восток — национальная стратегия России XXI века. 26 декабря 2011. http://vkuvaldin.wordpress.com/?ref=spelling (2014年9月28日閲覧).
15) *Караганов С. А*. Азиацкая стратегия // России в глобальной политике. 17. 07. 2011. http://www.globalaffairs.ru/pubcol/Aziatskaya-strategiya-15234 (2014年5月25日閲覧).
16) 湯浅成大「米中関係の変容と台湾問題の新展開――ニクソン以後の30年」五十嵐武士編『太平洋世界の国際関係』彩流社，2005年，207-211頁。湯浅によると，ジェラルド・フォード(Gerald Rudolph Ford, Jr.)政権はヘンリー・キッシンジャー(Henry Alfred Kissinger)が国務長官として留任したことから，ソ連と中国の間でアメリカがバランスをとるというニクソン時代の対中政策が維持されたが，カーター政権下では米中関係を緊密化させることでグローバルにソ連に対抗する政策がとられた。またロナルド・レーガン(Ronald Reagan)政権は当初，中国をグローバルなレベルでソ連に対抗するために重要な存在に位置づけていたが，次第にアジアの地域紛争におけるカウンター・パワーとしての中国の利用価値が重視されるようになっていった。
17) Bobo Lo, "Russia, China and the United States: From Strategic Triangularism to the Post-modern Triangle," *Proliferation Papers* 32, Winter (2010), p. 13, http://www.ifri.org/?page=contribution-detail&id=5860&id_provenance=97 (2014年5月19日閲覧).
18) *Богатуров А. Д*. Плюралистическая однополярность и интересы России // Свободная мысль. 1996. № 2. С. 25-36.
19) 王逸舟(天児慧，青山瑠妙編訳)『中国外交の新思考』東京大学出版会，2007年，67-120頁。
20) 岩下明裕「ユーラシアとアジアの様々な三角形――国境政治学試論」家田修編『講

座スラブ・ユーラシア学　開かれた地域研究へ——中域圏と地球化』北海道大学スラブ研究センター，2008 年，200-201 頁。

21) 例として，Lo, "Russia, China and the United States."
22) 2010 年の米中間の貿易総額は約 4568 億ドルであった。このうち，中国がアメリカの輸出に占める割合は 7.2% 程度である一方，輸入に占める割合は 19% に上り，約 2731 億ドルの対中貿易赤字となっている。これは，アメリカの貿易赤字全体の 43% に当たる。JETRO「世界貿易投資報告——米国編」の 2011 年版を参照。http://www.jetro.go.jp/world/gtir/2011/pdf/2011-us.pdf（2014 年 5 月 25 日閲覧）。
23) 中国はロシアにとって最大の貿易相手国であり，2010 年の総額は 593 億ドル，2011 年は 835 億ドルと順調に伸びている。2 年連続でロシアの赤字であったが，その額は 186 億から 130 億ドルに減少した。*Федеральная таможенная служба.* Таможенная статистика внешней торговли Российской Федерации. Сборник. М., 2012. С. 9.
24) Известия. 28. 12. 2010.
25) 『月刊ロシア通信』第 143 号，2012 年，2 頁。
26) 本村真澄「拡大する北東アジアのエネルギーフロー」『石油・天然ガスレビュー』第 46 巻第 2 号，2012 年，14 頁。
27) РИА новости. 15. 02. 2012.
28) このような欧米諸国との対立は伝統的な安全保障分野の問題であり，米ロ関係は伝統的安全保障問題での不一致（対立）と，国際テロリズム対策や大量破壊兵器の拡散防止といった非伝統的安全保障分野での利益の一致（協力）という二重構造になっていたことが指摘されている。防衛省防衛研究所編『東アジア戦略概観 2009』2009 年，179-180 頁。
29) Коммерсантъ Власть. 2012. № 14. С. 15
30) 2010 年 6 月にはイランに新たな制裁を科す国連安保理決議を支持し，また より最近ではリビアに対する軍事作戦の決議に拒否権を行使せず棄権という選択肢をとり，事実上賛成した。Там же.
31) SIPRI, SIPRI Arms Transfers Database, http://portal.sipri.org/publications/pages/transfer/tiv-data（2014 年 5 月 16 日閲覧）。
32) *Министерство иностранных дел Российской Федерации.* Внешнеполитическая и дипломатическая деятельность Российской Федерации в 2008 году: Обзор МИД России. 2009. С. 93-95. http://www.mid.ru/bdomp/brp_4.nsf/2a660d5e4f620f40c32576b20036eb06/b286e140e4b7e48ac325752e002def65!OpenDocument（2014 年 3 月 28 日閲覧）。
33) 加藤美保子「ロシアのアジア・太平洋地域へのアプローチ——台頭する中国との協調と自立の観点から」『国際安全保障』第 39 巻第 1 号，2011 年，46-62 頁。
34) 『日本経済新聞』2011 年 9 月 1 日電子版。
35) 『日本経済新聞』2012 年 7 月 17 日電子版。
36) *The Economic Times*, 06. 06. 2012.

37) *Financial Times*, 03. 06. 2012.
38) Независимая газета. 02. 07. 2012.
39) 防衛省防衛研究所編『東アジア戦略概観 2011』2011 年，150 頁。
40) 『朝日新聞』2010 年 11 月 11 日。
41) Коммерсантъ. 10. 10. 2012.
42) Ведомости. 10. 05. 2012.
43) Там же.
44) РИА новости. 27. 03. 2012.
45) *The New York Times*, 19. 07. 2012.
46) Независимая газета. 22. 06. 2012.
47) 外務省「G20 ロスカボス・サミットの際の日露首脳会談（概要）」(2012 年 6 月 19 日)，http://www.mofa.go.jp/mofaj/kaidan/s_noda/1206_russia_2.html (2014 年 5 月 25 日閲覧).
48) РИА новости. 28. 08. 2012.
49) *The Washington Times*, 04. 07. 2012.
50) Linda Jakobson, "China prepares for an Ice-Free Arctic," *SIPRI insights on Peace and Security* no. 2010/2 (2012), p. 5, http://books.sipri.org/files/insight/SIPRIInsight1002.pdf (2014 年 9 月 28 日閲覧).
51) Ibid., p. 3.
52) 兵頭慎治「中国が最も恩恵？ 北極海航路の出現＝温暖化で変化する東アジア戦略環境」『時事通信社 Janet』2012 年 9 月 26 日，http://janet.jw.jiji.com (2014 年 9 月 28 日閲覧).
53) ロシアは 1996 年 7 月に ASEAN の対話国に昇格し，その後 2005 年 12 月にロシア-ASEAN サミットが開始された。ロシア外交における ASEAN 諸国の位置づけについては以下を参照されたい。Mihoko Kato, "Russia's Multilateral Diplomacy in the Process of Asia-Pacific Regional Integration: The Significance of ASEAN for Russia," in Akihiro Iwashita, ed., *Eager Eyes Fixed on Eurasia*, vol. 2: Russia and Its Eastern Edge (Sapporo: Slavic Research Center, Hokkaido University, 2007), pp. 125-151.
54) Leszek Buszynski, "Russia and Southeast Asia: A new Relationship," *Contemporary Southeast Asia* 28, no. 2 (2006), pp. 276-296.
55) Ibid., p. 287.
56) Kato, "Russia's Multilateral Diplomacy," p. 147.
57) ASEAN, ASEAN-Russia Dialogue Relations 2012.
58) Ведомости. 04. 06. 2012.
59) 2012 年 10 月に発表された ASEAN の統計によると，ASEAN 全体の貿易総額 (2010 年) に占める主要貿易相手国の割合はそれぞれ，中国 11.3%，日本 10.1%，アメリカ 9.1% であり，ロシアは 0.4% にとどまっている。ASEAN, External Trade Statistics 2012.

60) *Сумский В. В.* Почему нас не было в вас и почему теперь нас туда зобут // Индекс безопасности. 2011. № 2. С. 40–42.
61) Buszynski, "Russia and Southeast Asia," p. 280.
62) Vladimir Mazyrin, "Russia and Vietnam: Building a Strategic Partnership," in V. Sumsky, Mark Hong and Amy Lugg, eds., *ASEAN-Russia Relations: Foundations and Future Prospects* (Singapore: Institute of Southeast Asian Studies, 2012), p. 179; Vladimir Mazyrin, "Russia and ASEAN-4: Potential and Realms of Cooperation," in V. Sumsky, Mark Hong and Amy Lugg, eds., *ASEAN-Russia Relations: Foundations and Future Prospects* (Singapore: Institute of Southeast Asian Studies, 2012), pp. 212–214.
63) *Президент России*. Совместное заявление об укреплении отношений всеобъемлющего стратегического партнерства между Российской Федерацией и Социалистической Республикой Вьетнам. (27 июля 2012 г.). http://news.kremlin.ru/ref_notes/1279/print (2014 年 5 月 25 日閲覧).
64) *Пономарев В.* «Потаенный флот» для Вьетнама // Эксперт online. 28. 08. 2012. http://expert.ru/2012/08/28/potayonnyij-flot-dlya-vetnama/ (2014 年 5 月 25 日閲覧).

結　語　ポスト冷戦期のロシア外交における多国間主義の役割

（1）冷戦終結後の国際秩序とロシア

　第一章では，コズィレフ外相の対外政策を「大西洋主義」対「ユーラシア主義」の構図から解放し，その外交構想の全体像を描くことによって，親欧米路線が限界を迎えた要因と，その反応としてのコズィレフの対外政策の変化を指摘した。彼は国際システムにおけるロシアの位置づけについて，ソ連崩壊直後は西側諸国を自然な同盟者とし，新生ロシアは西側とともに国際システムの中核を形成すると考えていた。しかしNATOの東方拡大への動きが不可逆になるにつれ，1994年初頭までには，ロシアは対外関係を多角化し，国際舞台において自立しなければならないという立場に転じていった。それとほぼ同時期に，21世紀の国際秩序はアメリカ主導の単極システムでも，冷戦期の二極システムでもなく，多極へと向かうはずであり，アメリカや新たに台頭する影響力の中心とともに，ロシアは軍事力や天然資源，地政学的地位に基づいて，一つの中心であり続けるという認識を明らかにしている。

　以上のような外交構想の変容に伴い，それを実現するための手段として挙げられるものにも変化が見られる。1992年初頭にはロシアのNATO加盟の可能性，つまりアメリカ主導の安全保障制度にロシアを統合させることさえコズィレフの選択肢に含まれていた。しかし，ポーランド，チェコ，ハンガリーの指導者たちによってNATOの拡大プロセスがロシアを抜きにして本格的に進み始めると，エリツィンおよびコズィレフはこれに対する懸念を表

明し，アメリカとヨーロッパ諸国，ロシアを含むCSCEを頂点としたヨーロッパ・大西洋地域の共通の安全保障空間の構築を主張するようになった。コズィレフは1994年に『フォーリン・アフェアーズ』と『国際生活』の双方に発表した論文のなかで，「現代の国際問題は多国間ベースで解決すべき性格を有している」と述べているが，これはCSCEのような多国間制度のなかでともに国際問題を検討することによって，ロシアの国家安全保障に関わる問題について，ロシア抜きに否定的な決定がされることを阻止したいという動機に基づいていた。

にもかかわらず，コズィレフが辞任する1996年1月までに，ロシアはヨーロッパ安全保障体制の外に位置づけられることが決定的になっていた。1994年1月以降のコズィレフは，NATOの東方拡大だけでなく，1993年12月の下院選挙で台頭したロシア自由民主党やロシア連邦共産党に配慮し，ソ連との外交政策の継続性や非欧米諸国との関係の重要性にも言及するようになった。コズィレフは外交関係を多角化するために，CIS空間でのロシアの役割を強化し，また中国，インド，ASEAN諸国との関係を高める必要性をその著書のなかで認識しているが，その一方で，西側と対等なパートナーシップを築くことがロシアの大国性，つまり国際政治における影響力を保証するという点に関しては一貫していたことを指摘しておきたい。この志向を持ち続けたがゆえに，そしてまたソ連崩壊による国力の衰退という時代的・国内的制約も伴って，コズィレフは「大西洋主義」のレッテルを払拭できずにエリツィンによって解任されることになった。しかし，第三章および第四章で論じてきたとおり，結局はプリマコフもプーチンも，西側，とりわけアメリカとの関係において決定的な対立を避け，対等な対話ができる状態を模索し続けてきたことから，完全にエリツィン-コズィレフの外交路線から脱したわけではなかったと言える。

コズィレフの後任のプリマコフは，中東欧諸国へのNATO拡大と朝鮮半島に対する影響力の喪失により，ロシアがヨーロッパとアジアのどちらの地域秩序においても孤立していることを安全保障上の困難とみなし，対等で互恵的なパートナーシップを基盤として西側諸国，中国，インド，日本，中近

東諸国，アジア・太平洋諸国に対する全方位外交の展開に本格的に取り組んだ。プリマコフは外相就任後間もなく，「多極世界の形成」というレトリックを掲げ，「主導する国」と「追従する国」という，国際システムにおいて単極構造の形成を促す心理から脱することを訴えた。このように競争的意味合いを有するプリマコフの外交路線が，実際にどの程度勢力均衡の意図を持っていたのかについて検討するために，第三章ではコソヴォ紛争と CFE 条約の適合化の事例を取り上げた。NATO 東方拡大やアメリカによる単独主義的な武力行使を厳しく非難する一方で，ロシアは紛争解決メカニズムとしての NATO の機能を強化するような行動をとることもあった。このような行動からは，単独主義を阻止できないのであればせめてその重要な決定や活動に参加してヨーロッパの安全保障におけるロシアのプレゼンスを示したいという，勢力均衡とバンドワゴンの間のジレンマが垣間見える。対欧米外交において，強硬路線をとる一方で譲歩できるラインを模索するというプリマコフのアプローチは，NATO との関係の制度化や CFE 条約の適合化，G8 への加盟をもたらした一方で，経済的観点から見ると，欧米諸国への依存を克服することも，アジア・太平洋諸国との貿易関係を拡大することもできなかった。

　プリマコフとそのブレーンらは「多極世界の形成」というレトリックを用いて，体制に批判的な国内勢力による外交批判を緩和し，対外的には，主に軍事分野におけるアメリカの単独行動主義に批判的な中国と国際舞台で歩調を合わせることに成功した。中ソ国交正常化以降も東部国境画定作業の難航や，ロシア極東地域への中国人移民増加の問題を抱えてきたことを考慮すると，これは二国間関係における前進であった。プリマコフはソ連崩壊直後から，新生ロシアはアメリカの覇権と第三世界において新たに台頭する勢力の双方に対処しなければならないことを指摘していた論者の一人である。多極世界の形成において，彼はインドや東南アジア諸国を潜在的なパートナーとみなしていた。しかし，アメリカに対立的な連携の提唱は，これらの諸国の支持を獲得することができなかった。その一方で，中ロ戦略的パートナーシップが宣言された 1996 年以降，中国問題を専門とするモスクワの学者た

ちの間では，将来的に国力の差が大きく拡大することが予期される台頭中国との関係の在り方について，活発な議論が行われた。この過程で，中国への武器輸出の拡大に警鐘を鳴らす声がすでに出始めていた。プリマコフの外交には，「目指していること(勢力均衡)」と「現実の国際政治において余儀なくされること」の間に乖離が見られるというポスト冷戦期のロシア外交の特徴がよく現れていたと言える。

　エリツィンと異なり，大統領による外交を積極的に行ってきたプーチンは，中国と多極世界秩序の形成で一致しながらも，アメリカに対しては均衡路線とバンドワゴン路線を使い分け，国際システムにおける周辺から中心への移行に一定の成果をあげた。ヨーロッパ・大西洋地域では，NATOの第二次東方拡大に反対する姿勢を堅持しつつも，NATO-ロシア理事会を発足させることによってNATOの政策決定過程に参加する地位を制度化することに成功した。また，アジア・太平洋地域では中国との戦略的パートナーシップを，国境地帯の安定化の努力に加え，エネルギー協力によって揺るぎないものにする一方で，北朝鮮の六カ国協議におけるイニシアティヴや，東南アジア諸国との経済・技術協力，インドネシア，マレーシア，ベトナムへの武器輸出，アジア・太平洋地域の重層的な地域制度への積極的な参加を働きかけてきた。二国間関係と多国間関係を組み合わせることによって，アジア・太平洋諸国との関係を多角化し，この地域におけるプレゼンスの低さを補完しようとしてきたと言える。

　以上のように，コズィレフ，プリマコフ，プーチンという3人の指導者は，ともに冷戦終結後の国際秩序として「多極」を選好してきた。それを実現する手段として，第一に地政学的アプローチでは西側とのパートナーシップ(コズィレフ)から全方位外交(プリマコフ以降)へと変容していった。第二に，3人の指導者たちは政策として「多国間主義」を採用している。本書は，ポスト冷戦期のロシアの多国間主義の目的には，①西側諸国とのバンドワゴン，あるいは国際政治における西側諸国や中国との集団的リーダーシップ，②勢力均衡，③地域の分断と対立を回避するための保証措置，④二国間関係が希薄な地域における，主に経済面での政策の透明性・ロシアのプレゼンスの強

化，という四つの側面が観察されることを明らかにした。それぞれの指導者，および地域の国際環境という条件によって，これらのうちのどの側面に比重が置かれるのかは異なるし，必ずしも目的が一つであるとは限らない。

（2）ロシア外交におけるアジア・太平洋地域

次に，本書の第二の課題であったロシア外交全体におけるアジア・太平洋地域の位相について述べたい。第一章で論じたとおり，NATOの東方拡大を契機として形成された対外政策路線に関するロシア国内の対立軸は，西（ヨーロッパ）か東（ユーラシアおよびアジア・太平洋）かという地政学的な二項対立というよりも，ロシアの国家主権の及ぶ範囲や，軍事ブロック（NATO）か全ヨーロッパ安全保障（CSCE）かをめぐる論争であった。これに対してアジア・太平洋地域では，韓国との国交樹立を果たしたゴルバチョフの方針を受け継ぎ，ソ連崩壊後もエリツィン政権は朝鮮半島での韓国重視の姿勢をとり続けた。1990年9月の韓ソ国交樹立に引き続き，1992年8月に中国と韓国の間で国交が樹立されたことによって，地域における北朝鮮の孤立はさらに深刻なものとなった。北朝鮮によるNPT脱退問題が生じた時，ロシアは解決のための対話プロセスのなかでプレゼンスを発揮することができず，パノフ外務次官による6カ国プラス2機関の協議枠組みの提案も立ち消えに終わった。先行研究では，1990年代初頭の「大西洋主義」はゼロ・サム的性格を帯びていたため，西側重視はアジア諸国，中近東などの非西欧世界との関係の軽視を意味していると説明されてきた[1]。しかし，本書の第一章，第二章で論じてきたとおり，ソ連崩壊後にヨーロッパとアジアで生じた外交的課題は，相互に補完し合える種類のものではなかった。エリツィン-コズィレフ体制下で中東欧および朝鮮半島におけるプレゼンスの喪失が決定的となり，双方でロシアを含む共通の，包括的な安全保障体制の必要性を主張していたという意味で課題は共通しているが，一方での失敗をもう一方で挽回できる状況ではなかった。1990年代におけるアジア・太平洋政策の停滞は，指導部が一時的に「大西洋主義」へ傾斜した時期の政策上の空白というよりも，ペレストロイカ外交を継承・展開する過程で生じた困難とい

う文脈で捉えるべきである。

　第三章，第四章では，ロシアと東南アジア諸国との関係や，ASEAN，APEC などの地域制度の役割に注目し，ロシアのアジア・太平洋政策における多国間主義の意義と実態について考察してきた。1990 年代を通じて，ASEAN はロシアの地域への帰属を保証するほぼ唯一の地域制度であったし，1998 年の APEC 加盟によって，モスクワ主導でロシア極東地域とアジア・太平洋地域の経済統合を進める下地がつくられた。このようなアジア諸国による地域主義の動きが，北東アジアで孤立していたロシアに東南アジアを含めたより広域のアジア政策の可能性を認識させたことを軽視すべきではない。第四章で論じたように，プーチン外交の特徴は，アメリカに対しても中国に対しても協調と自立の間を行き来していたことである。とくにミサイル防衛や武器貿易などの軍事安全保障問題や分離主義との戦いにおいてロシアの国益を擁護していく場合，アメリカや中国に対して協調路線をとり続けることは困難である。国際システムにおける力の中心からの一定の自立を確保するために，広域の多国間制度の枠組みで地域全体における協調を担保するシステムを創出したことがコズィレフ，プリマコフと比較した場合のプーチン外交の成果である。

　本書では，対欧米外交と対置させることによって，ロシア外交全体におけるアジア・太平洋地域の位相について考察してきた。それは，国際システムにおいて中国のような台頭するパワーや，北朝鮮の核不拡散問題などを多国間主義によって地域諸国とともに包摂し，国際システムにおけるロシアの一定の自立性と大国としての地位を保証する役割を担っている。

（3）ロシア外交における勢力均衡と多国間主義

　1992 年以降も，ロシアと欧米諸国は「新たな冷戦」というレトリックにつきまとわれてきた。より最近の例では，プーチン大統領が 2007 年 2 月 10 日にドイツのミュンヘンで行われた安全保障国際会議の演説において，「一つの権力の中心，一つの力の中心，決定を下す一つの中心，つまり一人の主権者の世界である一極世界は受け入れられない」と述べ，アメリカの対外政

策に対するロシアの批判的立場を明らかにした。この背景には，軍縮分野の協力の停滞，つまりブッシュ政権によるポーランド，チェコへのミサイル防衛システム配備計画があった[2]。プーチンはまた，BRICs(ブラジル，ロシア，インド，中国)のGDPの合計がEUのそれを上回っていることに言及し，世界の新しい成長センターの経済的潜在力が，必然的に政治的影響力を持ち，多極性を強化することは疑いないとも述べている。このように軍事的・経済的優位に基づくゲームのルールをその他多くの諸国に押しつけるような，単一の力の中心だけが世界を支配しようとする世界秩序を許すことはできないという主張には，ロシアの国益に直接的に関わる問題に対するロシアの立場の無視や，その帰結としての国際システムにおけるロシアの地位の周辺化に対する抵抗の意図が込められている。

　このような均衡政策がロシア外交の一つの基調であり続けてきた一方で，こうした態度には常に揺らぎが見られたのも事実である。以上で論じてきたように，コズィレフからプリマコフ，プーチン，メドヴェージェフに至るまで，国際制度を利用した多国間主義は，ヨーロッパ・大西洋地域においてもアジア・太平洋地域においても，ロシアの地域への帰属を保証し，国際問題における集団的リーダーシップをとる機会を確保してきた。ポスト冷戦期のロシアにおいて，目的を変えながらも4人の指導者たちが多国間主義を採用してきた理由は，地域からの政治的・経済的孤立を克服し，冷戦期のブロック対立への後退を回避するためであった。その意味で，米ロ，中ロの二国間の勢力均衡はポスト冷戦の時代のグローバル・レベルにおける軍縮・テロ対策・貿易・エネルギー分野等での協調の不可避性のなかで論じられるべきであろう。

(4) 多極志向と多国間主義の展望

　最後に，今後の展望について少し述べたい。本書で論じたように，1990年代初頭のヨーロッパにおける国際制度を通じた対話の努力の過程では，「内政不干渉」，「強力な国家主権」を主張するロシアと，「規範による国家行為の拘束」と「人権の擁護」を重視する欧米諸国の対立点が明らかになった。

この争点は，2013年末からのウクライナ危機をめぐって再び露呈した，ロシアと欧米の間の冷戦の遺産の問題へも通じている。2014年3月にクリミアの住民投票の結果を根拠としてプーチン大統領はクリミア共和国のロシアへの編入を決定した。これに対し，G7諸国は武力を背景とする国境線の変更を国際法違反であると強く非難し，ロシアのソチで開催予定であったG8を欠席し，代わりに2014年6月にブリュッセルでG7サミットを開催することを発表した。このような動きは，今後のロシアの多国間主義の放棄につながるのだろうか。

本書で見てきたように，NATO拡大やCFE条約の修正をめぐる緊張が高まっていた時でさえ，ロシアはNATOやOSCEの枠内で対話を継続し，そのなかでの条件闘争を並行していた。ヨーロッパにおけるロシアを包含した多国間主義の伝統は，紛争が生じた時も対話の窓口を閉ざさないための装置として機能してきた。ウクライナ危機に際しては，2014年3月21日付でOSCEの特別常設理事会がウクライナでの特別監視ミッションの設置を決定した[3]。ロシアがミッションの活動地域にクリミアを含むことを拒否している点が問題視されているが，ロシアが当初の反対を翻し，ドイツ，アメリカが主張していた監視ミッションの設置に合意したことは評価できよう。OSCEは軍事力を動員できないため，暴力を停止させることはできないが，国際監視ミッションの駐留は，ロシアとウクライナ，ウクライナ東部とウクライナ政府の間の意思疎通チャネルの一つとなり，また紛争地域において不慮の衝突が拡大する可能性を低減することが期待される。

グローバルな文脈でも，地域政治の文脈でも存在感が増大しつつあるロシア外交において，多極志向は今後ますます強まっていくことが予想される。モスクワが多極を志向するのは，国際政治において一つの力の中心が国際問題の決定を左右することを許さないという意識に基づいている。より多くの国家の意思を国際問題の決定過程に組み込むことができる「国際関係の民主化」を実現する場という意味で，多国間制度の利用と多極志向はロシア外交のなかでつながっているのである。以上の点を鑑みると，制度の形式・構成国によって差異が出てくることや，規範の共有の難しさという問題が予想さ

れるが，モスクワは地域レベルで対話と政策表明の場を確保するために，強硬な対外路線をとる一方で，多国間制度の活用を維持していくだろう。

　第二次プーチン政権発足後に改定された「ロシア連邦の対外政策概念」では，アジア・太平洋政策として中国，インド，ベトナムとの二国間の戦略的連携が重視される一方，地域統合プロセスへの積極的な参加や，透明性が高く平等な集団方式での安全保障協力構造をつくることも関心の高い分野として挙げられた[4]。クリミア併合後，欧米諸国によって経済制裁を科されたロシアは，アジア諸国との経済関係の強化を今まで以上に重視している。2014年5月にはこれまで価格交渉が難航していたガスプロムと中国石油天然気集団公司の交渉を成立させ，2018年から30年にわたって年380億立方メートルの天然ガスを中国に供給する契約を結んだ[5]。その他，東南アジア諸国からの農産物の輸入を増やすことも検討されている[6]。また，第五章で指摘したように，東アジアの太平洋沿岸から北極海に致るルートや南シナ海周辺では潜在的な緊張が高まりつつあり，ロシアも利害を有する国家として動向を注視している。今後，ロシアのアジア・太平洋政策においては，軍事安全保障分野だけでなく，エネルギー資源やその他の経済分野で中国，インド，ベトナム，日本等との協力と同時に多国間外交に力が入れられていくだろう。そうすることによって，ロシアはアジア・太平洋の国際政治において，台頭する中国との緊密なパートナーシップと自立した「極」としての地位のバランスをとりながら，地域全体におけるプレゼンスを強化し，ロシア極東地域を発展させることを目指している。

1) Andrei P. Tsygankov, *Russia's Foreign Policy: Change and Continuity in National Identity* (Lanham: Rowman & Littlefield Publishers, Inc., 2006), p. 72.
2) プーチン大統領の演説は，大統領公式サイトから引用した。*Президент России.* Выступление и дискуссия на Мюнхенской конференции по вопросам политики безопасности. http://archive.kremlin.ru/appears/2007/02/10/1737_type63374 type63376type63377type63381type82634_118097.shtml（2014年5月25日閲覧）．
3) Organization for Security and Co-operation in Europe, *Permanent Council Decision No. 1117*, http://www.osce.org/pc/116747（2014年10月10日閲覧）．
4) *Министерство иностранных дел Российской Федерации.* Концепция

внешней политики Российской Федерации. Утверждена Президентом Российской Федерации В. В. Путиным 12 февраля 2013 г. http://mid.ru/bdomp/nsosndoc.nsf / e2f289bea62097f9c325787a0034c255 / c32577ca0017434944257b160051bf7f!OpenDocument（2014 年 10 月 10 日閲覧）.

5）Alexander Panin, "Long-Awaited Russia-China Gas Supply Deal Eludes Putin in Shanghai," *The Moscow Times*, 20. 05. 2014, http://www.themoscowtimes.com/business/article/long-awaited-russia-china-gas-supply-deal-eludes-putin-in-shanghai/500556.html（2014 年 10 月 10 日閲覧）.

6）Алексей Улюкаев предложил странам Юго-Восточной Азии увеличить экспорт продукции АПК в РФ//ТАСС. 28. 08. 2014. http://itar-tass.com/ekonomika/1404626（2014 年 10 月 10 日閲覧）.

主要参考文献一覧

(以下の URL はすべて，2014 年 9 月 28 日現在閲覧可能)

1. 資　料　集

(1) ロシア語

Под ред. *Торкунова А. В.* Внешняя политика и безопасность современной России. 1991-2002. в 4-х томах, Т. 4. Документы. М., 2002.
Под ред. *Бажанова Е. П.* Россия и АСЕАН (Тематический сборник). М., 2004.
М. С. Горбачев: Избранные речи и статьи. Т. 4. М., 1987.
В. В. Путин: Избранные речи и выступление. М., 2008.

(2) 英　語

Bloed, Arie, ed., *The Conference on Security and Co-operation in Europe: Basic Documents, 1993-1995* (The Hague, London and Boston: Martinus Nijhoff Publishers, 1997).

2. 統計，公式文書(とくに重要なものを抜粋)

(1) ロシア語

[統　計]

Федеральная служба государственной статистики. Регион Росии. Социально-экономические показатели. http://www.gks.ru/wps/wcm/connect/rosstat_main/rosstat/ru/statistics/publications/catalog/doc_1138623506156 (2014 年 9 月 28 日現在，2002 年版から 2013 年版まで閲覧可).
Федеральная таможенная служба. Таможенная статистика внешней торговли Российской Федерации. Сборник. М., 1994-2013.

[ロシア連邦大統領府公式ウェブサイトより]

Президент России. Выступление и дискуссия на Мюнхенской конференции по вопросам политики безопасности. http://archive.kremlin.ru/appears/2007/02/10/1737_type63374type63376type63377type63381type82634_118097.shtml
Президент России. Выступление на саммите Восточноазиатского сообщества. http://www.kremlin.ru/text/appears/2005/12/98892.shtml
Президент России. Проект Договора о европейской безопасности. 29. 11. 2009.

http://kremlin.ru/news/6152

Президент России. Совместное заявление об укреплении отношений всеобъемлющего стратегического партнерства между Российской Федерацией и Социалистической Республикой Вьетнам (27 июля 2012 г.). http://news.kremlin.ru/ref_notes/1279/print

Президент России. Указ Президента Российской Федерации от 27.01.2007 N 87. "О Государственной комиссии по вопросам социально-экономического развития Дальнего Востока, Республики Бурятия, Иркутской и Читинской областей." http://document.kremlin.ru/doc.asp?ID=037657

Президент России. Указ Президента Россиискои Федерации от 07.05.2012 N 605. "О мерах по реализации внешнеполитического курса Российской Федерации." http://graph.document.kremlin.ru/page.aspx?1;1610881

Президент России. Указ Президента Российской Федерации от 07.05.2012 N 603. "О реализации планов (программ) строительства и развития Вооруженных Сил Российской Федерации, других войск, воинских формирований и оруганов и модернизации оборонно — промышленного комплекса." http://graph.document.kremlin.ru/page.aspx?1;1610873

[ロシア連邦外務省公式ウェブサイトより]

Министерство иностранных дел Российской Федерации. Внешнеполитическая и дипломатическая деятельность Российской Федерации в 2008 году: Обзор МИД России. 2009. http://www.mid.ru/bdomp/brp_4.nsf/2a660d5e4f620f40c32576b20036eb06/b286e140e4b7e48ac325752e002def65!OpenDocument

Министерство иностранных дел Российской Федерации. Договор о добрососедстве, дружбе и сотрудничестве между Российской Федерацией и Китайской Народной Республикой. 16.07.2001. http://www.mid.ru/bdomp/ns-rasia.nsf/1083b7937ae580ae432569e7004199c2/432569d80021985f43256a8c004d1562!OpenDocument

Министерство иностранных дел Российской Федерации. Совместное заявление Президента Российской Федерации В. В. Путина и Председателя Китайской Народной Республики Цзян Цземиня по вопросам противоракетной обороны. 18.07.2000. http://www.mid.ru/bdomp/ns-dvbr.nsf/58954e9b2d194fed432569ea00360f06/80f78a1a539ad0ce43256a0300566ff9!OpenDocument

Министерство иностранных дел Российской Федерации. Совместное заявление России, Франции и Германии 639-15-03-2003. http://www.mid.ru/ns-reuro.nsf/348bd0da1d5a7185432569e700419c7a/432569d80022027e43256cec0029ceb5?OpenDocument

[「ロシア連邦の対外政策概念」および「ロシア連邦の国家安全保障概念」]

Концепция внешней политики Российской Федерации 1992 г. // Внешняя политика и безопасность современной России. 1991-2002 / Составитель Т. А. Шаклеина.

Т. 4. Документы. М., 2002, С. 19-50.

Концепция национальной безопасности Российской Федерации 1997 г. // Внешняя политика и безопасность современной России. 1991-2002 / Составитель Т. А. Шаклеина. Т. 4. Документы. М., 2002. С. 51-74.

Министерство иностранных дел Российской Федерации. Концепция внешней политики Российской Федерации. Утверждена Президентом Российской федерации Д. А. Медведевым 12 июля 2008 г. http://www.mid.ru/brp_4.nsf/sps/357798BF3C69E1EAC3257487004AB10C

Министерство иностранных дел Российской Федерации. Концепция внешней политики Российской Федерации. Утверждена Президентом Российской Федерации В. В. Путиным 12 февраля 2013 г. http://mid.ru/bdomp/ns-osndoc.nsf/e2f289bea62097f9c325787a0034c255/c32577ca0017434944257b160051bf7f!OpenDocument

[その他]

Основополагающий акт о взаимных, сотрудничестве и безопасности между Российской Федерацией и Организацией Североатлантического договора // Внешняя политика и безопасность современной России. 1991-2002 / Составитель Т. А. Шаклеина. Т. 4. Документы. М., 2002. С. 258-267.

3. 二次資料

(1) ロシア語

Абазов Р. Ф. Диалог Россия — АСЕАН в контексте XXI века // Международная жизнь. 1996. № 10. С. 66-69.

Бажанов Е. П. АТР: Экономическое процветание не исключает политической нестабильности // Сегодня. 21. 07. 1995. С. 9.

Бажанов Е. П. Актуальные проблемы международных отношений: Избранные труды в трех томах. Т. 1-Т. 3. М., 2001-2002.

Бажанов Е. П. Неизбежность многополюсного мира // Мировая экономика и международные отношения. 2004. № 2. С. 11-16.

Бажанов Е. П. Ситуация в АТР и задачи по обеспечению интересов России // Актуальные проблемы международных отношений / Бажанов Е. П. Т. 2. М., 2002. С. 52-60.

Под ред. *Бажанова Е. П., Ли В. Ф., Федотова В. П.* Проблемы обеспечения безопасности в Азаиатсео — Тихоокеанском регионе. М., 1999.

Богатуров А. Д. Плюралистическая однополярность и интересы России // Свободная мысль. 1996. № 2. С. 25-36.

Воскресенский А. Д. Китай во внешнеполитический стратегии России // Свободная мысль, 1996. № 1. С. 94-105.

Воскресенский А. Д. «Большая Восточная Азия» Мировая политика и энергетическая безопасность. М., 2006.

Под ред. *Воскресенского А. Д.* Восток / Запад: Региональные подсистемы и региональные проблемы международных отношений. М., 2002.

Под ред. *Воскресенского А. Д.* «Большая восточная Азия»: мировая политика и региональные трансформации. М., 2010.

Гельбрас В. Г. Российско-китайские отношения в условиях глобализации // Российско-китайские отношения и проблема многополярного мира / Под ред. Л. П. Делюсина. М., 2002. С. 31–45.

Под ред. *Делюсина Л. П.* Российско — китайские отношения и проблема многополярного мира. М., 2002.

Загорский А. Хельсинский процесс. М., 2005.

Иванов И. С. Новая Российская дипломатия: Десять лет внешней политики страны. М., 2001.

Канаев Е. А. АСЕАН и Россия: Отношения после холодной войны // Мировая зкономика и международные отношения. 2007. № 2. С. 67–74.

Караганов С. А. Азиацкая стратегия // России в глобальной политике. 17. 07. 2011. http://www.globalaffairs.ru/pubcol/Aziatskaya-strategiya-15384

Клепацкий Л. Н. Стратегия отношений России и Евросоюза // Международная жизнь. 2008. № 4. С. 88–104.

Козырев А. В. Россия обречена быть великой державой... // Новое время. 1992. № 3. С. 20–24.

Козырев А. В. Преображенная Россия в новом мире // Дипломатический вестник. 1992. № 2–3. С. 3–5.

Козырев А. В. Внешняя политика Преображающейся России // Вопросы истории. 1994. № 1. С. 3–11.

Козырев А. В. Стратегия Партнерства // Международная жизнь. 1994. № 5. С. 5–15.

Козырев А. В. Преображение. М., 1995.

Кортунов А. В. СБСЕ и перспективы создания системы коллективной безопасности в Евразии // Внешняя политика и безопасность современной России. 1991–2002 / Составитель Т. А. Шаклеина. Т. 2. М., 2002. С. 201–213.

Кувардин В. Б. Разворот на Восток — национальная стратегия России XXI века. 26 декабря 2011. http://vkuvaldin.wordpress.com/?ref=spelling

Ларин В. Л. Россия и Китай на пологе третьего тысячелетия: кто же будет отстаивать наши национальные интересы? // Проблемы дальнего востока. 1997. № 1. С. 15–26.

Ларин В. Л. Тихоокеанская Россия в контексте внешней политики и международных отношений в АТР в начале XXI века. Владивосток, 2011.

Локшин Г. М. АТЭС и саммит-2012: горизонты надежд для России // Проблемы дальнего востока. 2012. № 1. С. 17-31.

Лукин А. В. Российско — Китайские отношения: не ослаблять усилий // Международная жизнь. 2009. № 11. С. 89-105.

Малетин М. П., Райков Ю. А. АСЕАН и проблемы безопасности в Азиатско-Тихоокеанском регионе // *Восток / Запад: Региональные подсистемы и региональные проблемы международных отношений* / Под ред. А. Д. Воскресенского. М., 2002. С. 485.

Михеев В. Гамбит "анти-НАТО" и политика России на Дальнем Востоке // Проблемы дальнего востока. 1997. № 5. С. 31-43.

Мясников В. С. Россия в новом концерте государств Восточной Азии // Проблемы дальнего востока. 1992. № 5. С. 3-18.

Потапов М. А. Опыт участия КНР в АТЭС: уроки для России // Проблемы дальнего востока. 2000. № 6. С. 80-86.

Примаков Е. М. Международные отношения накануне XXI века: Проблемы, перспективы на горизонте — многополюсный мир // Международная жизнь. 1996. № 10. С. 3-13.

Примаков Е. М. Годы в большой политике. М., 1999.

Толорая Г. Д. Корейский полуостров в поиск пути к стабильности // Мировая зкономика и международные отношения. 2008. № 1. С. 45-56.

Трукунова А. В. Корейской вопрос // Международная жизнь. 2003. № 5. С. 61-74.

Под Ред. *Трукунова А. В.* Энергетические измерения международных отношений и безопасности в Восточной Азии. М., 2007.

Севастянов С. В. Межправительственные организации Восточной Азии: Эволюция эффективность Российской участие. Владивосток, 2008.

Сумский В. В. Почему нас не было в вас и почему теперь нас туда зобут // Индекс безопасности. 2011. № 2. С. 37-44.

Фонд русский мир. Никонов В. А., Толорая Г. Д., Барский К. М., Чуфрин Г. И., Дубинин Ю. А., Трифонов В. И. Тихоокеанская стратегия России. 2010.

Чухлин Г. И. Восточная Азия между регионализмом и глобализмом. М., 2004.

Составитель *Шаклеина. Т. А.* Внешняя политика и безопасность современной России. 1991-2002. в 4-х томах. Т. 1-Т. 4. М., 2002.

Шипилов С. Б. Роль и форума АТЭС в политико-интеграционных процессах Азиатско-Тихоокеанского региона. Диссертация. Канд. Полит. Наук. М., 2007.

(2) 英　語

Akaha, Tsuneo and Anna Vassilieva, *Russia and East Asia: Informal and Gradual Integration* (London: Routledge, 2014).

Ambrosio, Thomas, *Challenging America's Global Preeminence: Russia's Quest for Multipolarity* (Aldershot: Ashgate, 2005).

Baranovsky, Vladimir, *Russia and Europe: the Emerging Security Agenda* (N.Y.: Oxford University Press, 1997).

Blank, S. J. and Alvin Z. Rubinstein, eds., *Imperial Decline: Russia's Changing Role in Asia* (Durham: Duke University Press, 1997).

Bogaturov, Aleksei, "Russia's Strategic Thought toward Asia: The Early Yeltsin Years (1991-1995)," in Gilbert Rozman, Kazuhiko Togo and Joseph P. Ferguson, eds., *Russian Strategic Thought toward Asia* (N.Y.: Palgrave Macmillan, 2006), pp. 57-74.

Buszynski, Leszek, *Russian Foreign Policy after the Cold War* (Westport, CT: Praeger, 1996).

Buszynski, Leszek, "Russia and Southeast Asia: A new Relationship," *Contemporary Southeast Asia* 28, no. 2 (2006), pp. 276-296.

Buzan, Barry, "Security Architecture in Asia: the Interplay of Regional and Global Levels," *The Pacific Review* 16, no. 2 (2003), pp. 143-173.

Chufrin, Gennady, Mark Hong and Teo Kah Beng, eds., *ASEAN-Russia Relations* (Singapore and Moscow: Institute of Southeast Asian Studies and Institute World Economy and International Relations, 2006).

Colton, Timothy J. and Robert Legvold, eds., *After the Soviet Union: From Empire to Nations* (N.Y.: W. W. Norton & Company, 1992).

Donaldson, Robert H., "The Arms Trade in Russian-Chinese Relations: Identity, Domestic Politics, and Geopolitical Positioning," *International Studies Quarterly* no. 47 (2003), pp. 709-732.

Donaldson, Robert H. and Joseph L. Nogee, *The Foreign Policy of Russia Changing System, Enduring Interests*, Third Edition (N.Y.: M. E. Sharpe, 2005).

Finnemore, Martha and Kathlyn Sikkink, "International Norms Dynamics and Political Change," *International Organization* 52, no. 4 (1998), pp. 887-917.

Garnett, Banning, "Facing the China Factor," *Arms Control Today* 30, no. 8 (2000), pp. 14-16.

Garnett, Sherman, "Russia's Illusory Ambitions," *Foreign Affairs* 76, no. 2 (1997), pp. 61-76.

Garnett, Sherman W., ed., *Rapprochement or Rivalry?: Russia-China Relations in a Changing Asia* (Washington, D.C.: Carnegie Endowment for International Peace, 2000).

Gill, G., "Australian Perceptions and Policies toward the Soviet Union," in P. Thambipillai and D. C. Matuszewski, eds., *The Soviet Union and the Asia-Pacific Region: Views from the Region* (N.Y.: Praeger, 1989), pp. 154-171.

Goldgeier, James and Michael McFaul, *Power and Purpose* (Washington, D.C.: The

Brookings Institution Press, 2003).
Hopf, Ted, ed., *Understandings of Russian Foreign Policy* (Pennsylvania: The Pennsylvania State University Press, 1999).
Iwashita, Akihiro, ed., *Eager Eyes Fixed on Eurasia*, vol. 1: Russia and Its Neighbors in Crisis, vol. 2: Russia and Its Eastern Edge (Sapporo: Slavic Research Center, Hokkaido University, 2007).
Jakobson, Linda, "China prepares for an Ice-Free Arctic," *SIPRI insights on Peace and Security* no. 2010/2 (2012), pp. 1-15, http://books.sipri.org/files/insight/SIPRIInsight1002.pdf
Kato, Mihoko, "Russia's Multilateral Diplomacy in the Process of Asia-Pacific Regional Integration: The Significance of ASEAN for Russia," in Akihiro Iwashita, ed., *Eager Eyes Fixed on Eurasia*, vol. 2: Russia and Its Eastern Edge (Sapporo: Slavic Research Center, Hokkaido University, 2007), pp. 125-151.
Katz, Mark N., "Primakov Redux?: Putin's Pursuit of 'Multipolarism' in Asia," *Demokratizatsiya* 14, no. 1 (2006), pp. 144-152.
Kaurov, Georgy, "A Technical History of Soviet-North Korean Nuclear Relations," in James Clay Moltz and Alexander Y. Mansourov, eds., *The North Korean Nuclear Program: Security, Strategy, and New Perspectives from Russia* (N.Y. and London: Routledge, 2000), pp. 15-20.
Keohane, Robert O., "Multilateralism: An Agenda for Research," *International Journal* XLV, no. 4 (1990), pp. 731-764.
Keohane, Robert and Joseph Nye, *Power and Interdependence World Politics in Transition* (Boston: Little, Brown, 1977).
Ko, Sangtu, "Russia's Choice of Alliance: Balancing or Bandwagoning?" in Akihiro Iwashita, ed., *Eager Eyes Fixed on Eurasia*, vol. 1: Russia and Its Neighbors in Crisis (Sapporo: Slavic Research Center, Hokkaido University, 2007), pp. 149-161.
Kozyrev, Andrei, "The New Russia and the Atlantic Alliance," *NATO Review* no. 1-Feb. (1993), http://www.nato.int/docu/review/1993/9301-toc.htm
Kozyrev, Andrei V., "The Lagging Partnership," *Foreign Affairs* 73, no. 3 (1994), pp. 59-71.
Krasner, S. D., *International Regimes* (Ithaca and London: Cornell University Press, 1983).
Kuhrt, Natasha, "The Russian Far East in Russia's Asia Policy: Dual Integration or Double Periphery?" *Europe-Asia Studies* 64, no. 3 (2012), pp. 471-493.
Leifer, Michael, *The ASEAN Regional Forum: Extending ASEAN's model of regional security* (Oxford: Oxford University Press for the International Institute for Strategic Studies, 1996).
Light, Margot, "Foreign Policy Thinking," in Neil Malcolm, Alex Pravda, Roy Allison and Margot Light, eds., *Internal Factors in Russian Foreign Policy* (N.Y.:

Oxford University Press, 1996), pp. 33-100.
Lo, Bobo, *Russian Foreign Policy in the Post-Soviet Era: Reality, Illusion and Mythmaking* (N.Y.: Palgrave Macmillan, 2002).
Lo, Bobo, *Vladimir Putin and the Evolution of Russian Foreign Policy* (London: The Royal Institute of International Affairs, 2003).
Lo, Bobo, "The Long Sunset of Strategic Partnership: Russia's Evolving China Policy," *International Affairs* 80, no. 2 (2004), pp. 295-309.
Lo, Bobo, *Axis of Convenience: Moscow, Beijing, and The New Geopolitics* (Washington, D.C.: Brookings Institution Press, 2008).
Lo, Bobo, "Russia, China and the United States: From Strategic Triangularism to the Post-modern Triangle," *Proliferation Papers* 32, Winter (2010), pp. 1-39, http://www.ifri.org/?page-contribution-detail&id=5860&id_provenance=97
Lynch, A. C., "The Realism of Russia's Foreign Policy," *Europe-Asia Studies* 53, no. 1 (2001), pp. 7-31.
Malcom, Neil, "Russian Foreign Policy Decision-Making," in Peter Shearman, ed., *Russian Foreign Policy Since 1990* (Colorado: Westview Press, 1995), pp. 23-51.
Malcolm, Neil, Alex Pravda, Roy Allison and Margot Light, eds., *Internal Factors in Russian Foreign Policy* (N.Y.: Oxford University Press, 1996).
Mandelbaum, Michael, ed., *The Strategic Quadrangle: Russia, China, Japan, and the United States in East Asia* (N.Y.: Council on Foreign Relations Press, 1995).
Mazyrin, Vladimir, "Russia and Vietnam: Building a Strategic Partnership," in V. Sumsky, Mark Hong and Amy Lugg, eds., *ASEAN-Russia Relations: Foundations and Future Prospects* (Singapore: Institute of Southeast Asian Studies, 2012), pp. 173-183.
Mendoza, A. M., Jr., "ASEAN's Role in Integrating Russia into the Asia Pacific Economy," in Koji Watanabe, ed., *Engaging Russia in Asia Pacific* (Tokyo: Japan Center for International Exchange, 1999), pp. 125-153.
Menon, Rajan, "The Limits of Chinese-Russian Partnership," *Survival* 51, no. 3 (2009), pp. 99-130.
Mikheev, V. V., *North East Asia Globalization: Regarding Russia, China and Korea* (Moscow: Pamyatniki Istoricheskoy Mysli, 2003).
Moltz, J. C. and Alexandre Y. Mansourov, eds., *The North Korean Nuclear Program: Security, Strategy, and New Perspectives from Russia* (N.Y. and London: Routledge, 2000).
Petro, N. Nicolai and Alvin Z. Rubinstein, eds., *Russian Foreign Policy: From Empire to Nation-State* (N.Y.: Longman, 1997).
Rangsimaporn, Paradorn, *Russia as an Aspiring Great Power in East Asia: Perceptions and Policies from Yeltsin to Putin* (Basingstoke: Palgrave Macmillan, 2009).
Ravenhill, John, *APEC and the Construction of Pacific Rim Regionalism* (Cambridge:

Cambridge University Press, 2001).
Rowe, Elana Wilson and Stina Torjesen, eds., *The Multilateral Dimension in Russian Foreign Policy* (London: Routledge, 2009).
Rozman, Gilbert, *Northeast Asia's Stunted Regionalism: Bilateral Distrust in the Shadow of Globalization* (N.Y.: Cambridge University Press, 2004).
Rozman, Gilbert, "Russia in Northeast Asia: In Search of a Strategy," in Robert Legvold, ed., *Russian Foreign Policy in the Twenty-First Century and the Shadow of the Past* (N.Y.: Columbia University Press, 2007), pp. 343-389.
Rozman, Gilbert, Mikhail G. Nosov and Koji Watanabe, eds., *Russia and East Asia: The 21st Century Security Environment* (Armonk, N.Y.: M. E. Sharpe, 1999).
Rozman, Gilbert, Kazuhiko Togo and Joseph P. Ferguson, eds., *Russian Strategic Thought toward Asia* (N.Y.: Palgrave Macmillan, 2006).
Ruggie, John Gerald, *Constructing the World Polity: Essays on International Institutionalization* (London and N.Y.: Routledge, 1998).
Sakwa, Richard, *Putin: Russia's Choice* (Abington: Routledge, 2008).
Sakwa, Richard, " 'New Cold War' or Twenty Years' Crisis?: Russia and International Politics," *International Affairs* 84, no. 2 (2008), pp. 241-267.
Sakwa, Richard, ed., *Chechnya: From Past to Future* (London: Anthem Press, 2005).
Sergunin, Alexander A., "Russia and the Prospects for Building a Multilateral Security System in the Asia-Pacific," *Pacifica Review* 12, Issue 2 (2000), pp. 167-188.
Sergunin, Alexander A., "Discussion of International Relations in Post-Communism Russia," *Communist and Post-Communist Studies* 37, Issue 1 (2004), pp. 19-35.
Smolansky, Oles, "Russia and the Asia-Pacific Region: Policies and Polemics," in Stephen J. Blank and Alvin Z. Rubinstein, eds., *Imperial Decline: Russia's Changing Role in Asia* (Durham: Duke University Press, 1997), pp. 7-39.
Shakleyina, T. A. and Aleksei D. Vogaturov, "The Russian Realist School of International Relations," *Communist and Post-Communist Studies* 37, Issue 1 (2004), pp. 37-51.
Shevtsova, Lilia, *Putin's Russia* (Washington, D.C.: Carnegie Endowment for International Peace, 2003).
Storey, Ian and Carlyle A. Thayer, "Cam Ranh Bay: Past Imperfect, Future Conditional," *Contemporary Southeast Asia* 23, Issue 3 (2001), pp. 452-473.
Sumsky, V., Mark Hong and Amy Lugg, eds., *ASEAN-Russia Relations: Foundations and Future Prospects* (Singapore: Institute of Southeast Asian Studies, 2012).
Talbott, Strobe, *The Russia Hand: A Memoir of Presidential Diplomacy* (N.Y.: Random House, 2002).
Togo, Kazuhiko, "Russian Strategic Thinking toward Asia, 1996-99," in Gilbert Rozman, Kazuhiko Togo and Joseph P. Ferguson, *Russian Strategic Thought*

toward Asia (N.Y.: Palgrave Macmillan, 2006). pp. 75-109.
Trenin, Dmitri, *The End of Eurasia: Russia on the Border between Geopolitics and Globalization* (Washington, D.C. and Moscow: Carnegie Endowment for International Peace, 2002).
Tsygankov, Andrei P., *Russia's Foreign Policy: Change and Continuity in National Identity* (Lanham: Rowman & Littlefield Publishers, Inc., 2006).
Tsygankov, Andrei P. and Pavel A. Tsygankov, "New Direction in Russian International Studies: Pluralization, Westernization, and Isolationism," *Communist and Post-Communist Studies* 37, Issue 1 (2004), pp. 1-17.
Tsygankov, Pavel A. and Andrei P. Tsygankov, "Dilemmas and Promises of Russian Liberalism," *Communist and Post-Communist Studies* 37, Issue 1 (2004), pp. 53-70.
Voskressenski, Alexei D., "The Rise of China and Russian-Chinese Relations in the New Global Politics of Eastern Asia," in Akihiro Iwashita, ed., *Eager Eyes Fixed on Eurasia*, vol. 2: Russia and Its Eastern Edge (Sapporo: Slavic Research Center, Hokkaido University, 2007), pp. 3-46.
Waltz, Kenneth N., *Theory of International Politics* (Reading, Mass.: Addison-Wesley Publishing Company, 1979).
Watanabe, Koji, ed., *Engaging Russia in Asia Pacific* (Tokyo: Japan Center for International Exchange, 1999).
Wendt, Alexander, *Social Theory of International Politics* (Cambridge: Cambridge University Press, 1999).
Zagorski, Andrei, "Russia and European Institution," in Vladimir Baranovsky, ed., *Russia and Europe: The Emerging Security Agenda* (Stockholm: SIPRI, 1997), pp. 519-540.
Zagorski, Andrei, "Multilateralism in Russian Foreign Policy Approaches," in Elana Wilson Rowe and Stina Torjesen, eds., *The Multilateral Dimension in Russian Foreign Policy* (London: Routledge, 2009), pp. 46-57.

(3) 日 本 語
秋野豊「ソ連の朝鮮半島政策――「新思考」外交の文脈における北朝鮮問題」『国際政治』第92号，1989年，31-45頁．
秋野豊「ソ連の新思考アジア外交と中ソ関係」『国際政治』第95号，1990年，131-150頁。
アンダーソン，ベネディクト(糟谷啓介，高地薫ほか訳)『比較の亡霊――ナショナリズム・東南アジア・世界』作品社，2005年．
伊東孝之「ロシア外交のスペクトラム――自己認識と世界認識のあいだで」伊東孝之，林忠行編『ポスト冷戦時代のロシア外交』有信堂高文社，1999年，3-68頁．
岩下明裕「「ポスト冷戦シンドローム」を越えて」『国際政治』第111号，1996年，34-50頁．
岩下明裕『「ソビエト外交パラダイム」の研究』国際書院，1999年．

岩下明裕『中・ロ国境 4000 キロ』角川書店, 2003 年。
岩下明裕「CIS とロシア——選択的重層アプローチの形成と展開」田畑伸一郎, 末澤恵美編『CIS——旧ソ連空間の再構成』国際書院, 2004 年, 185-205 頁。
岩下明裕『北方領土問題——4 でも 0 でも, 2 でもなく』中央公論新社, 2005 年。
岩下明裕「ユーラシアとアジアの様々な三角形——国境政治学試論」家田修編『講座スラブ・ユーラシア学　開かれた地域研究へ——中域圏と地球化』北海道大学スラブ研究センター, 2008 年, 197-220 頁。
植田隆子, 小川英治, 柏倉康夫編『新 EU 論』信山社, 2014 年。
王逸舟 (天児慧, 青山瑠妙編訳)『中国外交の新思考』東京大学出版会, 2007 年。
大来佐武郎「環太平洋の新時代」慶應義塾大学地域研究センター編『アジア・太平洋経済圏の新時代——構想・課題・挑戦』慶應通信, 1991 年, 3-27 頁。
大庭三枝「アジアにおける地域主義の展開」関根政美, 山本信人編『海域アジア』慶應義塾大学出版会, 2004 年, 11-39 頁。
岡田進『ロシアの体制転換——経済危機の構造』日本経済評論社, 1998 年。
小川和男, 村上隆編『めざめるソ連極東——日本の果たす役割』日本経済評論社, 1991 年。
小川伸一「ミサイル防衛と抑止」『防衛研究所紀要』第 4 巻第 2 号, 2001 年, 1-31 頁。
小澤治子『ロシアの対外政策とアジア太平洋——脱イデオロギーの検証』有信堂高文社, 2000 年。
加藤美保子「ロシアのアジア・太平洋地域へのアプローチ——台頭する中国との協調と自立の観点から」『国際安全保障』第 39 巻第 1 号, 2011 年, 46-62 頁。
加藤美保子「2013 年版「ロシア連邦の対外政策概念」における変化とその意味——アジア・太平洋地域を中心に」『ロシア・ユーラシアの経済と社会』2013 年 6 月号, 36-49 頁。
カナエフ, エウゲニー「ロシアと APEC——回顧と展望」『ERINA Report』第 104 号, 2012 年, 3-8 頁。
金子譲「NATO の東方拡大——第一次拡大から第二次拡大へ」『防衛研究所紀要』第 6 巻第 1 号, 2003 年, 55-69 頁。
金子譲「欧州における安全保障構造の再編」『防衛研究所紀要』第 9 巻第 2 号, 2006 年, 19-44 頁。
菊池努『APEC——アジア太平洋新秩序の模索』日本国際問題研究所, 1995 年。
吉川元『ヨーロッパ安全保障協力会議 (CSCE)』三嶺書房, 1994 年。
木村明生「アジア安保構想——スターリンからゴルバチョフへ」『ソ連研究』第 3 号, 1986 年, 28-48 頁。
木村哲三郎「冷戦末期のベトナム・旧ソ連関係」『アジア研究所紀要』第 21 号, 1994 年, 168-118 頁。
木村汎『日露国境交渉史——領土問題にいかに取り組むか』中央公論社, 1993 年。
木村汎『遠い隣国——ロシアと日本』世界思想社, 2002 年。
木村汎, 袴田茂樹編『アジアに接近するロシア——その実態と意味』北海道大学出版会,

2007年。

倉田秀也「朝鮮問題多国間協議論とロシア――北朝鮮「核問題」と平和体制樹立問題」『ロシア研究』第24号，1997年，114-131頁。

慶應義塾大学地域研究センター編『アジア・太平洋経済圏の新時代――構想・課題・挑戦』慶應通信，1991年。

小泉直美「プーチン外交」『ロシア研究』第32号，2001年，57-74頁。

コヘイン，ロバート（石黒馨，小林誠訳）『覇権後の国際政治経済学』晃洋書房，1998年，35頁。

ゴルバチョフ，ミハイル（工藤精一郎，鈴木康雄訳）『ゴルバチョフ回想録』上巻・下巻，新潮社，1995年。

コワレンコ，イ・イ（ソビエト外交研究会訳）『ソ連とアジアの集団安全保障』恒文社，1977年。

金野雄五「CIS経済統合の現状と展望」『ロシア・東欧研究』第35号，2006年，72-83頁。

齋藤大輔「APEC準備と極東の未来」『ロシアNIS調査月報』2011年9-10月号，42-55頁。

齋藤大輔「APEC準備と外資の参加状況」『ERINA Report』第104号，2012年，27-38頁。

斎藤元秀『ロシアの外交政策』勁草書房，2004年。

左近幸村編『近代東北アジアの誕生――跨境史への試み』北海道大学出版会，2008年。

佐藤和雄，駒木明義編『検証 日露首脳交渉――冷戦後の模索』岩波書店，2003年。

塩川伸明『ロシアの連邦制と民族問題』岩波書店，2007年。

重村智計「1990年代の米朝関係――封じ込めからパートナーへ」小此木政夫編『金正日時代の北朝鮮』日本国際問題研究所，1999年，225-249頁。

末澤恵美「ロシア=EU関係の発展と現状」日本国際問題研究所『ロシアの外交――ロシア=欧州=米国関係の視点から』2002年，42-51頁。

高木誠一郎「脱冷戦期における中国の対外認識――「和平演変」論から「過渡期終了」論まで」高木誠一郎編『脱冷戦期の中国外交とアジア・太平洋』日本国際問題研究所，2000年，3-21頁。

竹森正孝訳・解説『ロシア連邦憲法』七月堂，1996年。

田畑伸一郎，末澤恵美編『CIS――旧ソ連空間の再構成』国際書院，2004年。

デヴァエワ，Ye.「ロシア極東と北東アジア諸国の貿易関係」『ロシア東欧貿易調査月報』2005年4月号，37-43頁。

東郷和彦『北方領土交渉秘録』新潮社，2007年。

徳永晴美『ロシア・CIS南部の動乱――岐路に立つプーチン政権の試練』清水弘文堂書房，2003年。

戸崎洋史「米ロ軍備管理――単極構造下での変質と国際秩序」『国際安全保障』第35巻第4号，2008年，17-34頁。

中野潤三「ロシア極東を巡る国際関係」『ロシア研究』第24号，1997年，78-93頁。

中野潤三「ロシアの国益と北朝鮮の核問題・体制変革」岩下明裕編『ロシア外交の現在

I』北海道大学スラブ研究センター，2004 年，54-61 頁。
長谷川毅『北方領土問題と日露関係』筑摩書房，2000 年。
パノフ，アレクサンドル（鈴木康雄訳）『雷のち晴れ――日露外交七年間の真実』NHK 出版，2004 年。
林忠行「スロヴァキア外交とロシア」伊東孝之，林忠行編『ポスト冷戦時代のロシア外交』有信堂高文社，1999 年，191-231 頁。
兵頭慎治「中国が最も恩恵？ 北極海航路の出現＝温暖化で変化する東アジア戦略環境」『時事通信社 Janet』2012 年 9 月 26 日，http://janet.jw.jiji.com
兵頭慎治「ロシア外交にとってのアジア・太平洋地域――欧米地域との比較を通じて」『海外事情』2012 年 10 月号，35-46 頁。
藤原帰一「冷戦の終わりかた――合意による平和から力の平和へ」東京大学社会科学研究所編『20 世紀システム 6　機能と変容』東京大学出版会，1998 年，273-308 頁。
プリマコフ，エウゲニー（鈴木康雄訳）『クレムリンの 5000 日――プリマコフ政治外交秘録』NTT 出版，2002 年。
ブリュノー，パトリック／アヴュツキー，ヴィアチェスラフ（萩谷良訳）『チェチェン』白水社，2005 年。
堀内賢志「連邦主導の開発の進展と沿海地方・ウラジオストクの政治情勢」『ロシア・ユーラシアの経済と社会』2011 年 1 月号，24-38 頁。
松井弘明「ロシア外交の理念と展開――9.11 テロ事件以降を中心として」松井弘明編『9.11 事件以後のロシア外交の新展開』日本国際問題研究所，2003 年，1-26 頁。
松井弘明編『9.11 事件以後のロシア外交の新展開』日本国際問題研究所，2003 年。
三井光夫「NATO によるユーゴ空爆（コソヴォ紛争）の全容――軍事的観点からの分析」『防衛研究所紀要』第 4 巻第 2 号，2001 年，32-65 頁。
皆川修吾『ロシア連邦議会――制度化の検証：1994-2001』溪水社，2002 年。
本村真澄「拡大する北東アジアのエネルギーフロー」『石油・天然ガスレビュー』第 46 巻第 2 号，2012 年，13-34 頁。
諸富学「2012 年 APEC サミット開催にかかるウラジオストクの発展――現状と課題」『ロシア・ユーラシアの経済と社会』2011 年 1 月号，39-55 頁。
安木新一郎「大規模国家プロジェクトの意義――石油パイプラインと APEC サミット」『ロシア・ユーラシア経済』第 912 号，2008 年，47-51 頁。
山影進『ASEAN パワー――アジア・太平洋の中核へ』東京大学出版会，1997 年。
山本吉宣「協調的安全保障の可能性――基礎的な考察」『国際問題』第 425 号，1995 年，2-20 頁。
湯浅成大「米中関係の変容と台湾問題の新展開――ニクソン以後の 30 年」五十嵐武士編『太平洋世界の国際関係』彩流社，2005 年，207-211 頁。
横手慎二「ソ連の北東アジア政策(1986～1991 年)」西村明，渡辺利夫編『環黄海経済圏』九州大学出版会，1991 年，29-44 頁。
横手慎二「ロシアの北朝鮮政策 1993-1996」小此木政夫編『金正日時代の北朝鮮』日本国際問題研究所，1999 年，272-300 頁。

横手慎二「ロシアと東アジア」横手慎二編『現代東アジアと日本5　東アジアのロシア』
　　慶應義塾大学出版会，2004年，11-33頁。
横手慎二「ロシア外交政策の基調と展開」『国際問題』第580号，2009年，16-25頁。
横手慎二「ロシアと東アジアの地域秩序」小此木政夫，文正仁編『東アジア地域秩序と共
　　同体構想』慶応義塾大学出版会，2009年，149-181頁。

4. 定期刊行物

(1) ロシア語
Ведомости
Вестник министерства иностранных дел СССР
Вопросы истории
Время новостей
Дипломатический вестник
Известия
Коммерсантъ
Коммерсантъ Власть
Красная звезда
Мировая зкономика и международные отношения
Международная жизнь
Новое время
Независимая газета
Правда
Проблемы дальнего востока
РИА новости
Российские вести
Российская газета
Свободная мысль
Сегодня
ТАСС
Эксперт

(2) 英　　語
Arms Control Today
Asian Survey
Communist and Post-Communist Studies
Demokratizatsiya
Europe-Asia Studies
Far Eastern Affairs

Foreign Affairs
International Affairs
International Organization
International Security
International Studies Quarterly
NATO Review
Survival
The Current Digest of the Post Soviet Press
The Military Balance
The Moscow Times
The New York Times
The Pacific Review
The Strait Times
The Washington Post
The Washington Times
World Politics

(3) 日　本　語
『朝日新聞』
『外交青書』
『国際安全保障』
『国際政治』
『国際問題』
『ソ連研究』
『日本経済新聞』
『東アジア戦略概観』
『防衛研究所紀要』
『読売新聞』
『ロシア研究』
『ロシア政策動向』
『ロシア・東欧研究』
『ロシア東欧貿易調査月報』
『ロシア・ユーラシア経済』

5. インターネット・サイト

(1) 国 際 機 関
APEC　　　　　　http://www.apec.org/
ASEAN　　　　　http://www.aseansec.org/

EU（英語）	http://europa.eu/index_en.htm
IMF	http://www.imf.org/external/index.htm
NATO	http://www.nato.int/cps/en/natolive/index.htm
OSCE	http://www.osce.org/
SIPRI	http://www.sipri.org/databases/armstransfers

(2) ロシア連邦

ロシア連邦大統領府	http://www.kremlin.ru
ロシア政府	http://www.government.ru
ロシア連邦安全保障会議	http://www.scrf.gov.ru/
ロシア連邦エネルギー省	http://minenergo.gov.ru/
ロシア連邦外務省	http://www.mid.ru
ロシア連邦関税局	http://www.customs.ru
ロシア連邦統計局	http://www.gks.ru
ロシア連邦国防省	http://www.mil.ru/
ロシア連邦経済発展省	http://www.economy.gov.ru/minec/main/
ロシア連邦産業貿易省	http://www.minpromtorg.gov.ru/
ロシア連邦地域発展省	http://www.minregion.ru/
ロシア連邦天然資源環境省	http://www.mnr.gov.ru/

(3) その他

日本国外務省	http://www.mofa.go.jp/mofaj/
総務省（統計データ）	http://www.stat.go.jp/data/index.htm
北海道大学スラブ研究センター	http://src-h.slav.hokudai.ac.jp/

初出一覧

　本書は書き下ろしのほか，以下の既発表論文に大幅な加筆・修正を施したものである。

序　章：書き下ろし
第一章：書き下ろし
第二章：加藤美保子「ソ連／ロシアの外交政策とアジア太平洋の地域主義」『ロシア・東欧研究』第 34 号，2006 年，88-100 頁。
第三章：Mihoko Kato, "Russia's Multilateral Diplomacy in the Process of Asia-Pacific Regional Integration: The Significance of ASEAN for Russia," in Akihiro Iwashita, ed., *Eager Eyes Fixed on Eurasia*, vol. 2: Russia and Its Eastern Edge (Sapporo: Slavic Research Center, Hokkaido University, 2007), pp. 125-151.
第四章：加藤美保子「ロシアのアジア・太平洋地域へのアプローチ——台頭する中国との協調と自立の観点から」『国際安全保障』(国際安全保障学会) 第 39 巻第 1 号，2011 年，46-62 頁。
　　　　Като М. Участие и роль России в Азиатско-Тихоокеанском экономическом сотрудничестве (АТЭС) // Дипломатическая служба. 2009. № 5. С. 20-26.
第五章：加藤美保子「第二次プーチン政権のアジア・太平洋政策——米中ロ大国間関係の変化の観点から」『ロシア・東欧研究』第 41 号(2012 年度版)，2013 年，28-44 頁。
結　語：書き下ろし

: あ と が き

　本書は，2011年3月に北海道大学大学院文学研究科に提出した博士論文を下敷きとしている。博論を書き終えてからすでに3年以上の時間が過ぎた。その間，第二次プーチン政権の発足を見届けてから，いや，2012年のウラジオストクAPECサミットが終わってから博論を本にまとめ直そう——と考えているうちに，ロシアを取り巻く国際情勢はめまぐるしく変化していった。学術成果刊行助成に応募している最中にも，ウクライナでユーロマイダン革命が進行し，ソチオリンピックの成功の余韻に浸る間もなく，プーチン政権によってクリミア併合が宣言された。本書はこれらの出来事を踏まえ，博論に加筆し，統計等のデータを更新して全体的に修正を施したものである。筆者の力不足でフォローしきれなかった最新の研究動向や論点も多々あるが，それらは今後の課題としたい。
　本書は「多極世界」「多国間主義」をキーワードとしてロシア外交，とくにアジア・太平洋政策を分析しようとする試みである。筆者がロシアの対アジア政策を分析する際の手がかりとしてこれらの概念に関心を持ったのは，東京外国語大学の学部生だった時に，中国専門家であり多極論の支持者でもあるエウゲニー・バジャノフ教授(現ロシア外交アカデミー学長)の論文を読んだことがきっかけであった。正直に言うとこんなに長くこの研究テーマとつきあうことになるとは思ってもみなかったが，ソ連／ロシアの対外政策を勉強するにつれ，常に既存の国際秩序の挑戦者でありながら，同時に隣接する西欧世界，アジア世界との断絶を恐れるという，一見相反する態度の深層に魅了されていった。日本の国際政治学では，緩和されてきてはいるものの，旧ソ連地域を特殊な世界と捉え，分析の対象に含まない傾向が未だに散見され

る。しかしそのような態度自体が日本人の無意識の「冷戦思考」を反映しているように思われる。今日の国際政治を考える時，近代主権国家体系のあり方，新興国の台頭，エネルギー安全保障等，どのような切り口から見てもロシアを始めとする旧ソ連地域は切り離された特殊空間ではなく，世界の一部を形成し，時に既存の概念や秩序の再構築の原動力となる。本書が少しでもそのことの理解に役立てれば幸いである。

　博士論文の執筆から本書の出版までは，多くの方々にご指導いただいた。これまで学会活動やフィールドワークを通じて出会った方々からの助言や励ましのどれが欠けても今の私はないと確信している。とりわけ，博士論文審査の過程では，岩下明裕先生，林忠行先生，田畑伸一郎先生，望月恒子先生に大変お世話になった。筆者の論文を丁寧に読み込み，執筆過程で気付かなかった点をご指摘下さったことに心から感謝申し上げたい。指導教員であった岩下先生は，修士・博士課程を通じてロシア外交研究および現状分析の方法と，研究者としてのノウハウを叩き込んで下さった。将来まで見通しての先生のアドバイスを，凡庸な筆者は理解できず時に反発し，沢山のご迷惑をおかけしてきたと思う。スラブ・ユーラシア研究センターで院生／プロジェクト・アシスタントとして新学術領域研究「ユーラシア地域大国の比較研究」やGCOE「境界研究の拠点形成」等のプロジェクトに携わり，国内外での研究会の組織や研究報告の機会を得られたことは，他では経験できないことであったと今にして思う。これまでのご指導に応えるには，本書はまだまだ不十分であるが，その一歩となればと願う。

　また，大学院教育を始めたばかりのスラブ研究センター（当時）をご紹介下さった故・村上隆先生，これまで主に学会活動を通じて筆者の報告や論文をご指導下さり，本書の出版を推薦して下さった兵頭慎治先生，そして進学や出版などに際して貴重な助言を下さり，日本学術振興会特別研究員の受け入れを引き受けて下さった横手慎二先生にこの場を借りて謝意を表したい。

　どのような視点から研究対象を眺めるかというのは重要な問題である。これまで筆者は主に地方（北海道）からロシアを眺めてきた。中央から遠く，しかし北方領土問題についての意識が比較的高いという意味で特殊な地域であ

る。そのような視点を固定させないという意味で，モスクワおよびオックスフォードでの留学経験は本書の執筆に良い影響を与えてくれたと思う。2007年9月から2008年9月までの1年間，念願がかなってロシア外交アカデミーに留学する機会を得たのだが，留学が決まるまでの半年間には色々な行き違いが重なり，直前までに受け入れてもらえるか分からない状態であった。しかし，結果的に外交アカデミーでは様々な会議や講義へ参加し，ロシアだけでなく旧ソ連諸国から学びにくる学生や若手外交官らと交流する機会を得ることができた。これまでの研究生活を振り返る時，この留学経験がその後の筆者のロシア観に大きく影響していることは間違いない。チャンスを与えて下さったバジャノフ先生と当時のアレクサンドル・パノフ学長，そして日常的な指導と相談に応じて下さったタチアナ・ザカウルツェヴァ先生とアンナ・ヴィタリエヴナ先生にとくにお礼申し上げたい。また，ロシアでのフィールドワークでは，モスクワ国際関係大学ASEANセンター長のヴィクトル・スムスキー先生に多くのご助言をいただき，研究者をご紹介いただいた。これまでのご協力にこの場を借りて感謝の気持ちを表したい。

　ポスドクとなり，スラブ・ユーラシア研究センターが運営していた日本学術振興会若手研究者インターナショナル・トレーニング・プログラムのフェローとしてオックスフォード大学セント・アントニーズ・カレッジに派遣された約1年間は，良くも悪くも研究の世界の厳しさを再確認することとなった。本来，ロシア・ユーラシア地域研究に国境はない。世界中から集まってはまた違う職場へ飛び立っていく若手研究者たちとの交流を通じて，いかに自分が日本の市場しか見ていなかったかに気付かされた。不慣れなイギリスでの研究生活をサポートして下さったロシア・ユーラシア研究所のスタッフの皆さん，とくにアレックス・プラウダ先生，ポール・チェイスティ先生，ロイ・アリソン先生，そしていつも切磋琢磨してくれた研究員の皆さんにお礼申し上げたい。

　本書は平成26年度北海道大学学術成果刊行助成(図書)の支援で刊行していただくことになった。関係者の皆様，とくに北海道大学出版会の今中智佳子さん，円子幸男さんのサポートをなくして，出版まで辿り付くことはでき

なかった。本当にありがとうございました。

　私が中学・高校・大学時代を過ごした 1990 年代は日本経済の「失われた10 年」と重なっている。とりわけ，地方には厳しい時代であったように思う。そんななかで 3 人の子供を大学に送り出し，先の分からない私の大学院生活を支え応援し続けてくれた両親に本書を贈ることをお許しいただきたい。

　　　2014 年 10 月 15 日　　　　　　　　　　　　　　　　　　加藤美保子

事項索引

あ 行

アジア・太平洋経済協力会議(APEC) 11,
  15, 68, 71, 72, 74, 75, 83, 86, 96, 100, 110,
  113, 117-119, 122, 141, 142, 144-146,
  148-150, 156, 166, 179, 194
アジア・太平洋経済協力ソ連国家委員会 68
アジア欧州会議(ASEM) 75, 141
アジア集団安全保障 64
アジア通貨危機 17
イラク戦争(イラク侵攻) 129, 131
ウクライナ危機 19, 195
ウラジオストク APEC サミット 139, 148,
  149, 152, 154, 156, 177
ウラジオストク演説 66, 67, 69, 72
液化天然ガス(LNG) 140, 154, 177
欧州安全保障協力会議(CSCE) 12, 39, 41,
  42, 48, 49, 64, 71, 72, 190
欧州安全保障協力機構(OSCE) 10, 12, 52,
  53, 97, 104, 107
欧州安全保障条約 22
欧州通常戦力条約(CFE 条約) 19, 38,
  43-45, 54, 106-108, 143, 191
欧州連合(EU) 10, 143, 144, 148

か 行

拡大均衡政策 119
カムラン湾 81, 82, 141, 175, 182
関税同盟 144, 180
韓ソ国交樹立 20, 78
北大西洋条約機構(NATO) 2, 10, 33, 35,
  42, 43, 45, 103-105, 108
北朝鮮 NPT 脱退 62, 78, 79, 84, 193
北朝鮮の核開発問題 20, 87, 95, 166
北朝鮮の六ヵ国協議 11, 115, 141, 179, 192
規範 12, 43, 45, 49, 54, 61, 85, 151, 195
9.11 事件 129, 136
極東発展省 154, 155

国後島訪問 140
クラスノヤルスク演説 66-68
クリミア共和国のロシアへの編入 195
グルジア紛争(グルジアとの武力衝突) 22,
  136, 173
原子力協定 140, 177
建設的パートナーシップ 96, 111
国連 10, 33, 51, 105
国連安保理 52, 53, 78, 104, 105, 131, 141, 177
コソヴォ紛争 102, 104, 105, 191
国家主義(statist) 5
国家主権 12, 37, 48, 51, 52, 54, 193, 195

さ 行

サハリン 1 プロジェクト 150
サハリン 2 プロジェクト 150
シェールガス 175
社会構成主義(social constructivism) 8
上海協定 84
上海協力機構(SCO) 10, 132, 136, 141, 177
上海ファイヴ 15
重層的アプローチ 119
新戦略兵器削減条約(新 START) 22
新冷戦 21, 143, 194
西欧主義(westernist) 5
戦域ミサイル防衛(TMD) 135, 136
戦略的三角形 171
戦略的パートナーシップ 96, 111, 114, 165,
  166, 181, 192
ソ朝友好相互援助条約 78

た 行

大西洋主義 7, 29, 32, 41, 101, 189, 190, 193
太平洋経済協力会議(PECC) 67-69, 72
太平洋経済協力ロシア国家委員会 146
台湾総統選挙 110
多極 7, 20, 29, 40, 52, 96-98, 105, 109, 110,
  112-116, 130, 131, 137, 138, 155, 171, 189,

191, 192, 196
多国間主義　　2, 10, 11, 49-51, 53, 189, 192, 194-196
タンデム体制　　22
弾道弾迎撃ミサイル（ABM）条約　　131, 136, 173
チェチェン紛争　　19, 45-49, 54, 99, 110
近い外国　　17, 31, 33, 34, 73
中印ロ戦略的三角形　　113
中ソ関係正常化　　20, 74
中ソ東部国境協定　　69, 111
中ロ共同宣言　　110, 111
中ロ戦略的パートナーシップ　　84, 191
中ロ善隣友好協力条約　　132-134
朝鮮半島エネルギー開発機構（KEDO）　　80, 81
冷たい平和　　49, 129
東南アジア諸国連合（ASEAN）　　10, 11, 15, 72, 81, 83-86, 96, 112, 113, 115, 141, 165, 180, 181, 190, 194
東南アジア平和自由中立地帯宣言　　85
東南アジア友好協力条約（TAC）　　85, 141
独立国家共同体（CIS）　　10, 29, 32, 33, 97, 101, 148, 190

な 行

内政不干渉　　49, 51, 54, 132, 137, 138, 195
日ソ共同宣言（1956年）　　73
ネオリアリズム　　7

は 行

橋本・エリツィンプラン　　119
東アジア共同体　　17
東アジア経済協議体（EAEC）　　75
東アジア経済グループ　　74
東アジアサミット　　18, 115, 141, 142, 156, 165, 179-181
東シベリア・太平洋石油パイプライン　　151, 172
武器輸出　　134-137, 179, 181, 192
文明主義（civilizationist）　　5
米朝枠組み合意　　95
米本土ミサイル防衛（NMD）　　131, 136
平和のためのパートナーシップ　　36, 37, 39-41, 44, 45, 48, 54, 100, 103

ヘルシンキ会議　　67
ヘルシンキ宣言　　42, 64, 65
ペレストロイカ　　51, 66
ペレストロイカ外交　　52, 53, 86, 95, 193
包括的国際安全保障体制　　67, 69, 84
ボスニア・ヘルツェゴヴィナ紛争　　103, 105
北極　　23, 165, 174, 178, 183

ま 行

ミサイル防衛　　134, 143, 173, 194
南シナ海　　82, 113, 175, 181, 183

や 行

ユーラシア経済共同体（EurAsEC）　　120, 144
ユーラシア主義　　7, 32, 189
ヨーロッパ・太平洋の国家　　169

ら 行

リアリズム　　7
リベラリズム　　7
領土問題（日本との）　　15, 113, 118, 119, 140, 176
ロシア-インド-中国　　141
ロシア-ASEAN サミット　　141
ロ朝友好善隣協力条約　　140

わ 行

ワルシャワ条約機構　　2, 36, 43

A

ABM 条約　　→弾道弾迎撃ミサイル条約
APEC　　→アジア・太平洋経済協力会議
ARF　　→ASEAN 地域フォーラム
ASEAN　　→東南アジア諸国連合
ASEAN＋3　　17, 18, 75, 141, 142
ASEAN 拡大外相会議（PMC）　　72, 83, 85, 112
ASEAN 地域フォーラム（ARF）　　17, 83, 84, 86, 110, 112, 115, 141
ASEAN 年次閣僚会議　　81, 83
ASEM　　→アジア欧州会議

C

CFE 条約　　→欧州通常戦力条約
CFE 条約の履行停止　　143, 173

事項索引

CIS　　→独立国家共同体
CSCE　　→欧州安全保障協力会議

E

ESPO-1　　173, 177
EU　　→欧州連合
EurAsEC　　→ユーラシア経済共同体

G

G 8　　10, 105, 111, 177, 191, 196

I

IMF　　33

K

KEDO　　→朝鮮半島エネルギー開発機構

L

LNG　　→液化天然ガス

N

NATO　　→北大西洋条約機構
NATO拡大　　36-38, 54, 97, 99, 103, 108, 118, 189, 191
NATO-ロシア常設共同評議会（PJC）　　104, 105
NATO-ロシア理事会　　12, 104, 130, 192
NMD　　→米本土ミサイル防衛

O

OSCE　　→欧州安全保障協力機構

P

PECC　　→太平洋経済協力会議
PJC　　→NATO-ロシア常設共同評議会
PMC　　→ASEAN拡大外相会議

S

SCO　　→上海協力機構

T

TMD　　→戦域ミサイル防衛

人名索引

あ行

麻生太郎　177
イシャエフ，ヴィクトル　154, 155, 169
イワノフ，イーゴリ　24, 31
エリツィン，ボリス　1, 31, 32, 34-36, 44, 46-49, 64, 73, 76, 84, 86, 87, 95, 96, 99, 102, 110, 111, 113, 115, 134, 141, 147, 166, 189, 193
オバマ，バラク　22, 154, 173, 174, 177, 181
小渕恵三　118
オルブライト，マデレーン　104

か行

カーター，ジミー　80
カラシン，グリゴリー　109
ガルシカ，アレクサンドル　155
金泳三　70
クナッゼ，ゲオルギー　80, 95
グラチョフ，パーヴェル　47, 108
クリストファー，ウォーレン　37
クリントン，ビル　35, 36, 83, 103, 135
小泉純一郎　179
江沢民　84, 96, 113
胡錦濤　174
コズィレフ，アンドレイ　2, 27-29, 31, 32, 39, 40, 48, 49, 54, 64, 73, 81, 83, 86, 87, 95, 100, 101, 108, 130, 189, 194
ゴルチャコフ，アレクサンドル　6
ゴルバチョフ，ミハイル　35, 62, 65, 66, 69-71, 86, 87, 101

さ行

シェワルナゼ，エドゥアルド　67, 87
シュヴァロフ，イーゴリ　149
ジュガーノフ，ゲンナジー　99
ジリノフスキー，ウラジーミル　38
スタンケビッチ，セルゲイ　28

た行

タルボット，ストローブ　8, 35
チェルノムィルジン，ヴィクトル　133
ドゥダエフ，ジョハル　46, 47

な行

ナズドラチェンコ，エウゲニー　111
ニクソン，リチャード　171
野田佳彦　178
盧泰愚　70, 78

は行

橋本龍太郎　118, 119
ハズブラートフ，ルスラン　34, 46
鳩山由紀夫　176
パネッタ，レオン　175
パノフ，アレクサンドル　80, 87, 193
プーチン，ウラジーミル　1, 97, 115, 129, 130, 134, 137, 139, 140, 142, 143, 147, 152, 154, 155, 165, 167, 170, 173, 176-178, 192, 194
ブッシュ，ジョージ・H. W. (父)　35
ブッシュ，ジョージ・W. (子)　130, 131, 134, 173
フラトコフ，ミハイル　153, 167
プリマコフ，エウゲニー　2, 37, 41, 68, 70, 85, 95-97, 99-103, 105, 110, 112-114, 117, 130, 146, 171, 190, 192, 194
フルシチョフ，ニキータ　64, 66
ブルブリス，ゲンナジー　32
ブレジネフ，レオニード　64, 65
ベーカー，ジェイムズ　74, 75
ペトロフスキー，ウラジーミル　52

ま行

マカロフ，ニコライ　178
マハティール・ビン・モハマド　74, 113

宮沢喜一　73
メドヴェージェフ,ドミトリー　2, 129, 134, 136, 137, 139-141, 143, 144, 154, 155, 166, 170, 173, 174, 176, 177
モルグロフ,イーゴリ　14

ら　行

ラギー,ジョン　50

ラヴロフ,セルゲイ　85
リトヴィノフ,マクシム　64
ルキン,ウラジーミル　28, 40
ルシコフ,ユーリー　176
ルツコイ,アレクサンドル　34
ローズヴェルト,フランクリン　64

加藤美保子（KATO Mihoko）
1978年秋田県生まれ。東京外国語大学外国語学部ロシア東欧課程ロシア語科卒業。北海道大学大学院文学研究科博士課程単位取得退学。博士（学術、北海道大学，2011年）。
北海道大学スラブ研究センター新学術領域研究プロジェクト・アシスタント（2009-2010年），オックスフォード大学セント・アントニーズ・カレッジ客員研究員（日本学術振興会ITPフェロー，2011-2012年）を経て，現在日本学術振興会特別研究員PD（慶應義塾大学）。

主要業績
- 「第二次プーチン政権のアジア・太平洋政策――米中ロ大国間関係の変化の観点から」（『ロシア・東欧研究』第41号，2013年）
- 「2013年版「ロシア連邦の対外政策概念」における変化とその意味――アジア・太平洋地域を中心に」（『ロシア・ユーラシアの経済と社会』2013年6月号）
- 「ロシアのアジア・太平洋地域へのアプローチ――台頭する中国との協調と自立の観点から」（『国際安全保障』第39巻第1号，2011年）
- "Russia's Multilateral Diplomacy in the Process of Asia-Pacific Regional Integration: The Significance of ASEAN for Russia," in Akihiro Iwashita, ed., *Eager Eyes Fixed on Eurasia*, vol. 2 (Sapporo: Slavic Research Center, Hokkaido University, 2007).

アジア・太平洋のロシア
冷戦後国際秩序の模索と多国間主義

2014年11月10日　第1刷発行

著　者　　加　藤　美保子
発行者　　櫻　井　義　秀

発行所　北海道大学出版会
札幌市北区北9条西8丁目　北海道大学構内（〒060-0809）
Tel. 011（747）2308・Fax. 011（736）8605・http://www.hup.gr.jp/

㈱アイワード／石田製本㈱　　　　　　© 2014　加藤美保子

ISBN978-4-8329-6809-7

アジアに接近するロシア ―その実態と意味―	木村　汎 袴田　茂樹 編著	A5・336頁 定価 3200円
図説 ユーラシアと日本の国境 ―ボーダー・ミュージアム―	岩下　明裕 木山　克彦 編著	B5・120頁 定価 1800円
領土という病 ―国境ナショナリズムへの処方箋―	岩下　明裕 編著	四六・252頁 定価 2400円
千島列島をめぐる日本とロシア	秋月　俊幸 著	四六・368頁 定価 2800円
身体の国民化 ―多極化するチェコ社会と体操運動―	福田　宏 著	A5・272頁 定価 4600円
ポーランド問題とドモフスキ ―国民的独立のパトスとロゴス―	宮崎　悠 著	A5・358頁 定価 6000円

〈北海道大学スラブ・ユーラシア研究センター　スラブ・ユーラシア叢書〉

1	国境・誰がこの線を引いたのか ―日本とユーラシア―	岩下　明裕 編著	A5・210頁 定価 1600円
3	石油・ガスとロシア経済	田畑伸一郎 編著	A5・308頁 定価 2800円
6	日本の中央アジア外交 ―試される地域戦略―	宇山　智彦 C.レーン 廣瀬　徹也 編著	A5・218頁 定価 1800円
8	日本の国境・いかにこの「呪縛」を解くか	岩下　明裕 編著	A5・266頁 定価 1600円
9	ポスト社会主義期の政治と経済 ―旧ソ連・中東欧の比較―	仙石　学 林　忠行 編著	A5・362頁 定価 3800円
10	日露戦争とサハリン島	原　暉之 編著	A5・450頁 定価 3800円
11	環オホーツク海地域の環境と経済	田畑伸一郎 江淵　直人 編著	A5・294頁 定価 3000円

〈価格は消費税を含まず〉

北海道大学出版会